2024

山西调查年鉴

SHANXI SURVEY YEARBOOK

国家统计局山西调查总队 编

Compiled by
Survey Office of the National Bureau of Statistics in Shanxi

中国统计出版社
China Statistics Press

图书在版编目（CIP）数据

山西调查年鉴. 2024 = Shanxi Survey Yearbook 2024 : 汉英对照 / 国家统计局山西调查总队编. 北京 : 中国统计出版社, 2024. 8. -- ISBN 978-7-5230-0491-3

Ⅰ. C832.25-54

中国国家版本馆 CIP 数据核字第 2024JM9387 号

山西调查年鉴 2024

作　　者 / 国家统计局山西调查总队
责任编辑 / 宋怡璇
封面设计 / 黄　晨
出版发行 / 中国统计出版社有限公司
通信地址 / 北京市丰台区西三环南路甲 6 号　邮政编码 /100073
电　　话 / 邮购（010）63376909　书店（010）68783171
网　　址 / http://www.zgtjcbs.com/
印　　刷 / 北京捷迅佳彩印刷有限公司
经　　销 / 新华书店
开　　本 / 880mm×1230mm　1/16
字　　数 / 440 千字
印　　张 / 17.25　1.5 彩页
版　　别 / 2024 年 8 月第 1 版
版　　次 / 2024 年 8 月第 1 次印刷
定　　价 / 380.00 元

《山西调查年鉴2024》

Shanxi Survey Yearbook 2024

编者说明

一、《山西调查年鉴 2024》收录山西及各市、县（区）2023 年城乡居民收入和消费、居民消费价格与工业生产者价格、农业和畜牧业经济发展与脱贫县农村住户监测等方面的各项统计调查数据，以及收录了近年全国及各省（直辖市、自治区）主要统计指标的统计调查数据，是一部记录和反映山西国民经济和社会发展情况的资料性年刊。

二、本年鉴正文内容分为五个篇章，即：一、住户调查；二、脱贫县农村住户监测；三、价格调查；四、农业生产；五、附录：全国及各省（直辖市、自治区）主要统计调查指标。

为方便读者使用，各篇章前设有《简要说明》，对本篇章的主要内容、资料来源、统计范围、统计方法予以简要说明，主要篇章末附有《主要统计指标解释》。

三、本年鉴所使用的度量衡单位均采用国际统一标准计量单位，并统一使用最新颁布实施的产品目录。

四、本年鉴总量指标计算所采用的价格均为现行价格。

五、本年鉴中涉及到的历史数据，均以最新出版的本年鉴数据为准；本年鉴中部分数据合计数或相对数由于单位取舍不同而产生的计算误差，均未做机械调整。

六、符号使用说明："#"表示其中的主要项；"空格"表示该项统计指标不足本表最小单位数，数据不详或无该项数据。

EDITOR'S NOTES

I.*Shanxi Survey Yearbook 2024* collects the statistical survey data of urban and rural residents' income, prices, grain output, livestock and poultry product output, migrant workers' employment and other statistical survey data of Shanxi Province and all cities and counties (districts) in 2023, and also collates the major national and provincial statistical survey data of historically important years. It is an informative annual journal that reflects the economic and social development of Jiangxi from different aspects.

II.The Yearbook contains five chapters: 1.Household survey; 2.Rural household monitoring in poverty alleviation counties; 3.Price survey; 4.Agricultural survey; 5.Appendix: Main statistical survey indicators by region.

To facilitate readers, the Brief Introductions at the beginning of each chapter, which provides a brief explanation of the main content, data sources, statistical scope, and statistical methods of this chapter. The Explanation of Main Statistical Indicators are in the end of the main chapter.

III.The units of measurement used in this Yearbook are in accordance with internationally standard measurement units.

IV.The price used for calculating the total indicators in this yearbook are all current price.

V.The historical data involved in this yearbook shall be based on the latest published data of this yearbook. Statistical discrepancies on totals and relative figures due to rounding are not adjusted in the yearbook.

VI.Symbol usage instructions: "#" indicates the main item; "Space" indicates the statistical indicator does not meet the minimum number of units in this table, and the data is unknown or missing.

山西省
2023 年国民经济和社会发展统计公报

山 西 省 统 计 局

国家统计局山西调查总队

2024 年 3 月 15 日

2023 年是全面贯彻党的二十大精神的开局之年，是三年新冠疫情防控转段后经济恢复发展的一年。这一年，在省委、省政府的坚强领导下，全省上下坚持以习近平新时代中国特色社会主义思想为指导，全面贯彻党的二十大和二十届二中全会精神，坚决落实习近平总书记对山西工作的重要讲话重要指示精神，坚持稳中求进工作总基调，完整、准确、全面贯彻新发展理念，统筹稳增长、调结构、促转型、惠民生、防风险、保安全等各项工作，经济发展稳中向好，全方位转型不断深化，民生福祉稳步提升，生态环境明显改善，高质量发展迈出坚实步伐。

一、综 合

初步核算，全年全省地区生产总值 25698.18 亿元，按不变价格计算，比上年增长 5.0%。其中，第一产业增加值 1388.86 亿元，增长 4.0%，占地区生产总值比重为 5.4%；第二产业增加值 13329.69 亿元，增长 5.1%，占地区生产总值比重为 51.9%；第三产业增加值 10979.64 亿元，增长 5.0%，占地区生产总值比重为 42.7%。人均地区生产总值 73984 元，比上年增长 5.2%；按 2023 年平均汇率计算为 10499 美元。

图 1　2019-2023 年全省地区生产总值及其增长速度

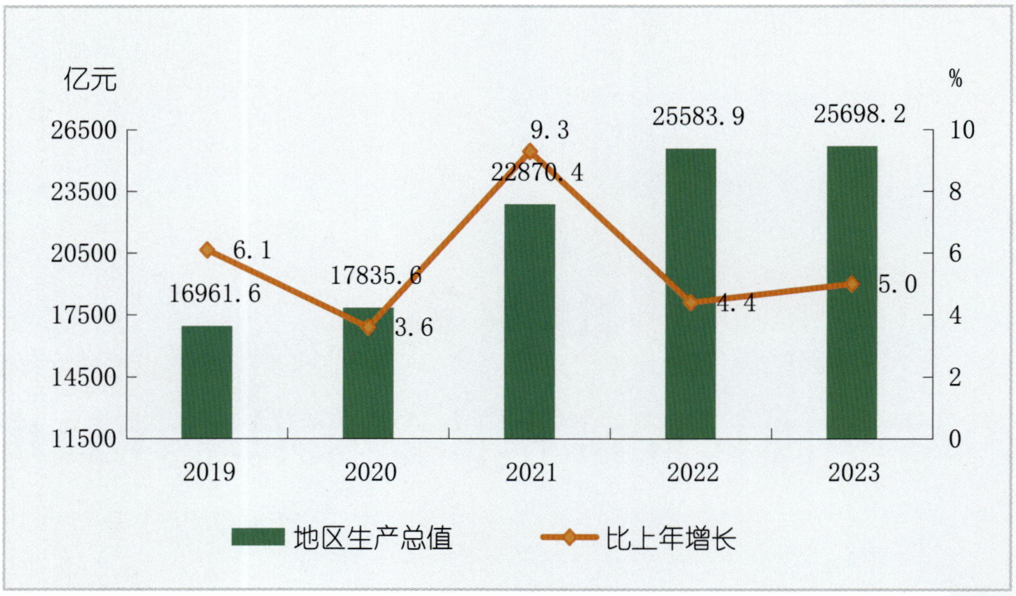

年末全省常住人口 3465.99 万人，比上年末减少 15.36 万人。其中，城镇常住人口 2252.01 万人，占常住人口比重为 64.97%，比上年末提高 1.01 个百分点。全年全省出生人口 21.31 万人，出生率为 6.13‰；死亡人口 29.11 万人，死亡率为 8.38‰；自然增长率为 -2.25‰。

表 1　2023 年年末全省常住人口数及其构成

指　标	年末数（万人）	比重（%）
全省常住人口	3465.99	100.00
其中：城　镇	2252.01	64.97
乡　村	1213.98	35.03
其中：男　性	1769.69	51.06
女　性	1696.30	48.94
其中：0-15 岁（含不满 16 周岁）	557.03	16.07
16-59 岁（含不满 60 周岁）	2158.90	62.29
60 周岁及以上	750.07	21.64
其中：65 周岁及以上	526.98	15.20

全年全省城镇新增就业 48.9 万人，比上年多增 2.6 万人。转移农村劳动力 33.0 万人。

全年全省居民消费价格比上年下降 0.1%。工业生产者出厂价格下降 8.7%。工业生产者购进价格下降 5.3%。

表2　2023年全省居民消费价格比上年涨跌幅度

单位:%

指　标	全　省		
		城镇	农村
居民消费价格	-0.1	-0.1	-0.1
食品烟酒	-0.2	-0.1	-0.6
衣　着	0.3	0.2	0.9
居　住	0.0	-0.1	0.4
生活用品及服务	0.3	0.4	0.0
交通和通信	-2.0	-2.1	-1.7
教育文化和娱乐	0.4	0.3	0.6
医疗保健	0.9	1.1	0.4
其他用品及服务	2.4	2.5	2.1

新兴产业发展壮大。扎实推进新型工业化，实施产业链“链长制”，梯度培育特色专业镇，新增6条省级重点产业链和8个省级重点专业镇。全年全省规模以上工业中，制造业增加值比上年增长8.1%，工业战略性新兴产业增长10.9%，其中，节能环保产业增长32.9%；废弃资源综合利用业增长65.6%，食品工业增长14.4%。新产品中，电子计算机整机产量增长4.0倍，光伏电池增长21.0%。

新动能新业态加快成长。全年全省规模以上服务业中，互联网和相关服务业营业收入比上年增长22.7%，快递业营业收入增长22.2%。全年网上零售额1094.5亿元，增长22.1%。全年限额以上单位商品零售额中，新能源汽车、可穿戴智能设备零售额分别增长53.6%、44.5%。年末经营主体总数达430.4万户，增长8.2%；全年新登记经营主体83.9万户；新增“四上”企业3693户。

绿色低碳转型迈出新步伐。初步核算，全年全省万元地区生产总值能耗比上年下降2.9%。全年水电、风电、太阳能发电等非化石能源发电量855.5亿千瓦时，增长18.5%。有序开展源网荷储一体化，年末新能源和清洁能源装机占比达到45.8%。全年$PM_{2.5}$平均浓度37μg/m^3，优良天数比例达到76.4%。黄河、海河流域山西段共监测94个断面中，达到Ⅲ类以上（包括Ⅰ、Ⅱ、Ⅲ类）水质标准的断面占93.6%，Ⅳ类水质标准的断面占6.4%。黄河流域国考断面全部退出劣Ⅴ类。

二、农　业

全年全省农作物种植面积3641.8千公顷，比上年增加30.1千公顷。其中，粮食种植面积3161.0

千公顷，增加10.6千公顷；油料种植面积98.0千公顷，增加8.5千公顷；中草药材种植面积101.7千公顷，增加2.2千公顷；蔬菜种植面积227.1千公顷，增加0.9千公顷。在粮食种植面积中，玉米种植面积1842.2千公顷，增加28.3千公顷；小麦种植面积535.9千公顷，增加0.8千公顷。果园面积380.3千公顷，减少3.6千公顷。

全年全省粮食产量1478.1万吨，比上年增加13.8万吨，增长0.9%。其中，夏粮247.1万吨，增长0.8%；秋粮1231.0万吨，增长1.0%。

图2　2019-2023年全省粮食产量

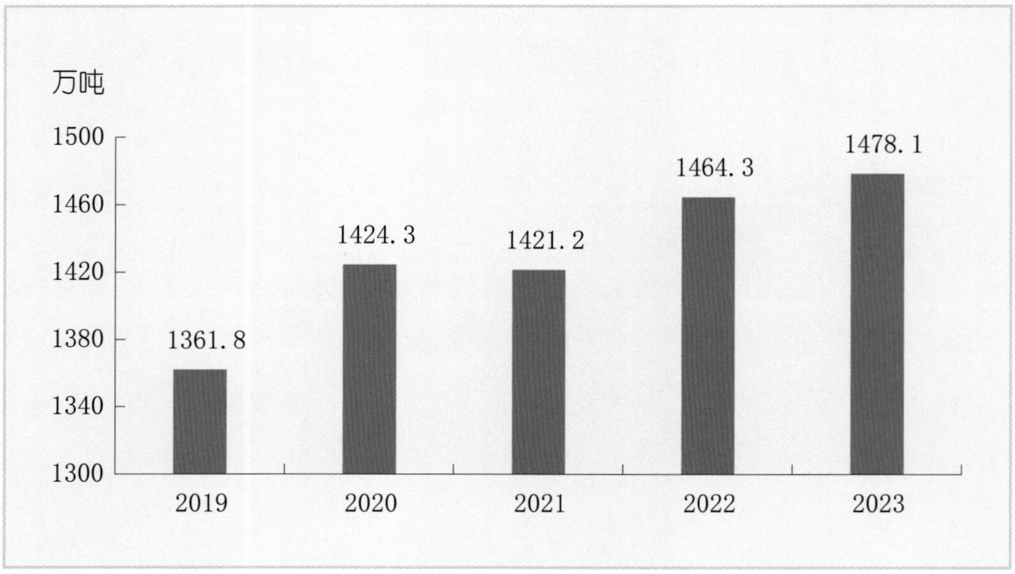

表3　2023年全省主要农产品产量及其增长速度

产品名称	产　量（万吨）	比上年增长（%）
粮　食	1478.1	0.9
其中：玉　米	1035.1	1.4
小　麦	247.1	0.8
谷　子	49.6	-6.2
豆　类	24.3	0.04
薯　类（折粮）	60.4	1.3
油　料	17.9	19.9
蔬菜及食用菌	1065.9	5.5
水　果	1082.8	8.0
其中：瓜果类	96.5	64.9
园林水果	986.3	4.5
食用坚果	27.5	-9.8
其中：核　桃	26.4	-10.1

全年全省猪牛羊禽肉产量 154.3 万吨，比上年增长 8.3%。其中，猪肉产量 99.5 万吨，增长 7.7%；牛肉产量 10.2 万吨，增长 12.4%；羊肉产量 12.0 万吨，增长 7.1%；禽肉产量 32.6 万吨，增长 9.3%。禽蛋产量 126.7 万吨，增长 7.4%。牛奶产量 147.1 万吨，增长 3.0%。水产品产量 5.5 万吨，增长 4.5%。年末生猪存栏 814.1 万头，比上年末下降 0.2%；全年生猪出栏 1276.1 万头，比上年增长 7.6%。

全年全省新建和改造提升高标准农田面积 174.3 千公顷，新增高效节水灌溉面积 57.1 千公顷。

三、工业和建筑业

全年全省全部工业增加值 12263.26 亿元，按不变价格计算，比上年增长 5.9%。规模以上工业增加值增长 4.6%。在规模以上工业中，分门类看，采矿业增长 3.3%，制造业增长 8.1%，电力、热力、燃气及水生产和供应业增长 2.4%；分煤与非煤看，煤炭工业增长 3.6%，非煤工业增长 6.2%。

表 4　2023 年全省规模以上工业增加值增长速度

单位 :%

指　标	比上年增长
规模以上工业	4.6
其中：采矿业	3.3
制造业	8.1
电力、热力、燃气及水生产和供应业	2.4
其中：国有控股企业	4.7
其中：集体企业	-11.6
股份制企业	5.0
外商及港澳台商投资企业	0.7
其中：煤炭工业	3.6
非煤工业	6.2
其中：炼焦工业	0.3
电力工业	3.5
装备制造业	-1.5
钢铁工业	-3.9
有色工业	-2.9
化学工业	5.7
建材工业	-8.1
医药工业	3.2
食品工业	14.4
废弃资源综合利用业	65.6

全年全省规模以上工业企业实现营业收入 34873.8 亿元，比上年下降 9.4%。分门类看，采矿业 14238.5 亿元，下降 15.2%；制造业 16596.1 亿元，下降 6.0%；电力、热力、燃气及水生产和供应业 4039.2 亿元，下降 0.8%。规模以上工业企业实现利润总额 2823.7 亿元，下降 22.1%。

全年全省规模以上工业企业每百元营业收入中的成本为 82.77 元，比上年增加 2.53 元；营业收入利润率为 8.10%，下降 1.31 个百分点；年末资产负债率为 67.9%，比上年末下降 1.3 个百分点。

表 5　2023 年全省规模以上工业主要产品产量及其增长速度

产品名称	单　位	产　量	比上年增长（%）
铁矿石原矿	万吨	4498.3	-14.8
液体乳	万吨	64.9	16.4
食醋	万吨	46.6	1.3
白酒（折 65 度，商品量）	万千升	33.8	27.2
卷烟	亿支	154.0	0.7
纯苯	万吨	28.4	-7.2
精甲醇	万吨	305.6	3.1
化肥（折 100%）	万吨	425.9	20.3
初级形态塑料	万吨	103.9	-5.5
化学药品原药	万吨	5.1	-11.9
水泥	万吨	4660.6	-4.5
耐火材料制品	万吨	263.2	-5.1
石墨及碳素制品	万吨	157.0	-18.4
生铁	万吨	6015.3	0.5
粗钢	万吨	6292.0	-2.0
钢材	万吨	6876.6	5.1
精炼铜	万吨	13.6	-4.8
氧化铝	万吨	1953.7	-4.5
原铝	万吨	120.1	1.2
镁	万吨	12.9	2.1
铸铁件	万吨	202.1	5.3
锻件	万吨	88.6	6.2
矿山专用设备	万吨	65.1	-4.2
汽车	万辆	10.6	-36.0
其中：新能源汽车	万辆	6.7	-49.0
铁路机车	辆	74	-40.8
铁路货车	辆	1725	33.0
光伏电池	万千瓦	961.9	21.0
移动通信手持机	万台	2009.2	-26.7

全年全省建筑业增加值 1080.12 亿元，按不变价格计算，比上年下降 1.0%。全省具有总承包和专业承包资质的建筑业企业共签订合同额 13835.9 亿元，下降 2.2%；完成总产值 6147.1 亿元，与上年持平。

四、能 源

全年全省原煤产量 137752.0 万吨，比上年增长 4.4%；其中规模以上工业企业原煤产量 135658.2 万吨，增长 3.3%。全省规模以上工业企业焦炭产量 9571.6 万吨，下降 2.4%；发电量 4376.1 亿千瓦时，增长 4.6%；非常规天然气产量 145.9 亿立方米，增长 9.6%。

图 3　2019-2023 年全省规模以上原煤产量

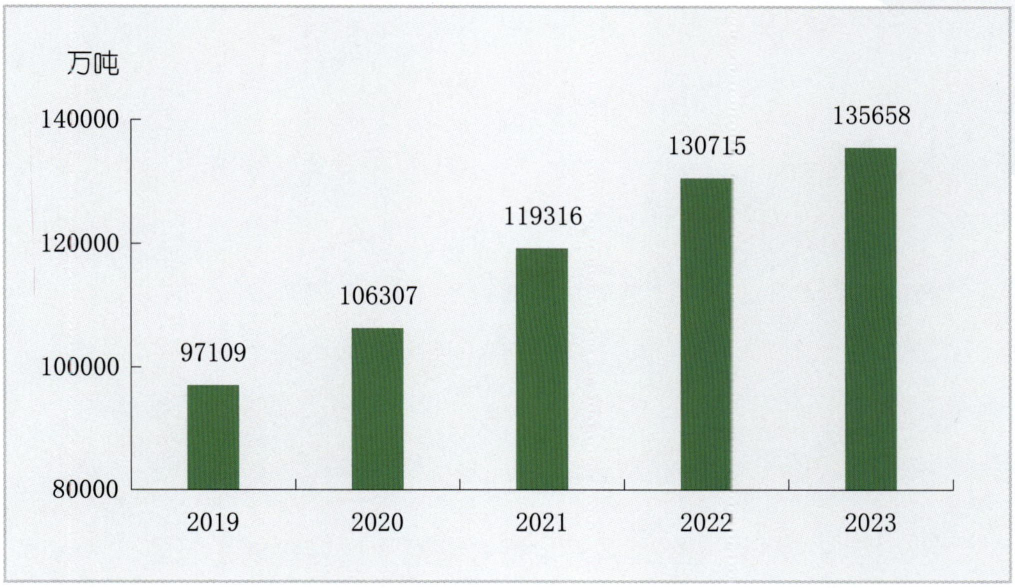

全年全省一次能源生产折标准煤 9.6 亿吨，比上年增长 4.8%；二次能源生产折标准煤 7.4 亿吨，增长 4.2%。

年末全省发电装机容量 13304.1 万千瓦，比上年末增长 10.1%。其中，火电装机容量 8010.7 万千瓦，增长 2.2%；并网风电装机容量 2499.7 万千瓦，增长 7.8%；并网太阳能发电装机容量 2490.5 万千瓦，增长 46.9%；水电装机容量 225.1 万千瓦，增长 0.3%。

全年全省全社会发电量 4461.0 亿千瓦时，比上年增长 6.6%。向省外输送电力 1576.0 亿千瓦时，增长 7.7%。全社会用电量 2885.0 亿千瓦时，增长 6.0%；其中，第一产业用电 25.5 亿千瓦时，增长 11.3%；第二产业用电 2147.9 亿千瓦时，增长 4.6%，其中，工业用电 2122.4 亿千瓦时，增长 4.8%；第三产业用电 405.6 亿千瓦时，增长 13.7%；城乡居民生活用电 306.0 亿千瓦时，增长 6.3%。

图 4 2019-2023 年全省全社会发电量

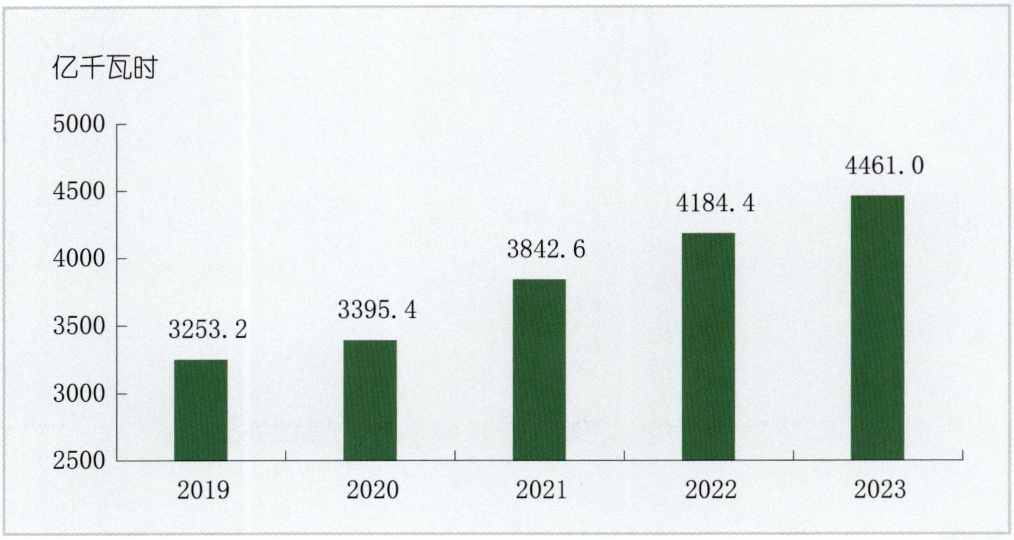

五、服务业

全年全省服务业增加值 10979.64 亿元，按不变价格计算，比上年增长 5.0%。其中，批发和零售业增加值 1663.28 亿元，增长 3.4%；交通运输、仓储和邮政业增加值 1335.86 亿元，增长 7.4%；住宿和餐饮业增加值 251.98 亿元，增长 14.9%；金融业增加值 1390.20 亿元，增长 6.0%；房地产业增加值 1163.77 亿元，增长 1.2%；信息传输、软件和信息技术服务业增加值 587.89 亿元，增长 7.4%；租赁和商务服务业增加值 275.18 亿元，下降 0.7%。全年规模以上服务业企业营业收入增长 1.5%，利润总额增长 32.4%。

图 5 2019-2023 年全省服务业增加值及其增长速度

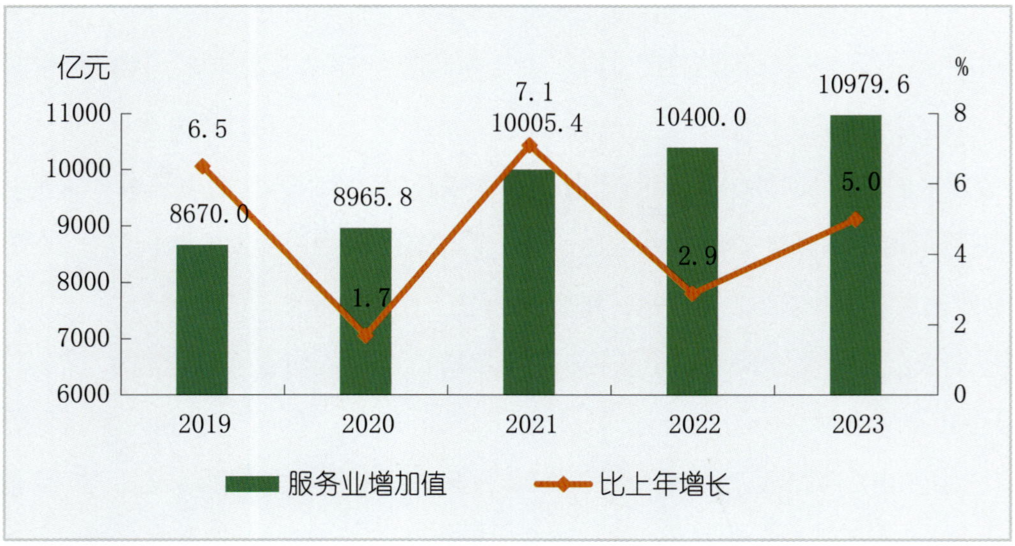

全年全省旅客运输量12378.7万人，比上年增长97.3%；旅客运输周转量277.5亿人公里，增长132.9%。货物运输量22.3亿吨，增长5.3%；货物运输周转量6877.4亿吨公里，增长6.2%。民航旅客吞吐量1828.6万人次，增长136.5%。全年全省新增公路通车里程1076.2公里，年末公路通车里程14.7万公里，其中，高速公路6187.6公里。

表6　2023年全省客货运输量及其增长速度

指　标	单　位	绝对数	比上年增长（%）
旅客运输量	万　人	12378.7	97.3
其中：铁　路	万　人	8513.8	129.1
公　路	万　人	3659.0	47.7
水　运	万　人	205.9	152.8
旅客运输周转量	亿人公里	277.5	132.9
其中：铁　路	亿人公里	231.9	140.1
公　路	亿人公里	45.6	102.1
货物运输量	万　吨	222753.0	5.3
其中：铁　路	万　吨	101001.1	-3.4
公　路	万　吨	121751.1	13.8
水　运	万　吨	0.8	-45.9
货物运输周转量	亿吨公里	6877.4	6.2
其中：铁　路	亿吨公里	3494.2	5.6
公　路	亿吨公里	3383.2	6.9

全年全省完成邮政行业业务总量167.1亿标准量，比上年增长33.8%。全年完成邮政行业寄递业务量18.0亿件，增长30.1%；其中，快递业务量11.0亿件，增长56.5%；快递业务收入110.3亿元，增长38.8%。全年完成邮政函件业务618.3万件，增长9.5%。全年完成电信业务总量363.9亿元，增长14.1%。年末移动电话基站数32.9万个，其中4G基站16.3万个，5G基站9.3万个。年末移动电话用户4214.6万户，其中，5G移动电话用户2047.6万户。全省宽带接入用户1605.1万户，增长9.1%。全省移动互联网用户接入流量64.5亿GB，增长14.0%。

六、国内贸易

全年全省社会消费品零售总额7981.8亿元，比上年增长5.5%。按经营地统计，城镇消费品零售额6588.0亿元，增长5.5%；乡村消费品零售额1393.8亿元，增长5.6%。按消费类型统计，商品零售额7134.6亿元，增长4.8%；餐饮收入847.2亿元，增长12.2%。

图6　2019-2023年全省社会消费品零售总额

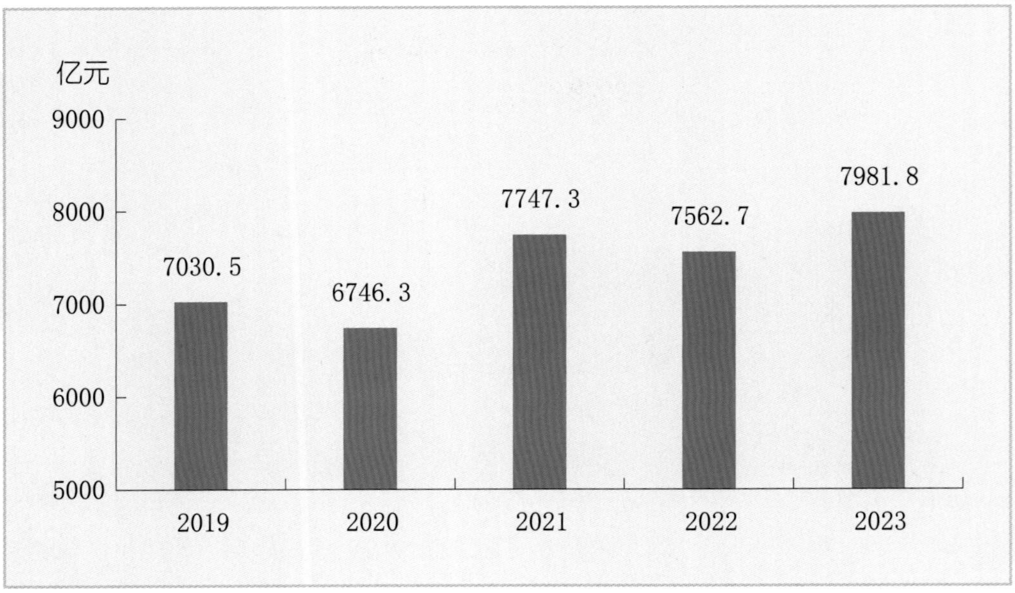

全年全省限额以上单位消费品零售额2800.6亿元，比上年增长5.1%。其中，粮油、食品类零售额增长3.2%，石油及制品类增长15.0%，汽车类增长8.2%。

表7　2023年全省限额以上单位商品零售额及其增长速度

指　标	绝对数（亿元）	比上年增长（%）
粮油、食品类	353.3	3.2
饮料类	35.7	9.8
烟酒类	123.2	3.8
服装、鞋帽、针纺织品类	169.1	2.0
化妆品类	26.6	-8.8
金银珠宝类	33.7	0.1
家用电器和音像器材类	109.9	-6.6
中西药品类	141.4	-0.3
通讯器材类	74.9	-7.1
石油及制品类	434.3	15.0
汽车类	896.3	8.2

七、固定资产投资

全年全省固定资产投资（不含跨省、农户）比上年下降6.6%。其中，第一产业投资下降6.1%，第二产业投资下降3.9%，第三产业投资下降8.6%。基础设施投资下降18.1%。民间投资下降9.0%。

全年全省房地产开发投资1751.5亿元，比上年下降0.7%。其中，住宅投资1416.5亿元，增长1.5%。

全年全省在建固定资产投资项目（不含房地产开发项目）15173个，比上年增加638个；其中，亿元以上项目4155个，增加85个。

表8　2023年全省分行业固定资产投资（不含跨省、农户）增长速度

单位：%

行　业	比上年增长	行　业	比上年增长
总　　计	-6.6	金融业	-51.5
农林牧渔业	-5.8	房地产业	-1.4
采矿业	21.3	租赁和商务服务业	-48.1
制造业	-11.7	科学研究和技术服务业	14.5
电力、热力、燃气及水生产和供应业	-7.6	水利、环境和公共设施管理业	-18.2
建筑业	-93.3	居民服务、修理和其他服务业	0.8
批发和零售业	-8.0	教　育	5.9
交通运输、仓储和邮政业	-17.6	卫生、社会工作	-8.6
住宿和餐饮业	46.4	文化、体育和娱乐业	-15.4
信息传输、软件和信息技术服务业	0.7	公共管理、社会保障和社会组织	39.1

表9　2023年全省房地产开发和销售情况

指　　标	单　　位	绝对数	比上年增长（%）
投资完成额	亿　　元	1751.5	-0.7
其中：住　宅	亿　　元	1416.5	1.5
房屋施工面积	万平方米	24534.9	-3.2
其中：住　宅	万平方米	18479.6	-3.1
房屋新开工面积	万平方米	2498.9	-27.7
其中：住　宅	万平方米	2013.1	-26.4
房屋竣工面积	万平方米	2345.0	10.3
其中：住　宅	万平方米	1872.7	14.4
商品房销售面积	万平方米	2352.9	4.3
其中：住　宅	万平方米	2254.9	4.8
商品房待售面积	万平方米	895.2	11.6
其中：住　宅	万平方米	621.2	16.4
商品房销售额	亿　　元	1588.2	4.8
其中：住　宅	亿　　元	1505.1	6.1

八、对外经济

全年全省进出口总额1693.7亿元，比上年下降7.4%。其中，出口额1050.3亿元，下降12.3%；进口额643.4亿元，增长2.0%。对共建“一带一路”国家进出口额717.0亿元，增长5.7%。其中，出口额364.6亿元，下降7.9%；进口额352.4亿元，增长24.9%。

图7　2019-2023年全省进出口总额

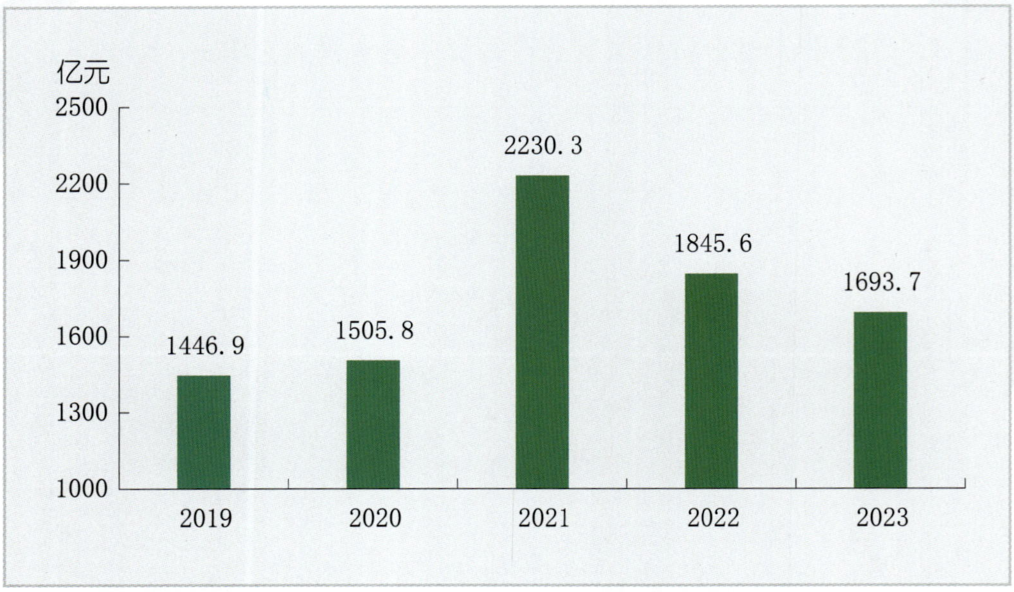

表10　2023年全省进出口总额及其增长速度

指　标	绝对数（亿元）	比上年增长（%）
进出口总额	1693.7	-7.4
出口额	1050.3	-12.3
其中：一般贸易	378.5	-6.1
加工贸易	667.6	-15.5
其中：机电产品	798.6	-12.5
高新技术产品	696.1	-13.0
其中：国有企业	122.7	-12.1
外商投资企业	672.4	-16.4
进口额	643.4	2.0
其中：一般贸易	440.1	11.9
加工贸易	199.0	-7.4
其中：机电产品	223.0	-15.0
高新技术产品	187.3	-11.8
其中：国有企业	311.5	12.4
外商投资企业	36.2	3.0

全年全省出口煤炭（煤及褐煤）28.6 万吨，比上年下降 13.4%；出口焦炭（焦炭及半焦炭）35.6 万吨，增长 32.7%；出口钢材 86.5 万吨，增长 14.3%。

全年全省进口铁矿砂（铁矿砂及其精矿）570.0 万吨，比上年下降 22.2%，进口金额 43.9 亿元，下降 14.5%。

表 11　2023 年与山西有贸易往来的主要国家和地区进出口情况

国家和地区	出口额（万元）	比上年增长（%）	进口额（万元）	比上年增长（%）
中国香港	105591	-5.2	2	-81.3
中国台湾	118674	-2.2	1045678	-8.9
印度	601591	17.5	72608	31.0
印度尼西亚	92575	-37.7	1506381	150.1
日本	681203	10.8	199652	-26.5
新加坡	495716	42.6	56131	-19.4
韩国	335285	-34.2	420245	-8.0
越南	130262	-30.5	109716	-51.8
南非	40404	-44.5	689611	122.1
英国	351325	-19.9	10723	135.0
德国	79522	-42.3	106461	-12.4
意大利	273687	-24.2	29245	-2.8
荷兰	586387	-12.1	1853	-41.4
俄罗斯联邦	225355	-9.6	24863	-37.5
巴西	210443	-32.4	140184	-15.6
墨西哥	308274	-8.5	151348	15.5
加拿大	240767	-42.1	9492	-89.8
美国	3168469	-16.0	133755	42.2
澳大利亚	202764	-17.8	503653	6.9

全年全省新设立外商直接投资企业 80 家；按全口径统计实际使用外商直接投资金额 12.8 亿美元，比上年增长 55.4%。

全年全省对外承包工程新签合同额 22.4 亿美元，比上年增长 40.3%；完成营业额 17.8 亿美元，增长 14.0%。

九、财政金融

全年全省一般公共预算收入完成3479.1亿元，比上年增长0.7%；其中，税收收入完成2556.8亿元，下降5.2%；非税收入完成922.3亿元，增长21.8%。

图8 2019-2023年全省一般公共预算收入

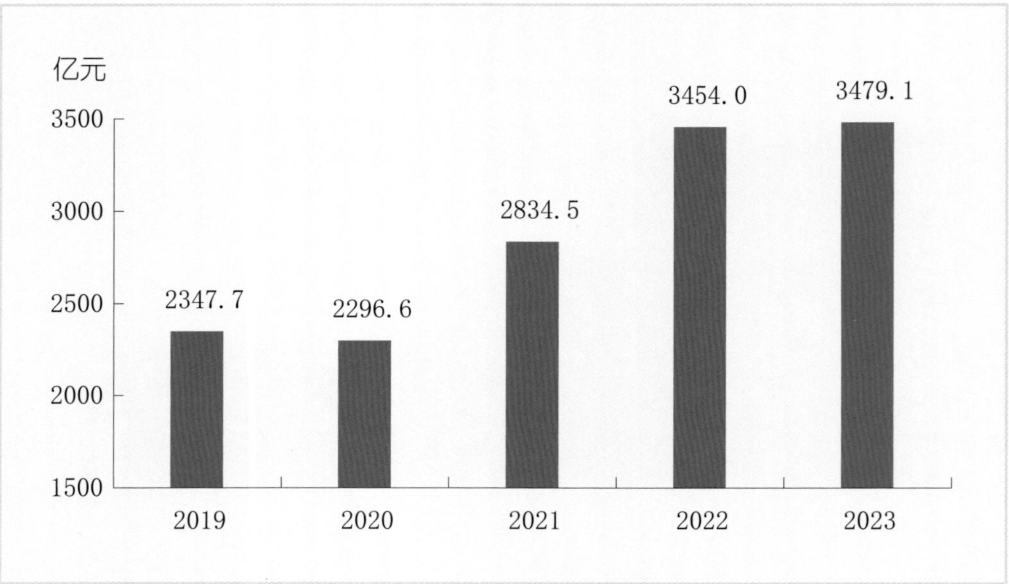

全年全省一般公共预算支出6351.2亿元，比上年增长8.1%。其中，教育、卫生健康、社会保障和就业、住房保障、交通运输、节能环保、城乡社区等民生支出3988.1亿元，增长6.0%。

年末全省金融机构本外币各项存款余额57863.3亿元，比上年末增长7.9%，比年初增加4216.3亿元。各项贷款余额41944.1亿元，比上年末增长11.3%，比年初增加4240.1亿元。

年末全省农村金融合作机构（农村信用社、农村商业银行）人民币存款余额12881.0亿元，比上年末增长10.5%，比年初增加1221.5亿元；人民币贷款余额8129.6亿元，比上年末增长11.1%，比年初增加811.8亿元。

年末全省共有上市公司41家。全省辖区证券市场各类证券成交额86139.2亿元，比上年增长0.6%。其中，股票成交额27952.1亿元，下降9.0%；基金成交额1340.0亿元，增长1.5%；债券成交额56802.1亿元，增长6.1%。年末投资者证券账户开户数647.0万户，增长8.8%。

全年全省原保险保费收入1106.7亿元，比上年增长9.3%。其中，寿险业务原保险保费收入652.1亿元，增长12.6%；健康险业务原保险保费收入168.0亿元，增长2.3%；意外险业务原保险保费收入19.4亿元，下降3.9%；财产险业务原保险保费收入267.2亿元，增长7.2%。全年支付各类赔款及给付369.6亿元，增长12.3%。

表12 2023年年末全省金融机构本外币存贷款余额及其增长速度

指 标	年末数（亿元）	比上年末增长（%）
各项存款余额	57863.3	7.9
其中：住户存款	37246.2	12.5
非金融企业存款	13724.5	0.6
各项贷款余额	41944.1	11.3
其中：短期贷款	11619.0	8.6
中长期贷款	26705.4	15.4
其中：个人消费性贷款（人民币）	6203.5	11.2

十、居民收入消费和社会保障

全年全省居民人均可支配收入30924元，比上年增长6.0%；居民人均消费支出19756元，增长12.7%。按常住地分，城镇居民人均可支配收入41327元，增长4.5%，城镇居民人均消费支出24524元，增长11.9%；农村居民人均可支配收入17677元，增长8.3%，农村居民人均消费支出13684元，增长13.2%。全省城乡居民人均可支配收入比值为2.34，比上年缩小0.08。全省居民恩格尔系数为26.6%，其中城镇为25.3%，农村为29.5%。

表13 2023年全省城乡居民人均可支配收入

指 标	绝对数（元）	比上年增长（%）
城镇居民人均可支配收入	41327	4.5
其中：工资性收入	23505	5.1
经营净收入	3964	2.6
财产净收入	3070	1.1
转移净收入	10788	5.0
农村居民人均可支配收入	17677	8.3
其中：工资性收入	7875	8.3
经营净收入	4676	9.6
财产净收入	256	10.5
转移净收入	4869	7.0

图 9　2019-2023 年全省城乡居民人均可支配收入

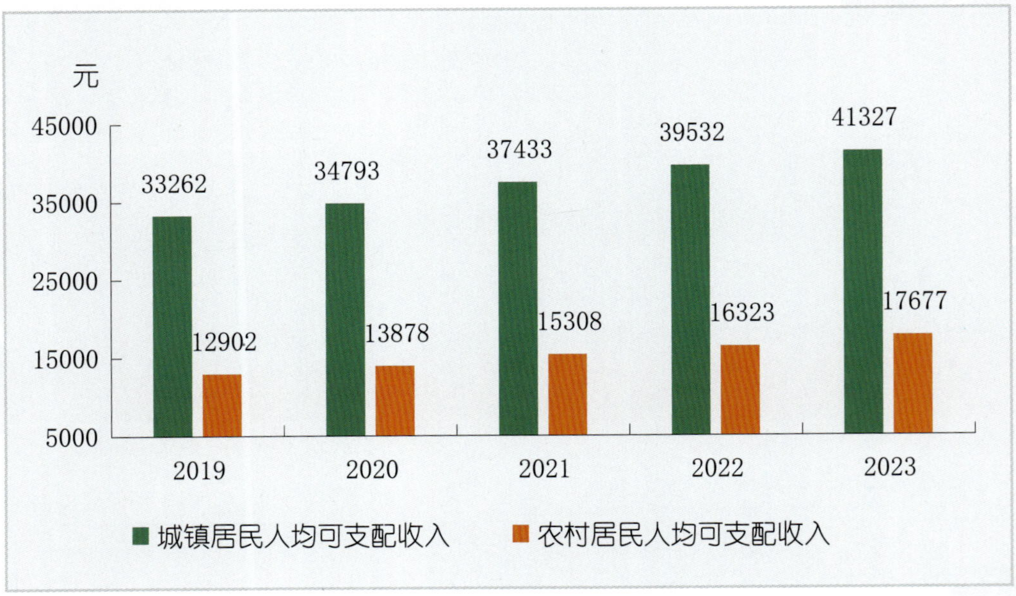

年末全省参加城镇职工基本养老保险 1102.1 万人，比上年末增加 36.3 万人；参加城乡居民基本养老保险 1623.2 万人，减少 5.0 万人；参加城镇职工基本医疗保险 753.9 万人，增加 14.4 万人；参加城乡居民基本医疗保险 2434.3 万人，减少 26.2 万人；参加失业保险 553.4 万人，增加 21.9 万人；参加工伤保险 669.6 万人，增加 4.6 万人；参加生育保险 490.6 万人，增加 10.5 万人。

全年全省得到城市最低生活保障救济人数 16.0 万人，全年共发放城市最低生活保障资金 10.3 亿元。年末全省农村五保供养 12.4 万人。

年末全省城镇有各种社区服务设施 21347 个，其中，综合性社区服务中心 833 个。各类收养性单位床位数 103719 张，收养人数 42877 人。国家抚恤、补助各类优抚对象 21.9 万人。全年销售福利彩票 32.5 亿元，筹集社会福利资金 9.8 亿元，接受社会捐赠款 1420.5 万元。

十一、教育和科学技术

年末全省共有幼儿园 6841 所，小学 3805 所，初中 1346 所，普通高中 510 所，中等职业学校 413 所，普通、职业高等学校 83 所，成人高等学校 8 所。

全年全省研究生教育招生 2.1 万人，在学研究生 6.1 万人，毕业生 1.6 万人。普通本科招生 14.7 万人，在校生 55.1 万人，毕业生 13.8 万人。职业本专科招生 13.8 万人，在校生 41.2 万人，毕业生 12.5 万人。中等职业教育招生 13.8 万人，在校生 41.6 万人，毕业生 13.5 万人。普通高中招生 21.2 万人，在校生 67.8 万人，毕业生 22.1 万人。初中招生 37.1 万人，在校生 112.2 万人，毕业生 34.9 万人。小学招生 39.9 万人，在校生 231.8 万人，毕业生 37.9 万人。特殊教育招生 0.4 万人，在校生 2.0 万人，毕业生 0.4 万人。学前教育在园幼儿 91.8 万人。

图 10 2019-2023 年全省学前教育、小学及本专科在校生人数

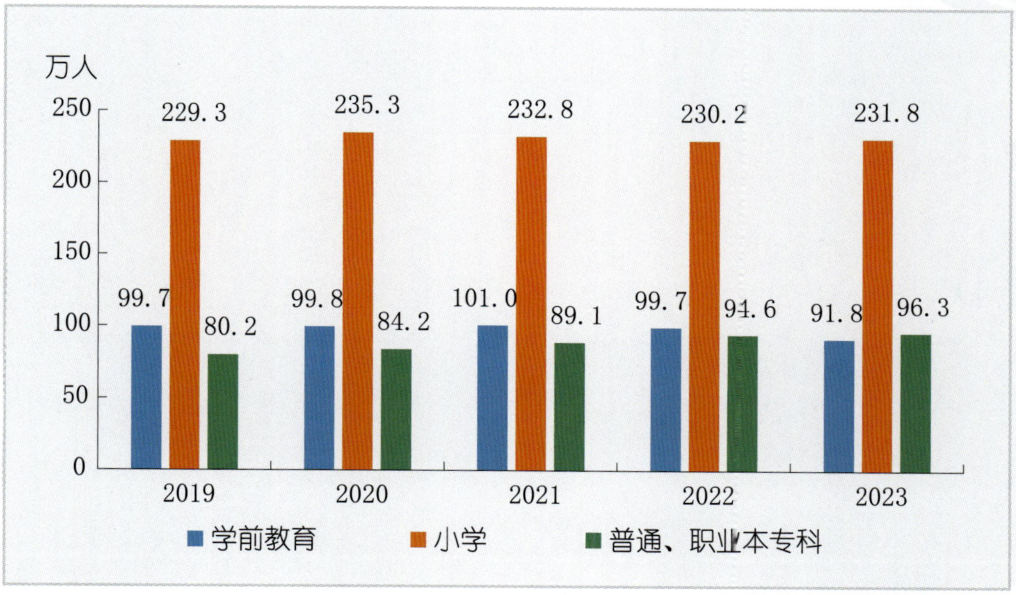

全年全省新增中国工程院院士 1 名，新增 15 个博士后流动站和工作站。

全年全省专利授权量 28463 件，比上年下降 13.9%。其中，发明专利授权量 6557 件，增长 30.5%。全年技术合同成交总额 593.9 亿元。全省国家企业技术中心 35 家，比上年增加 3 家；省级企业技术中心 511 家，增加 42 家。全省高新技术企业 4155 家，专精特新企业 2392 家。

年末全省有气象台站 109 个，开展电话天气自动答询的台站 11 个。全省气象系统开展人工影响天气业务的单位 126 个，防雹、增雨累计受益面积为全省域内，增雨量 32.3 亿立方米。全省有天气预报服务 Intel 网站 1 个，卫星云图接收站 2 个。

年末全省有专业综合地震台站 5 个，省级地震台网中心 1 个，省级数字测震地震台网 1 个。全年全省发生 M3.0 级以上地震 3 次，最大震级为 M3.7 级。

十二、文化旅游、卫生健康和体育

年末全省共有文化馆 129 个，文化站 1299 个。公共图书馆 127 个。出版报纸 53 种（不含高校校报）、20 亿份，各类期刊 198 种、1527 万册，各类图书 3474 种、11723 万册。广播电视台 112 座，中短波转播发射台 15 座，调频、电视转播发射台 172 座，一百瓦以上调频、电视转播发射台 146 座。全年全省规模以上文化及相关产业企业营业收入 450.4 亿元，比上年增长 5.0%。

全年全省重点监测景区接待游客 8070.5 万人次，比上年增长 163.4%；门票收入 26.9 亿元，增长 219.0%；经营收入 45.3 亿元，增长 195.4%。

年末全省共有医疗卫生机构（含诊所、村卫生室）3.8 万个，床位 23.2 万张。专业公共卫生机构 417 个，妇幼保健院（所、站）129 个。全省医疗卫生机构共有卫生技术人员 29.7 万人。卫生院卫生技术人员 2.5 万人，其中，农村乡镇卫生院卫生技术人员 2.3 万人。社区卫生服务中心（站）卫生技术人员 1.4 万人，专业公共卫生机构卫生技术人员 1.7 万人，妇幼保健院（所、站）卫生技术人员 1.0 万人。

年末全省有体育场地面积 9189.7 万平方米；体育场地 121364 个，基础大项场地数量为 6238 个，球类运动场地 65254 个，冰雪运动场地 63 个，体育健身场地 44786 个，大型体育场馆 64 个。全年全省运动员在国内外重大比赛中获金、银、铜牌分别为 117 枚、104 枚和 91 枚（包括非奥运项目比赛）。全年全省经常参加体育锻炼人数 1334 万人，开展全民健身项目 100 项。全年全省销售中国体育彩票 59.4 亿元，比上年增长 37.3%。

十三、资源、环境和安全生产

年末全省大型水库蓄水量 11.7 亿立方米。

全省森林面积 322.8 万公顷，森林覆盖率 20.6%。

全年全省完成造林面积 304.5 千公顷，其中人工造林面积 203.0 千公顷，占全部造林面积的 66.7%。

按《环境空气质量指数（AQI）技术规定（试行）（HJ633-2012）》评价，11 个地级城市环境空气达标天数范围在 248 ~ 316 天之间。

全年全省各类自然灾害造成直接经济损失 68.8 亿元，较上年增加 71.3%；农作物受灾面积 44.0 万公顷，增加 18.0%，其中，绝收面积 2.4 万公顷，增加 7.0%。

全年全省共发生各类生产安全亡人事故 1404 起，比上年下降 9.9%；死亡 1549 人，下降 8.9%。全年全省煤矿百万吨死亡率为 0.118。

注释：

[1] 本公报部分数据为初步统计数据，除注明外，所有增长或下降速度均为同上年相比较。部分数据因四舍五入的原因，存在总计与分项合计不等的情况。
[2] 本公报部分数据由相关部门提供。
[3] 地区生产总值、三次产业及相关行业增加值绝对数按现价计算，增长速度按不变价格计算。
[4] “四上”企业包括规模以上工业、规模以上服务业、限额以上批发零售住宿餐饮业、有资质的建筑业和房地产开发经营业单位。
[5] 万元地区生产总值能耗按 2020 年价格计算。
[6] 邮政行业业务总量按 2020 年价格计算，电信业务总量按上年不变价计算。
[7] “一带一路”是指“丝绸之路经济带”和“21 世纪海上丝绸之路”。
[8] 2022 年 7 月起，实际使用外资金额使用商务部口径数据。
[9] 森林面积、森林覆盖率为 2021 年数据，来源于《中国林草生态综合监测评价报告》。

目　录

Contents

第一篇　住户调查

Household Survey

第二篇 脱贫县农村住户监测

Rural Household Monitoring in Poverty Alleviation Counties

第三篇 价格调查

Price Survey

第四篇 农业调查
Agricultural Survey

附录：全国及各省（直辖市、自治区）主要统计调查指标
Appendix: Main Statistical Survey Indicators by Region

一 住户调查

Household Survey

简要说明

一、本部分的主要内容

本部分资料主要反映山西人民生活现状及变化情况，主要包括居民家庭基本情况及生活状况、收入及支出等。

二、数据来源及调查方法

2013 年以后数据，来源于住户收支与生活状况调查。1949-2012 年的数据，根据城镇住户调查和农村住户调查历史数据，按照住户收支与生活状况调查可比口径推算得到。

（一）住户收支与生活状况调查的的调查方法

国家统计局从 2012 年四季度起实施了住户调查城乡一体化改革，开始实施住户收支与生活状况调查。主要内容包括：居民收入和消费情况，同时收集反映居民就业、社会保障参与、住房状况、家庭经营和生产投资以及收入分配影响因素等调查内容。

住户收支与生活状况调查是以省为总体，综合采用分层、多阶段、与人口规模大小成比例和随机等距抽样相结合的方法抽选村级单位、确定调查小区、抽选样本住户。

全省共抽选出 117 个县（市、区）的若干小区，对抽中小区的所有户进行全面摸底调查，在此基础上随机等距抽选出部分住户参加记账调查。定期对调查小区和调查住宅进行轮换。

2013 年起，按照住户收支与生活状况调查制度，汇总计算各年的全体居民可支配收入、城镇居民可支配收入和农村居民可支配收入等收支数据。

（二）住户收支与生活状况调查主要指标

住户收支与生活状况调查数据主要分为全体居民收支数据、城镇居民收支数据和农村居民收支数据。其中每一类又分为人均可支配收入和人均消费支出。人均可支配收入包含四大项收入，即工资性收入、经营净收入、财产净收入、转移净收入。人均消费支出包含八大类支出，即食品烟酒支出、衣着支出、居住支出、生活用品及服务支出、交通通信支出、教育文化娱乐支出、医疗保健支出、其他用品和服务支出。

Brief Introduction

I. Main Contents

Data in this chapter show the people's living conditions and their changes in China, mainly including basic conditions, living status, income and expenditure of households.

II. Sources of Data and Methodology on Survey

Data of 2013 and after come from Household Survey on Income and Expenditure and Living Conditions. Data from 1949 to 2012 are estimated based on the historical data of Urban Household Survey and Rural Household Survey according to the comparable definition and coverage of main income and consumption indicators of Household Survey on Income and Expenditure and Living Conditions.

1. Methodology of Household Survey on Income and Expenditures and Living Conditions.

In the fourth quarter of 2012, NBS launched reform on the household survey programme, to develop an integrated survey, instead of the two separate urban and rural household surveys. Main contents of the survey include: income and expenditure of households, employment, social security participation, housing, family operation, production, investment, and factors affecting the income distribution.

The survey is conducted by randomly selecting village-level units, small enumeration area and surveyed households, adopting the sampling method of combining stratification, multi-stage, probability proportional to population size and systematic sampling,with all households in a province as the population.

Several households in 117 communities of all counties in the provience are selected, and surveyed for pre-investigation. On this large sample, part of households are selected by systematic sampling for diary-keeping. Selected communities and households are rotated regularly.

Starting from 2013, tabulated national disposable income of all residents, urban residents and rural residents, with this system of Household Survey on Income and Expenditures and Living Conditions.

2.Main Statistical Indicators of Household Survey on Income and Expenditures and Living Conditions.

Household Survey on Income and Expenditures and Living Conditions consist of the income and expenditure data of all residents, urban residents and rural residents. Each category is further divided into per capita disposable income and per capita consumption expenditure. Disposable income includes four categories: income from wages and salaries, net business income, net income from properties and net income from transfer. Consumption Expenditure of Residents includes eight categories: food, tobacco and liquor; clothing; residence; household facilities, articles and services; transport and communications; education, cultural and recreational activities; health care and medical services, and miscellaneous goods and services.

1-1 全省居民人均收支情况(1949-2023年)

单位：元

年 份 Year	可支配收入 Disposible Income	工资性收入 Wages and Salaries	经营净收入 Net Business Income	财产净收入 Net Property Income	转移净收入 Net Transfer Income	消费支出 Consumption Expenditure	食品烟酒 Food, Tobacco and Alcohol
1949	56					51	
1950	60					55	
1951	65					59	
1952	70					64	
1953	77					70	
1954	83					76	
1955	95					84	
1956	101					87	
1957	99					90	
1958	99					88	
1959	94					89	
1960	107					94	
1961	121					106	
1962	106					114	
1963	107					102	
1964	108					99	
1965	115					105	
1966	111					100	
1967	112					101	
1968	113					102	
1969	114					103	
1970	116					105	
1971	120					109	
1972	123					111	
1973	124					113	
1974	126					114	
1975	128					116	
1976	130					118	
1977	132					119	
1978	140	120	12	2	6	126	79
1979	184	141	22	2	18	155	92
1980	201	148	31	2	20	179	104
1981	225	161	43	2	19	194	110
1982	271	185	60	3	24	215	127
1983	315	160	133	3	19	246	140
1984	380	178	177	4	21	273	154
1985	416	205	175	5	30	336	176

注：2013年起，国家统计局实施城乡一体化住户调查改革，居民收支相关指标采用新口径，同时对2013年以前数据做了相应调整。

Note: The NBS has conducted the integrated household survey reform and related indicators of household income and expenditure have adopted a new coverage since 2013. Data before 2013 has adjusted according to the new coverage.

Per Captia Income and Consumption Expenditure Of the Provincial Households (1949−2023)

(yuan)

衣　　着 Clothing	居　　住 Residence	生活用品及服务 Household Equipments, Furnishings and Services	交通通信 Transport and Communications	教育文化娱乐 Education, Culture and Recreation	医疗保健 Health Care	其他用品及服务 Miscellaneous Goods and Services
20	9	9	1	5	1	2
25	15	13	1	6	2	2
29	23	12	1	8	1	2
32	16	17	1	11	2	5
34	16	18	2	11	3	4
38	24	22	2	11	4	5
42	28	21	2	17	4	5
54	32	29	2	27	7	10

1-1 续表

单位：元

年 份 Year	可支配收入 Disposible Income	工资性收入 Wages and Salaries	经营净收入 Net Business Income	财产净收入 Net Property Income	转移净收入 Net Transfer Income	消费支出 Consumption Expenditure	食品烟酒 Food, Tobacco and Alcohol
1986	439	241	159	6	33	375	194
1987	489	275	169	6	38	416	212
1988	576	319	208	8	41	491	248
1989	701	381	260	13	47	574	291
1990	802	401	292	10	99	649	332
1991	813	485	255	9	63	692	355
1992	918	544	281	7	88	730	391
1993	1084	640	332	7	105	883	466
1994	1386	825	402	18	142	1082	562
1995	1840	1059	557	32	192	1444	791
1996	2210	1145	770	33	262	1740	903
1997	2430	1319	780	38	293	1785	882
1998	2567	1332	852	43	340	1755	853
1999	2622	1450	716	37	419	1857	825
2000	2924	1641	777	34	472	2163	851
2001	3196	1865	772	31	528	2283	877
2002	3751	2319	886	61	485	2696	952
2003	4183	2671	988	71	453	2941	1043
2004	4770	3058	1122	126	464	3338	1211
2005	5518	3611	1155	156	595	3902	1341
2006	6235	4088	1208	201	738	4560	1451
2007	7282	4712	1383	291	896	5319	1703
2008	8333	4744	1873	336	1380	5984	1961
2009	8911	5101	1814	464	1532	6449	2021
2010	10149	5796	2056	495	1802	7011	2130
2011	11959	7225	1924	613	2198	8404	2568
2012	13592	8335	2177	651	2429	9446	2765
2013	15120	9424	2338	739	2619	10118	2692
2014	16538	10168	2593	936	2841	10864	2941
2015	17854	10893	2709	987	3265	11729	3089
2016	19049	11305	2693	1112	3939	12683	3098
2017	20420	11957	2624	1228	4611	13664	3325
2018	21990	12552	2809	1304	5325	14810	3688
2019	23828	13396	3109	1306	6017	15863	3997
2020	25214	13854	3250	1386	6724	15733	4362
2021	27426	14936	3688	1509	7293	17191	4622
2022	29178	15629	4044	1785	7721	17537	5058
2023	30924	16630	4278	1832	8184	19756	5258

continued

(yuan)

衣 着 Clothing	居 住 Residence	生活用品及服务 Household Equipments, Furnishings and Services	交通通信 Transport and Communications	教育文化娱乐 Education, Culture and Recreation	医疗保健 Health Care	其他用品及服务 Miscellaneous Goods and Services
54	44	31	2	31	8	11
59	55	35	2	29	9	15
71	43	48	3	39	11	27
84	50	53	4	53	13	27
96	71	54	5	51	21	18
106	59	59	6	57	20	30
115	51	64	6	60	22	23
130	70	74	14	73	26	30
167	72	81	20	94	33	53
215	100	89	38	121	47	43
252	125	102	59	162	76	61
260	137	114	80	164	84	65
226	140	112	65	184	94	80
229	166	131	97	220	108	81
255	229	159	132	272	147	118
260	274	147	147	303	163	112
335	356	152	216	422	182	81
372	382	160	254	464	197	70
398	433	166	305	530	216	79
505	540	197	338	595	295	91
559	693	255	467	683	346	107
604	884	289	579	739	391	130
644	1154	299	573	750	477	126
663	1309	356	641	802	510	148
718	1341	401	779	897	570	173
891	1596	560	905	1024	628	232
974	1929	595	1070	1113	739	261
999	2174	609	1146	1381	836	282
1085	2199	619	1215	1485	1009	312
1147	2297	673	1501	1628	1102	292
1104	2751	680	1709	1811	1228	303
1206	2934	761	1884	1879	1360	316
1261	3229	856	1845	1940	1635	356
1290	3332	911	1980	2136	1821	397
1236	3460	864	1981	1608	1854	367
1277	3851	1029	1988	2059	1935	429
1209	3961	1034	2078	1809	1944	444
1372	4316	1217	2621	2291	2138	543

1-2 城镇居民人均收支情况(1949-2023年)

单位：元

年 份 Year	可支配收入 Disposable Income	工资性收入 Wages and Salaries	经营净收入 Net Business Income	财产净收入 Net Property Income	转移净收入 Net Transfer Income	消费支出 Consumption Expenditure	食品烟酒 Food, Tobacco and Alcohol
1949	96					71	
1950	105					78	
1951	115					85	
1952	126					93	
1953	138					113	
1954	151					124	
1955	165					135	
1956	180					148	
1957	197					162	
1958	201					177	
1959	205					181	
1960	209					184	
1961	213					188	
1962	217					192	
1963	222					196	
1964	226					200	
1965	231					204	
1966	235					215	
1967	240					220	
1968	245					224	
1969	250					229	
1970	256					234	
1971	261					238	
1972	266					243	
1973	272					248	
1974	278					254	
1975	283					259	
1976	289					264	
1977	295					270	
1978	301	298			3	275	153
1979	338	324			14	305	171
1980	380	352			28	357	195
1981	401	383			18	373	197
1982	433	412			21	390	210
1983	452	430			22	394	216
1984	517	489	1		27	433	231
1985	595	535	4		56	533	262
1986	718	649	5	4	59	635	303

Per Captia Income and Consumption Expenditure of Urban Households(1949-2023)

(yuan)

衣　着 Clothing	居　住 Residence	生活用品及服务 Household Equipments, Furnishings and Services	交通通信 Transport and Communications	教育文化娱乐 Education, Culture and Recreation	医疗保健 Health Care	其他用品及服务 Miscellaneous Goods and Services
48	9	31	3	20	4	7
51	12	33	3	23	4	7
59	17	39	4	30	5	8
65	10	40	4	35	2	19
67	15	40	5	34	3	15
71	14	38	6	27	4	17
80	16	40	6	37	5	18
97	15	51	5	65	4	34
105	42	61	5	76	8	35

1-2 续表

单位：元

年 份 Year	可支配收入 Disposible Income	工资性收入 Wages and Salaries	经营净收入 Net Business Income	财产净收入 Net Property Income	转移净收入 Net Transfer Income	消费支出 Consumption Expenditure	食品烟酒 Food, Tobacco and Alcohol
1987	807	724	3	5	74	708	347
1988	945	849	5	11	79	856	404
1989	1176	1037	7	30	102	993	480
1990	1291	994	7	17	273	1048	514
1991	1410	1238	7	15	150	1171	576
1992	1623	1385	10	7	221	1303	658
1993	1957	1628	17	13	299	1560	760
1994	2566	2133	34	12	387	2043	989
1995	3306	2664	36	55	551	2641	1267
1996	3703	2803	63	61	777	3036	1400
1997	3990	2987	79	86	839	3229	1398
1998	4096	2947	64	102	983	3278	1418
1999	4337	3027	72	81	1157	3516	1413
2000	4715	3289	122	58	1246	3982	1384
2001	5377	3805	153	45	1373	4178	1420
2002	6214	4617	307	134	1157	4791	1532
2003	6977	5391	404	140	1042	5210	1713
2004	7866	6114	468	258	1026	5790	1918
2005	8866	6841	513	271	1241	6518	2049
2006	9967	7545	576	350	1496	7395	2240
2007	11487	8613	689	454	1730	8385	2573
2008	13021	8277	1673	520	2550	9145	2897
2009	13883	8859	1666	717	2641	9747	2984
2010	15510	9726	2120	752	2912	10236	2988
2011	17965	11909	1784	1042	3229	11869	3483
2012	20232	13511	2114	1143	3464	12765	3750
2013	22258	14674	2486	1364	3734	13763	3541
2014	24069	15624	2701	1727	4017	14637	3804
2015	25828	16562	2790	1789	4688	15819	3981
2016	27352	16954	2659	2004	5735	16993	3863
2017	29132	17831	2443	2190	6667	18404	4244
2018	31035	18572	2574	2286	7602	19790	4703
2019	33262	19697	2860	2253	8452	21159	5073
2020	34793	20197	2943	2384	9268	20332	5304
2021	37433	21606	3465	2577	9786	21965	5529
2022	39532	22359	3863	3036	10274	21923	6007
2023	41327	23505	3964	3070	10788	24524	6216

continued

(yuan)

衣　着 Clothing	居　住 Residence	生活用品及服务 Household Equipments, Furnishings and Services	交通通信 Transport and Communications	教育文化娱乐 Education, Culture and Recreation	医疗保健 Health Care	其他用品及服务 Miscellaneous Goods and Services
114	57	73	5	59	10	44
136	22	105	5	85	11	88
160	26	108	7	112	15	85
184	61	106	11	97	23	53
209	32	120	13	106	21	94
236	38	138	11	125	29	68
279	66	169	20	150	36	81
365	81	179	28	195	52	153
473	151	195	95	256	85	118
530	163	202	145	317	146	133
573	201	238	166	322	167	163
472	236	237	138	367	196	215
479	296	292	201	415	210	210
511	377	360	283	502	304	261
516	448	321	314	566	352	241
649	641	288	397	773	369	142
715	700	319	465	789	373	137
734	797	321	568	887	408	156
909	983	366	580	912	547	171
986	1168	450	786	982	600	183
1025	1451	486	969	1020	649	212
1074	1886	473	861	991	770	192
1092	2064	566	1006	1013	791	232
1138	2032	621	1234	1169	784	270
1375	2256	848	1364	1347	864	333
1426	2529	844	1516	1417	915	368
1498	2925	877	1587	1917	1024	394
1616	2899	888	1710	2027	1241	453
1705	3020	948	2148	2208	1394	415
1603	3634	952	2401	2439	1652	450
1774	3867	1094	2658	2559	1741	466
1821	4247	1219	2497	2638	2138	525
1801	4333	1265	2776	2938	2383	589
1671	4452	1149	2687	2150	2421	496
1666	4922	1391	2538	2834	2497	590
1555	4943	1355	2647	2371	2442	602
1755	5317	1556	3336	2975	2633	737

1-3 农村居民人均收支情况(1949-2023年)

单位：元

年 份 Year	可支配收入 Disposible Income	工资性收入 Wages and Salaries	经营净收入 Net Business Income	财产净收入 Net Property Income	转移净收入 Net Transfer Income	消费支出 Consumption Expenditure	食品烟酒 Food, Tobacco and Alcohol
1949	52					49	
1950	56					53	
1951	60					57	
1952	65					61	
1953	70					65	
1954	75					70	
1955	85					77	
1956	87					76	
1957	80					77	
1958	77					68	
1959	68					68	
1960	82					71	
1961	100					87	
1962	84					98	
1963	86					85	
1964	86					79	
1965	92					85	
1966	86					77	
1967	87					78	
1968	88					79	
1969	88					80	
1970	89					80	
1971	90					81	
1972	90					81	
1973	91					82	
1974	92					82	
1975	92					83	
1976	93					84	
1977	94					84	
1978	102	78	15	2	7	91	61
1979	145	96	27	3	20	118	73
1980	156	96	39	3	18	134	80
1981	180	103	55	3	19	148	88
1982	227	123	76	4	24	168	105
1983	276	82	171	4	18	203	118
1984	339	84	230	5	19	224	131
1985	358	101	229	6	22	273	148
1986	345	104	210	7	24	287	157

Per Captia Income and Consumption Expenditure of Rural Households(1949-2023)

(yuan)

衣 着 Clothing	居 住 Residence	生活用品及服务 Household Equipments, Furnishings and Services	交通通信 Transport and Communications	教育文化娱乐 Education, Culture and Recreation	医疗保健 Health Care	其他用品及服务 Miscellaneous Goods and Services
13	9	4	0	2	1	1
18	16	8	1	2	1	1
21	24	5	1	2	1	0
24	18	11	1	4	2	1
25	16	12	1	5	3	1
28	27	18	1	7	4	1
30	31	16	1	11	4	1
40	38	22	1	14	7	2
37	44	20	1	16	8	3

1-3 续表

单位：元

年 份 Year	可支配收入 Disposible Income	工资性收入 Wages and Salaries	经营净收入 Net Business Income	财产净收入 Net Property Income	转移净收入 Net Transfer Income	消费支出 Consumption Expenditure	食品烟酒 Food, Tobacco and Alcohol
1987	377	116	229	7	26	313	164
1988	439	121	284	7	27	354	190
1989	514	122	360	7	25	409	216
1990	604	160	408	8	28	488	258
1991	568	177	356	7	27	496	265
1992	627	195	393	7	32	493	281
1993	718	226	464	5	23	599	344
1994	884	269	558	20	37	674	381
1995	1208	367	781	23	37	928	586
1996	1557	421	1079	21	37	1174	686
1997	1738	580	1090	17	51	1145	653
1998	1874	599	1209	17	48	1064	596
1999	1800	693	1026	16	65	1062	543
2000	1950	745	1133	21	51	1175	562
2001	2018	817	1106	24	71	1259	584
2002	2236	905	1243	16	71	1407	595
2003	2410	947	1358	27	79	1502	619
2004	2738	1051	1551	40	95	1728	747
2005	3082	1262	1622	73	125	2000	825
2006	3420	1480	1685	88	167	2421	855
2007	3975	1643	1929	163	240	2908	1019
2008	4480	1840	2037	185	418	3386	1192
2009	4677	1901	1940	248	588	3642	1201
2010	5263	2214	1997	262	791	4070	1349
2011	6225	2751	2057	203	1214	5096	1694
2012	7064	3246	2238	167	1412	6184	1796
2013	7950	4150	2190	111	1498	6458	1839
2014	8809	4570	2482	123	1634	6992	2054
2015	9454	4922	2624	142	1766	7421	2150
2016	10082	5204	2730	149	1999	8029	2272
2017	10788	5462	2824	164	2337	8424	2308
2018	11750	5736	3075	193	2746	9172	2540
2019	12902	6098	3396	210	3198	9728	2751
2020	13878	6347	3614	205	3712	10290	3248
2021	15308	6860	3959	216	4274	11410	3525
2022	16323	7272	4268	232	4551	12091	3880
2023	17677	7875	4676	256	4869	13684	4038

continued

(yuan)

衣　着 Clothing	居　住 Residence	生活用品及服务 Household Equipments, Furnishings and Services	交通通信 Transport and Communications	教育文化娱乐 Education, Culture and Recreation	医疗保健 Health Care	其他用品及服务 Miscellaneous Goods and Services
39	55	22	2	18	9	4
47	52	28	2	21	11	4
55	59	31	2	29	12	4
61	76	33	2	33	20	4
64	70	34	3	36	19	4
65	56	33	4	33	19	4
67	71	35	12	40	21	9
83	68	39	16	51	25	11
103	78	43	14	63	31	10
131	109	59	22	94	45	30
121	109	59	41	94	46	22
115	97	55	32	101	48	19
110	104	53	47	126	59	20
115	149	50	49	147	62	40
121	180	53	57	160	61	43
142	181	68	105	206	68	43
154	180	58	120	258	86	27
178	193	64	132	295	90	29
210	218	75	163	364	111	34
236	335	108	226	457	155	49
272	438	135	272	518	188	66
291	552	157	335	551	235	72
298	666	178	330	622	271	76
335	711	201	365	650	376	84
428	966	286	468	716	403	136
531	1340	350	632	814	565	155
498	1420	340	702	843	647	170
540	1481	344	707	929	770	168
559	1537	382	820	1017	794	162
565	1798	386	962	1132	770	143
578	1902	393	1028	1127	938	151
626	2076	444	1107	1150	1065	165
697	2171	501	1057	1208	1169	174
721	2287	526	1145	967	1183	214
807	2554	591	1322	1121	1255	235
778	2741	636	1372	1111	1324	248
884	3040	786	1711	1421	1509	295

1-4 居民人均可支配收入和指数(1978-2023年)
Per Capita Disposable Income of Households and Index(1978-2023)

单位：元 (yuan)

年份 Year	全省居民人均可支配收入 Per Capita Disposable Income of the Provincial Households		城镇居民人均可支配收入 Per Capita Disposable Income of Urban Households		农村居民人均可支配收入 Per Capita Disposable Income of Rural Households	
	绝对数 Value	指数(1978年=100) Index (Year of 1978=100)	绝对数 Value	指数(1978年=100) Index (Year of 1978=100)	绝对数 Value	指数(1978年=100) Index (Year of 1978=100)
1978	140	100.0	301	100.0	102	100.0
1979	184	130.4	338	111.1	145	142.8
1980	201	138.3	380	118.2	156	151.0
1981	225	150.9	401	121.0	180	170.8
1982	271	177.5	433	127.8	227	210.5
1983	315	203.1	452	131.3	276	252.2
1984	380	238.9	517	146.0	339	303.5
1985	416	240.7	595	154.1	358	297.8
1986	439	240.7	718	174.6	345	273.5
1987	489	250.0	807	180.9	377	280.3
1988	576	243.4	945	173.4	439	272.6
1989	701	247.9	1176	185.7	514	259.8
1990	802	277.5	1291	200.8	604	296.3
1991	813	268.3	1410	206.6	568	270.9
1992	918	282.6	1623	217.9	627	286.0
1993	1084	289.8	1957	226.4	718	290.7
1994	1386	295.8	2566	235.7	884	287.6
1995	1840	336.0	3306	260.2	1208	335.4
1996	2210	374.0	3703	269.1	1557	402.8
1997	2430	398.9	3990	281.2	1738	436.6
1998	2567	427.4	4096	292.5	1874	477.7
1999	2622	438.3	4337	308.5	1800	465.9
2000	2924	470.4	4715	320.3	1950	490.2
2001	3196	515.2	5377	367.1	2018	505.0
2002	3751	614.5	6214	433.8	2236	563.6
2003	4183	673.1	6977	479.4	2410	592.8
2004	4770	737.4	7866	521.7	2738	638.8
2005	5518	833.8	8866	578.2	3082	693.5
2006	6235	923.8	9967	638.5	3420	750.6
2007	7282	1031.4	11487	706.3	3975	825.5
2008	8333	1101.0	13021	748.2	4480	863.9
2009	8911	1182.1	13883	805.8	4677	893.8
2010	10149	1307.2	15510	873.2	5263	978.5
2011	11959	1464.1	17965	962.3	6225	1097.9
2012	13592	1623.4	20232	1058.4	7064	1214.4
2013	15120	1751.6	22258	1130.4	7950	1324.2
2014	16538	1883.9	24069	1200.8	8809	1447.2
2015	17854	2021.6	25828	1280.8	9454	1542.3
2016	19049	2133.5	27352	1341.7	10082	1626.9
2017	20420	2262.2	29132	1409.3	10788	1732.1
2018	21990	2393.0	31035	1474.8	11750	1853.2
2019	23828	2524.9	33262	1540.6	12902	1975.7
2020	25214	2596.4	34793	1567.5	13878	2057.2
2021	27426	2796.2	37433	1668.1	15308	2248.9
2022	29178	2914.0	39532	1727.0	16323	2341.3
2023	30924	3089.8	41327	1808.5	17677	2540.5

1-5 全省居民人均收支及恩格尔系数(2013-2023年)
Per Capita Income and Expenditure & Engle's Coefficient of the Provincial Households (2013-2023)

年 份 Year	全省居民人均可支配收入 Per Capita Disposable Income of The Provincial Households		全省居民人均消费支出 Per Capita Consumption Expenditure of The Provincial Households		全省居民恩格尔系数(%) Engel's Coefficient of The Provincial Households (%)
	绝对数(元) Value (yuan)	比上年±% Growth Rate Over Preceding Year (%)	绝对数(元) Value (yuan)	比上年±% Growth Rate Over Preceding Year (%)	
2013	15120	11.2	10118	7.1	26.6
2014	16538	9.4	10864	7.4	27.1
2015	17854	8.0	11729	8.0	26.3
2016	19049	6.7	12683	8.1	24.4
2017	20420	7.2	13664	7.7	24.3
2018	21990	7.7	14810	8.4	24.9
2019	23828	8.4	15863	7.1	25.2
2020	25214	5.8	15733	-0.8	27.7
2021	27426	8.8	17191	9.3	26.9
2022	29178	6.4	17537	2.0	28.8
2023	30924	6.0	19756	12.7	26.6

1-6 全省居民家庭生活基本情况(2022-2023年)
Basic Living Conditions of the Provincial Households (2022-2023)

指 标	Item	2022	2023
一、调查户数（户）	Number of Households Surveyed (household)	4500	4700
二、平均每户常住人口数（人）	Average Number of Resident Population per Household (person)	2.72	2.77
三、平均每户从业人口（人）	Average Number of Employees per Household (person)	1.52	1.54
四、平均每一从业者负担人数（人）	Average Number of Persons Supported by Each Employee (person)	1.90	1.94
五、平均每人全年可支配收入（元）	Per Capita Annual Disposable Income (yuan)	29178	30924
六、平均每人全年消费支出（元）	Per Capita Annual Living Expenditure (yuan)	17537	19756

1-7 城镇居民人均收支及恩格尔系数(2013-2023年)
Per Capita Income and Expenditure & Engle's Coefficient of Urban Households (2013-2023)

年份 Year	城镇居民人均可支配收入 Per Capita Disposable Income of Urban Households		城镇居民人均消费支出 Per Capita Consumption Expenditure of Urban Households		城镇居民恩格尔系数(%) Engel's Coefficient of Urban Households (%)
	绝对数(元) Value (yuan)	比上年±% Growth Rate Over Preceding Year (%)	绝对数(元) Value (yuan)	比上年±% Growth Rate Over Preceding Year (%)	
2013	22258	10.0	13763	7.8	25.7
2014	24069	8.1	14637	6.4	26.0
2015	25828	7.3	15819	8.1	25.2
2016	27352	5.9	16993	7.4	22.7
2017	29132	6.5	18404	8.3	23.1
2018	31035	6.5	19790	7.5	23.8
2019	33262	7.2	21159	6.9	24.0
2020	34793	4.6	20332	-3.9	26.1
2021	37433	7.6	21965	8.0	25.2
2022	39532	5.6	21923	-0.2	27.4
2023	41327	4.5	24524	11.9	25.3

1-8 城镇居民家庭生活基本情况(2022-2023年)
Basic Living Conditions of Urban Households (2022-2023)

指 标	Item	2022	2023
一、调查户数（户）	Number of Households Surveyed (household)	2730	2840
二、平均每户常住人口数（人）	Average Number of Resident Population per Household (person)	2.79	2.70
三、平均每户从业人口数（人）	Average Number of Employees per Household (person)	1.35	1.34
四、平均每一从业者负担人数（人）	Average Number of Persons Supported by Each Employee (person)	2.15	2.10
五、平均每人全年可支配收入（元）	Per Capita Annual Disposable Income (yuan)	39532	41327
六、平均每人全年消费支出（元）	Per Capita Annual Living Expenditure (yuan)	21923	24524
七、平均每人期末住房面积（平方米）	Per Capita Living Space at Year-end (sq.m)	36.34	38.59

1-9 城镇居民家庭人均全年总收入(2022-2023年)
Per Capita Annual Income of Urban Households (2022-2023)

单位：元 (yuan)

指 标	Item	2022	2023
总收入	**Total Income**	**43405.16**	**45468.50**
一、工资性收入	Income of Wages and Salaries	22358.59	23505.35
二、经营性收入	Business Income	5618.98	5724.55
(一)第一产业	Primary Industry	1364.89	661.52
农业	Farming	1168.31	390.54
林业	Forestry	1.73	7.78
牧业	Animal Husbandry	194.83	263.20
渔业	Fishery	0.02	
(二)第二产业	Secondary Industry	631.44	853.63
采矿业	Mining		157.71
制造业	Manufacturing	33.11	387.25
电力、热力、燃气及水生产和供应业	Production and Supply of Power, Heat, Gas and Water	16.28	
建筑业	Construction	582.05	308.67
(三)第三产业	Tertiary Industry	3622.65	4209.40
批发和零售业	Wholesale and Retail Trade	2159.29	2363.79
交通运输、仓储和邮政业	Transportation, Storage and Post	464.39	559.42
住宿和餐饮业	Hotels and Catering Services	354.89	534.37
房地产业	Real Estate		30.45
租赁和商务服务业	Leasing and Business Services	39.04	49.57
居民服务、修理和其他服务业	Resident Services, Repair and Other Services	436.18	518.98
农林牧渔服务业	Services of Agriculture, Forestry, Animal Husbandry and Fishery	24.61	8.10
其他	Others	144.24	144.72
三、财产性收入	Property Income	3082.14	3171.37
#利息收入	Interest	304.19	372.46
红利收入	Dividend and Bonus	727.23	625.14
储蓄性保险净收益	Net Savings Insurance	23.61	31.21
出租房屋财产性净收入	Net Income of Property Rental	360.41	583.71
四、转移性收入	Transfer Income	12345.45	13067.22
#养老金或离退休金	Pension or Retirement Payments	9213.47	9657.18
社会救济和补助	Social Relief and Subsidy	108.57	119.27
政策性生活补贴	Policy Living Allowances	110.35	94.21
赡养收入	Old Alimony	726.68	841.22
报销医疗费	Reimbursement of Medical Expenses	530.00	557.73
从政府和组织得到的实物产品和服务折价	Goods and Services Discount Received from Governments and Organizations	45.07	23.61
政策性惠农补贴	Benefits Policy of Aagricultural Subsidies	51.66	19.80

1-10 城镇居民家庭人均现金可支配收入及构成(2022-2023年)
Per Capita Cash Income and Proportion of Urban Households (2022-2023)

指 标	Item	2022	2023
现金可支配收入(元)	**Cash Total Income(yuan)**	**36925.6**	**39524.7**
一、工资性收入	Income of Wages and Salaries	22248.4	23375.1
二、经营净收入	Business Income	3583.4	4378.8
三、财产净收入	Property Income	1399.9	1563.8
四、转移净收入	Transfer Income	9693.9	10207.1
现金可支配收入构成(%)	**Cash Total Income Proportion(%)**	**100**	**100**
一、工资性收入	Income of Wages and Salaries	60.3	59.1
二、经营净收入	Business Income	9.7	11.1
三、财产净收入	Property Income	3.8	4.0
四、转移净收入	Transfer Income	26.3	25.8

1-11 城镇居民家庭人均全年总支出(2022-2023年)
Per Capita Annual Expenditure of Urban Households (2022-2023)

单位：元 (yuan)

指　　标	Item	2022	2023
总支出	**Total Expenditure**	**30835.91**	**34621.11**
一、消费支出	Living Expenditure	21922.63	24523.88
二、生产经营费用支出	Production and Operation Expenses	1574.77	1332.17
(一)第一产业	Primary Industry	562.88	229.87
农业	Farming	501.53	97.02
林业	Forestry	0.72	2.54
牧业	Animal Husbandry	60.61	130.32
渔业	Fishery	0.03	
(二)第二产业	Secondary Industry	121.10	303.84
采矿业	Mining		0.19
制造业	Manufacturing	7.98	157.48
电力、热力、燃气及水生产和供应业	Production and Supply of Power, Heat, Gas and Water	4.65	
建筑业	Construction	108.47	146.17
(三)第三产业	Tertiary Industry	890.79	798.47
批发和零售业	Wholesale and Retail Trade	481.58	356.82
交通运输、仓储和邮政业	Transportation, Storage and Post	154.51	140.36
住宿和餐饮业	Hotels and Catering Services	99.90	143.47
房地产业	Real Estate	0.03	
租赁和商务服务业	Leasing and Business Services	2.81	4.73
居民服务、修理和其他服务业	Resident Services, Repair and Other Services	108.87	126.21
农林牧渔服务业	Services of Agriculture, Forestry, Animal Husbandry and Fishery	23.18	3.85
其他	Others	19.90	23.02
三、财产性支出	Property Expenditure	45.67	101.17
生活贷款利息支出	Living Loans Interest Expense	37.53	96.23
其他财产性支出	Other Property Expenditure	8.14	4.94
四、转移性支出	Transfer Expenditure	2071.70	2278.75
个人所得税	Individual Income Tax	71.48	75.41
社会保障支出	Social Security Expenditures	1783.22	1922.68
外来从业人员寄给家人的支出	Expenses of Foreign Employees Sent to The Family	1.06	4.46
赡养支出	Alimony Expenses	135.02	183.95
其他转移性支出	Other Property Expenditure	80.93	92.26
五、部分商业保险支出	Part of the Commercial Insurance Expenses	205.63	262.65
六、购置资产及非经常性转移支出	Acquisition of Assets and Non-recurring Transfer Expenditures	4097.10	4712.84
七、借贷性支出	Borrowing Expenditure	918.41	1409.65

1-12 城镇居民家庭人均现金消费支出及构成(2022-2023年)
Per Capita Cash Expenditure and Proportion of Urban Households (2022-2023)

指　　标	Item	2022	2023
现金消费支出(元)	**Cash Consumption Expenditure(yuan)**	**18489.0**	**20951.4**
一、食品烟酒	Food, Tobacco and Liquor	5857.5	6081.3
二、衣着	Clothing	1554.9	1754.3
三、居住	Residence	2205.3	2456.1
四、生活用品及服务	Household Facilities, Articles and Services	1350.9	1552.5
五、交通通信	Transport and Communications	2646.5	3335.7
六、教育文化娱乐	Education, Culture and Recreation	2370.6	2974.4
七、医疗保健	Health Care and Medical Services	1909.2	2065.4
八、其他用品及服务	Other Goods and Services	594.0	731.8
现金消费支出构成(%)	**Cash Consumption Expenditur Proportion(%)**	**100**	**100**
一、食品烟酒	Food, Tobacco and Liquor	31.7	29.0
二、衣着	Clothing	8.4	8.4
三、居住	Residence	11.9	11.7
四、生活用品及服务	Household Facilities, Articles and Services	7.3	7.4
五、交通通信	Transport and Communications	14.3	15.9
六、教育文化娱乐	Education, Culture and Recreation	12.8	14.2
七、医疗保健	Health Care and Medical Services	10.3	9.9
八、其他用品及服务	Other Goods and Services	3.2	3.5

1-13 城镇家庭平均每人家庭经营净收入(2022-2023年)
Per Capita Net Income from Household Business of Urban Households (2022-2023)

单位：元　　(yuan)

指　　标	Item	2022	2023
家庭经营净收入	**Net Income from Household Business**	**3863.27**	**3964.28**
农业	Farming	643.38	280.48
林业	Forestry	1.01	5.24
牧业	Animal Husbandry	131.20	128.45
渔业	Fishery		
采矿业	Mining		155.78
制造业	Manufacturing	22.92	121.87
电力、热力、燃气及水生产和供应业	Production and Supply of Power, Heat, Gas and Water	7.82	
建筑业	Construction	442.14	152.05
批发和零售业	Wholesale and Retail Trade	1634.32	1899.03
交通运输、仓储和邮政业	Transportation, Storage and Post	277.22	309.73
住宿和餐饮业	Hotels and Catering Services	248.08	361.15
房地产业	Real Estate	-0.03	30.45
租赁和商务服务业	Leasing and Business Services	34.10	32.81
居民服务、修理和其他服务业	Resident Services, Repair and Other Services	303.82	367.01
农林牧渔服务业	Services of Agriculture, Forestry, Animal Husbandry and Fishery	1.43	2.53
其他	Others	115.87	117.68

1-14 城镇居民人均可支配收入增长情况(1978-2023年)

Per Capita Disposable Income Growth of Urban Households (1978-2023)

单位：元 (yuan)

年份 Year	可支配收入 Disposable Income	比上年增加额 Increase Value over Last Year	比上年增长(%) Increase Rate over Last Year (%)	城镇居民消费价格指数(上年=100) Consumer Price Index of Urban Residents (last year=100)	扣除物价上涨因素后比上年增长(%) After Deducting the Price Rising Increase Rate over Last Year (%)
1978	301.4				
1979	338.3	36.9	12.2	101.0	11.1
1980	379.7	41.4	12.2	105.5	6.4
1981	400.6	20.9	5.5	103.1	2.3
1982	433.0	32.4	8.1	102.3	5.7
1983	451.5	18.5	4.3	101.5	2.7
1984	516.9	65.4	14.5	103.0	11.2
1985	595.3	78.4	15.2	109.1	5.6
1986	717.7	122.4	20.6	106.4	13.3
1987	806.8	89.1	12.4	108.5	3.6
1988	944.5	137.7	17.1	122.1	-4.1
1989	1176.1	231.6	24.5	116.3	7.1
1990	1290.9	114.8	9.8	101.5	8.2
1991	1410.2	119.3	9.2	106.2	2.9
1992	1622.8	212.7	15.1	109.1	5.5
1993	1957.5	334.6	20.6	116.1	3.9
1994	2565.7	608.2	31.1	125.9	4.1
1995	3306.0	740.3	28.9	116.7	10.4
1996	3702.7	396.7	12.0	108.3	3.4
1997	3989.9	287.2	7.8	103.1	4.5
1998	4096.2	106.2	2.7	98.7	4.0
1999	4337.1	240.9	5.9	100.4	5.5
2000	4715.0	377.9	8.7	104.7	3.8
2001	5376.8	661.9	14.0	99.5	14.6
2002	6213.5	836.7	15.6	97.8	18.2
2003	6976.8	763.3	12.3	101.6	10.5
2004	7865.6	888.8	12.7	103.6	8.8
2005	8865.8	1000.2	12.7	101.7	10.8
2006	9966.7	1100.9	12.4	101.8	10.4
2007	11486.6	1519.9	15.2	104.2	10.6
2008	13021.1	1534.5	13.4	107.0	5.9
2009	13883.4	862.3	6.6	99.0	7.7
2010	15510.1	1626.7	11.7	103.1	8.4
2011	17964.5	2454.4	15.8	105.1	10.2
2012	20232.2	2267.7	12.6	102.4	10.0
2013	22258.2	2026.0	10.0	103.0	6.8
2014	24069.4	1811.2	8.1	101.8	6.2
2015	25827.7	1758.3	7.3	100.6	6.7
2016	27352.3	1524.6	5.9	101.1	4.8
2017	29131.8	1779.5	6.5	101.4	5.0
2018	31034.8	1903.0	6.5	101.8	4.6
2019	33262.4	2227.6	7.2	102.6	4.5
2020	34792.7	1530.3	4.6	102.8	1.8
2021	37433.1	2640.4	7.6	101.1	6.4
2022	39532.0	2098.9	5.6	102.0	3.5
2023	41327.4	1795.3	4.5	99.9	4.6

1-15 城镇居民人均消费支出增长情况(1978-2023年)
Per Capita Consumption Expenditure Growth of Urban Households (1978-2023)

单位：元 (yuan)

年份 Year	消费支出 Consumption Expenditure	比上年增加额 Increase Value over Last Year	比上年增长(%) Increase Rate over Last Year (%)	城镇居民消费价格指数(上年=100) Consumer Price Index of Urban Residents (last year=100)	扣除物价上涨因素后比上年增长(%) After Deducting the Price Rising Increase Rate over Last Year (%)
1978	275.4				
1979	304.8	29.4	10.7	101.0	9.6
1980	356.6	51.8	17.0	105.5	10.8
1981	373.2	16.6	4.7	103.1	1.5
1982	389.9	16.7	4.5	102.3	2.1
1983	393.5	3.6	0.9	101.5	-0.6
1984	433.3	39.8	10.1	103.0	6.9
1985	533.4	100.1	23.1	109.1	12.8
1986	634.8	101.4	19.0	106.4	11.9
1987	707.5	72.7	11.5	108.5	2.7
1988	855.6	148.1	20.9	122.1	-1.0
1989	993.5	137.9	16.1	116.3	-0.2
1990	1047.7	54.2	5.5	101.5	3.9
1991	1171.2	123.5	11.8	106.2	5.3
1992	1302.6	131.4	11.2	109.1	1.9
1993	1559.7	257.1	19.7	116.1	3.1
1994	2043.3	483.7	31.0	125.9	4.1
1995	2640.7	597.4	29.2	116.7	10.7
1996	3035.6	394.9	15.0	108.3	6.1
1997	3228.7	193.1	6.4	103.1	3.2
1998	3278.1	49.3	1.5	98.7	2.9
1999	3515.8	237.7	7.3	100.4	6.8
2000	3981.6	465.8	13.3	104.7	8.2
2001	4178.3	196.6	4.9	99.5	5.5
2002	4791.2	612.9	14.7	97.8	17.2
2003	5209.9	418.8	8.7	101.6	7.0
2004	5790.0	580.0	11.1	103.6	7.3
2005	6517.8	727.8	12.6	101.7	10.7
2006	7395.1	877.3	13.5	101.8	11.5
2007	8384.7	989.6	13.4	104.2	8.8
2008	9145.0	760.3	9.1	107.0	1.9
2009	9747.0	602.0	6.6	99.0	7.7
2010	10236.3	489.3	5.0	103.1	1.9
2011	11868.7	1632.4	15.9	105.1	10.3
2012	12764.8	896.1	7.5	102.4	5.0
2013	13762.7	997.9	7.8	103.0	4.7
2014	14636.9	874.2	6.4	101.8	4.5
2015	15818.6	1181.7	8.1	100.6	7.4
2016	16992.8	1174.2	7.4	101.1	6.3
2017	18404.0	1411.2	8.3	101.4	6.8
2018	19789.8	1385.9	7.5	101.8	5.6
2019	21159.0	1369.2	6.9	102.6	4.2
2020	20331.9	-827.1	-3.9	102.8	-6.5
2021	21965.5	1633.6	8.0	101.1	6.9
2022	21922.6	-42.9	-0.2	102.0	-2.2
2023	24523.9	2601.3	11.9	99.9	12.0

1-16 城镇居民家庭人均主要食品消费量(2022-2023年)
Per Capita Consumption of Major Foods of Urban Households (2022-2023)

指　　标	Item	2022	2023
粮食(千克)	Grain (kg)	114.9	99.2
油脂类(千克)	Oil and Fat (kg)	7.4	7.2
蔬菜及菜制品(千克)	Vegetable and Vegetable Products (kg)	104.9	93.2
肉类(千克)	Meat (kg)	21.9	21.5
禽类(千克)	Poulrty (kg)	4.3	4.6
水产品(千克)	Aquatic Products (kg)	4.0	4.4
蛋类及蛋制品(千克)	Eggs and Egg Products (kg)	17.1	14.7
奶和奶制品(千克)	Milk and Milk Products (kg)	20.3	18.6
鲜瓜果(千克)	Fresh Melons and Fruits (kg)	65.4	65.5

1-17 城镇居民家庭平均每百户年末耐用消费品拥有量(2022-2023年)
Durable Consumer Goods Owned Per 100 Urban Households at Year-End (2022-2023)

指　　标	Item	2022	2023
家用汽车(辆)	Automobile (unit)	42.56	54.31
摩托车(辆)	Motorcycle (unit)	12.49	9.95
电动助力车(辆)	Pedelec (unit)	60.07	63.82
洗衣机(台)	Washing Machine (set)	99.34	100.15
电冰箱(台)	Refrigerator (set)	98.39	98.71
微波炉(台)	Microwave oven (set)	40.62	44.32
彩色电视机(台)	Color Television (set)	101.47	97.44
空　调(台)	Air conditioner (set)	47.00	65.81
热水器(台)	Calorifier (set)	82.78	90.69
抽油烟机(台)	Fixed Telephone (set)	79.89	86.76
移动电话(部)	Mobile Telephone (set)	246.26	232.94
计算机(台)	Computer (set)	48.17	45.14
照相机(台)	Camera (set)	7.58	6.99

1-18 城镇居民家庭年末居住情况(2022-2023年)
Housing Conditions of Urban Households at Year-End (2022-2023)

单位：% (%)

指　　标	Item	2022	2023
一、居住空间样式	Style of Residential Space	100.0	100.0
单栋楼房	Dependent Resident	8.6	7.3
单栋平房	Dependent Bungalow	19.4	9.4
四居室及以上单元房	Apartment with Four and More Bedrooms	0.8	1.6
三居室单元房	Apartment with Three Bedrooms	30.0	36.3
二居室单元房	Apartment with Two Bedrooms	34.5	40.3
一居室单元房	Apartment with One Bedrooms	3.2	4.0
筒子楼或连片平房	Tube-Shaped Apartment or Contiguous Bungalow	3.5	1.1
其他	Others	0.1	
二、主要建筑材料	Major Building Materials	100.0	100.0
钢筋混凝土	Reinforced Concrete	52.9	70.5
砖混材料	Brick and Concrete Material	40.0	27.6
砖瓦砖木	Tile and Brick	7.1	1.9
竹草土坯	Bamboo, Grass and Adobe		
其他	Others		
三、现住房房屋来源	Current Housing Sources	100.0	100.0
租赁公房	Rent Public Houses	1.6	1.5
租赁私房	Rent Private Houses	2.7	9.1
自建住房	Self-Build Housing	27.1	15.6
购买商品房	Purchased Commercial Housing	42.8	56.6
购买房改住房	Purchased Housing-Reform Houses	10.6	4.7
购买保障性住房	Purchased Security Housing	5.5	5.2
拆迁安置房	Resettlement Housing	6.4	5.2
继承或获赠住房	Inherited or receive Housing	1.3	0.3
免费借用房	Free Rental Housing	1.0	1.5
雇主提供免费住房	Employer-Provided Free Housing		0.3
其他来源	Other Sources	1.0	
四、现住房建筑面积	Current Housing Construction Area	100.0	100.0
10平方米以内	Within 10 sq. m		
10-20平方米	10 - 20 sq. m	0.1	1.0
20-30平方米	20 - 30 sq. m	0.3	1.1
30-60平方米	30 - 60 sq. m	15.5	12.1
60-90平方米	60 - 90 sq. m	32.9	26.6
90-120平方米	90 - 120 sq. m	31.0	35.0
120-200平方米	120 - 200 sq. m	17.4	21.5
200平方米以上	Above 200 sq. m	2.9	2.8
五、住宅外道路路面情况	Road Conditions Outside Houses	100.0	100.0
水泥或柏油路面	Cement or Asphalt Road	97.5	98.1
沙石或石板等硬质路面	Sand, Stone and Other Hard Surfacing Road	2.2	1.8
其他	Others	0.3	0.1
六、取水位置	Water Intaking	100.0	100.0
住宅内管道取水	Pipelines inside Houses	92.6	97.0
住宅内其他方式取水	Other Ways inside Houses	0.2	0.3
院内管道取水	Pipelines in Yards	6.0	2.4
院内其他方式取水	Other Ways in Yards	1.1	0.2
其他位置取水	Water Intake from Other Locations	0.1	0.1

1-18 续表 continued

单位：% (%)

指　　标	Item	2022	2023
七、住户主要饮用水来源情况	Major Sources of Drinking Water for Households	100.0	100.0
经过净化处理的自来水	Purified Running Water	96.6	98.1
受保护的井水和泉水	Protected Wells and Springs	2.9	1.5
不受保护的井水和泉水	Unprotected Wells and Springs	0.1	0.1
江河湖泊水	River and Lake Water		
收集雨水	Collected Rainwater		
桶装水	Bottled Water	0.3	0.2
其他水源	Other Water sources		
八、住户厕所类型	Households Toilets	100.0	100.0
水冲式卫生厕所(冲入下水道)	Sanitary Flush Toilets (into Sewers)	79.9	90.0
水冲式卫生厕所(冲入化粪池)	Sanitary Flush Toilets (into Septic Tanks)	2.1	1.6
水冲式非卫生厕所(冲入沼气池)	Non-stanitary Flush Toilets (into Other Ways)	0.9	
水冲式卫生厕所(冲入防渗厕坑)	Sanitary Flush Toilets (into Impervious Pits)	1.3	0.2
卫生旱厕	Stanitray Pit Latrines	7.0	6.5
普通旱厕	General Pit Latrines	8.8	1.7
无厕所	No Toilets		
九、住户主要取暖设备状况	Major Heating Equipments for Households	100.0	100.0
由市政或小区集中供暖	Central Heating Supplied by Municipal or Residential Area	82.1	90.4
自行供暖	Self Heating	17.9	9.6
无取暖设备	No Heating Equipments		
十、住户主要取暖用能源状况	Major Heating Energy for Households	100.0	100.0
柴草	Firewood	0.2	0.3
煤炭	Coal	6.7	2.0
罐装液化石油气	Bottled Liquefied Petroleum Gas		
管道液化石油气	Pipelined Liquefied Petroleum Gas		
管道煤气	Pipelined Gas	0.4	0.5
管道天然气	Pipelined Natural Gas	5.6	3.6
电	Electricity	4.8	2.8
燃料用油	Fuel oil		
沼气	Biogas		
其他	Others	0.1	
无取暖行为	None	82.2	90.7
十一、主要炊用能源状况	Major Cooking Energy	100.0	100.0
柴草	Firewood	0.1	0.4
煤炭	Coal	3.3	0.6
罐装液化石油气	Bottled Liquefied Petroleum Gas	3.4	2.3
管道液化石油气	Pipelined Liquefied Petroleum Gas	0.1	
管道煤气	Pipelined Gas	10.5	7.8
管道天然气	Pipelined Natural Gas	57.3	65.7
电	Electricity	24.9	22.9
燃料用油	Fuel oil		
沼气	Biogas		
其他	Others		
无炊用行为	None	0.4	0.2

1-19 农村居民人均收支及恩格尔系数(2013-2023年)
Per Capita Income and Expenditure & Engle's Coefficient of Rural Households (2013-2023)

年 份 Year	农村居民人均可支配收入(元) Per Capita Disposable Income of Rural Households (yuan)	比上年±% Growth Rate Over Preceding Year (%)	农村居民人均消费支出(元) Per Capita Consumption Expenditure of Rural Households (yuan)	比上年±% Growth Rate Over Preceding Year (%)	#食品消费支出(元) # Food Expenditure (yuan)	比上年±% Growth Rate Over Preceding Year (%)	农村居民恩格尔系数(%) Engel's Coefficient of Rural Households (%)
2013	7950	12.5	6458	4.4	1839	2.4	28.5
2014	8809	10.8	6992	8.3	2054	11.7	29.4
2015	9454	7.3	7421	6.1	2150	4.7	29.0
2016	10082	6.6	8029	8.2	2272	5.7	28.3
2017	10788	7.0	8424	4.9	2308	1.6	27.4
2018	11750	8.9	9172	8.9	2540	10.0	27.7
2019	12902	9.8	9728	6.1	2751	8.3	28.3
2020	13878	7.6	10290	5.8	3248	18.0	31.6
2021	15308	10.3	11410	10.9	3525	8.5	30.9
2022	16323	6.6	12091	6.0	3880	10.1	32.1
2023	17677	8.3	13684	13.2	4038	4.1	29.5

注：从2014年起，开展城乡一体化的住户收支与生活状况调查，与2013年及以前分别开展的城镇和农村住户调查的调查范围、调查方法、指标口径有所不同(2014年及以前农村居民家庭人均可支配收入为农村居民家庭人均纯收入)。

Note: Started an integrated household income and expenditure survey in 2014.The coverage,methodology and definitions used in the survey are different from those used for the separated urban and rural household surveys prior to 2013(In 2014 and before, the per capita disposable income of rural households was the per capita net income of rural households).

1-20 农村居民家庭人均全年总收入(2022-2023年)
Per Capita Annual Income of Rural Households (2022-2023)

单位：元 (yuan)

指　标	Item	2022	2023
总收入	**Total Income**	**19897.16**	**21828.98**
一、工资性收入	Income of Wages and Salaries	7272.41	7874.94
二、经营性收入	Business Income	7211.44	8091.58
(一)第一产业	Primary Industry	5834.30	5118.94
农业	Farming	4248.79	4027.14
林业	Forestry	64.37	110.08
牧业	Animal Husbandry	1521.14	981.62
渔业	Fishery		0.11
(二)第二产业	Secondary Industry	152.06	195.22
采矿业	Mining	12.43	
制造业	Manufacturing	96.33	135.76
电力、热力、燃气及水生产和供应业	Production and Supply of Power, Heat, Gas and Water	5.46	
建筑业	Construction	37.84	59.46
(三)第三产业	Tertiary Industry	1225.08	2777.42
批发和零售业	Wholesale and Retail Trade	285.93	1027.84
交通运输、仓储和邮政业	Transportation, Storage and Post	481.18	774.62
住宿和餐饮业	Hotels and Catering Services	220.91	326.85
房地产业	Real Estate		
租赁和商务服务业	Leasing and Business Services		10.78
居民服务、修理和其他服务业	Resident Services, Repair and Other Services	168.15	350.58
农林牧渔服务业	Services of Agriculture, Forestry, Animal Husbandry and Fishery	61.99	169.43
其他	Others	6.92	117.32
三、财产性收入	Property Income	249.64	279.57
#利息收入	Interest	63.03	67.42
红利收入	Dividend and Bonus	80.57	87.13
储蓄性保险净收益	Net Savings Insurance	0.48	0.26
出租房屋财产性净收入	Net Income of Property Rental	13.03	21.00
四、转移性收入	Transfer Income	5163.67	5582.89
#养老金或离退休金	Pension or Retirement Payments	1834.03	2143.56
社会救济和补助	Social Relief and Subsidy	412.32	340.82
政策性生活补贴	Policy Living Allowances	176.98	61.53
赡养收入	Old Alimony	928.11	747.43
报销医疗费	Reimbursement of Medical Expenses	289.95	320.34
从政府和组织得到的实物产品和服务折价	Goods and Services Discount Received from Governments and Organizations	64.24	29.89
现金政策性惠农补贴	Cash Benefits Policy of Aagricultural Subsidies	183.81	187.51

1-21 农村居民家庭人均现金可支配收入及构成(2022-2023年)
Per Capita Cash Income and Proportion of Rural Households (2022-2023)

指　　标	Item	2022	2023
现金可支配收入(元)	**Cash Total Income(yuan)**	**15191.3**	**17725.5**
一、工资性收入	Income of Wages and Salaries	7217.2	7825.8
二、经营净收入	Business Income	3545.5	5124.0
三、财产净收入	Property Income	231.6	255.9
四、转移净收入	Transfer Income	4197.0	4519.7
现金可支配收入构成(%)	**Cash Total Income Proportion(%)**	**100.0**	**100.0**
一、工资性收入	Income of Wages and Salaries	47.5	44.2
二、经营净收入	Business Income	23.3	28.9
三、财产净收入	Property Income	1.5	1.4
四、转移净收入	Transfer Income	27.6	25.5

1-22 农村居民家庭人均全年总支出(2022-2023年)
Per Capita Annual Expenditure of Rural Households (2022-2023)

单位：元 (yuan)

项目	Item	2022	2023
总支出	**Total Expenditure**	**19134.53**	**21066.17**
一、消费支出	Consumption Expenditure	12090.94	13684.06
二、生产经营费用支出	Production and Operation Expenses	2781.20	2945.20
(一)第一产业	Primary Industry	2186.42	1942.66
农业	Farming	1397.65	1418.18
林业	Forestry	11.38	25.38
牧业	Animal Husbandry	777.03	499.10
渔业	Fishery	0.36	
(二)第二产业	Secondary Industry	88.08	90.79
采矿业	Mining	2.17	
制造业	Manufacturing	74.15	79.09
电力、热力、燃气及水生产和供应业	Production and Supply of Power, Heat, Gas and Water	1.05	
建筑业	Construction	10.71	11.70
(三)第三产业	Tertiary Industry	506.70	911.75
批发和零售业	Wholesale and Retail Trade	80.28	259.82
交通运输、仓储和邮政业	Transportation, Storage and Post	264.19	401.15
住宿和餐饮业	Hotels and Catering Services	108.49	127.44
房地产业	Real Estate		
租赁和商务服务业	Leasing and Business Services	0.06	1.83
居民服务、修理和其他服务业	Resident Services, Repair and Other Services	41.05	70.38
农林牧渔服务业	Services of Agriculture, Forestry, Animal Husbandry and Fishery	9.92	28.75
其他	Others	2.71	22.39
三、财产性支出	Property Expenditure	18.05	23.63
生活贷款利息支出	Living Loans Interest Expense	16.24	20.25
其他财产性支出	Other Property Expenditure	1.81	3.38
四、转移性支出	Transfer Expenditure	612.49	712.95
个人所得税	Individual Income Tax	1.68	7.94
社会保障支出	Social Security Expenditures	544.08	640.44
外来从业人员寄给家人的支出	Expenses of Foreign Employees Sent to the Family	1.78	0.10
赡养支出	Alimony Expenses	42.55	53.78
其他转移性支出	Other Property Expenditure	22.40	10.69
五、部分商业保险支出	Part of the Commercial Insurance Expenses	65.30	78.38
六、购置资产及非经常性转移支出	Acquisition of Assets and Non-recurring Transfer Expenditures	3068.22	3111.33
七、借贷性支出	Lending Expenditure	498.34	510.60

1-23 农村居民家庭人均现金消费支出及构成(2022-2023年)
Per Capita Cash Expenditure and Proportion of Rural Households (2022-2023)

指 标	Item	2022	2023
现金消费支出(元)	**Cash Consumption Expenditure(yuan)**	**10217.4**	**11844.7**
一、食品烟酒	Food, Tobacco and Alcohol	3621.3	3881.6
二、衣着	Clothing	777.7	883.1
三、居住	Residence	1442.2	1684.2
四、生活用品及服务	Household Equipments, Furnishings and Services	632.5	784.6
五、交通通信	Transport and Communications	1371.6	1710.9
六、教育文化娱乐	Education, Culture and Recreation	1110.3	1420.8
七、医疗保健	Health Care	1022.2	1188.3
八、其他用品及服务	Miscellaneous Goods and Services	239.6	291.3
现金消费支出构成(%)	**Cash Consumption Expenditur Proportion(%)**	**100.0**	**100.0**
一、食品烟酒	Food, Tobacco and Alcohol	35.4	32.8
二、衣着	Clothing	7.6	7.5
三、居住	Residence	14.1	14.2
四、生活用品及服务	Household Equipments, Furnishings and Services	6.2	6.6
五、交通通信	Transport and Communications	13.4	14.4
六、教育文化娱乐	Education, Culture and Recreation	10.9	12.0
七、医疗保健	Health Care	10.0	10.0
八、其他用品及服务	Miscellaneous Goods and Services	2.3	2.5

1-24 农村居民家庭平均每户土地经营情况(2022-2023年)
The Average Land Management Per Household of Rural Residents (2022-2023)

单位：亩 (mu)

指 标	Item	2022	2023
一、期末实际经营土地面积	**Land Area Under Real Management at the End of the Period**	**8.96**	**6.76**
耕地	Cultivated Land	7.47	6.16
#有效灌溉面积	Effective Irrigated Area	2.70	3.30
林地	Forest Land	0.65	0.04
园地	Orchards	0.83	0.56
二、期内主要粮食播种面积	**Sown Area of Major Crops within the Period**	**5.73**	**5.40**
小麦	Wheat	0.56	0.67
水稻	Rice	0.01	0.01
玉米	Corn	4.79	4.55
大豆	Soybean	0.15	0.06
薯类	Rubers	0.24	0.11
三、期内主要经济作物播种面积	**Sown Area of Major Commercial Crops within the Period**	**0.95**	**1.05**
棉花	Cotton		
油料	Oil-bearing Plants	0.19	0.10
糖料作物	Sugar-yileding Crops		
蔬菜	Vegetables	0.12	0.18
#设施蔬菜	Greenhouse Vegetables	0.04	0.12
水果	Fruit	0.64	0.77
#设施水果	Greenhouse Fruit	0.09	0.09
四、农业生产技术应用情况	**Application of Agriculture Production Technology**		
机耕面积	Area Cultivated by Machine	5.74	4.72
机播面积	Area Sown by Machine	5.29	4.16
机收面积	Area Harvested by Machine	4.12	3.93
机电灌溉面积	Area Irrigated by Machine	1.72	2.10

1-25 农村居民家庭平均每人家庭经营净收入(2022-2023年)
Per Capita Net Income from Household Business of Rural Households (2022-2023)

单位：元 (yuan)

指　标	Item	2022	2023
家庭经营净收入	**Net Income from Household Business**	**4267.51**	**4676.38**
农业	Farming	2803.14	2512.03
林业	Forestry	52.38	84.70
牧业	Animal Husbandry	681.77	422.49
渔业	Fishery	-0.35	0.11
采矿业	Mining	9.49	
制造业	Manufacturing	16.88	34.42
电力、热力、燃气及水生产和供应业	Production and Supply of Power, Heat, Gas and Water	4.06	
建筑业	Construction	27.09	44.53
批发和零售业	Wholesale and Retail Trade	194.99	710.98
交通运输、仓储和邮政业	Transportation, Storage and Post	186.6	213.61
住宿和餐饮业	Hotels and Catering Services	110.03	182.91
房地产业	Real Estate		
租赁和商务服务业	Leasing and Business Services	-0.06	4.58
居民服务、修理和其他服务业	Resident Services, Repair and Other Services	125.65	262.08
农林牧渔服务业	Services of Agriculture, Forestry, Animal Husbandry and Fishery	51.78	117.73
其他	Others	4.04	86.22

1-26 农村居民人均可支配收入增长情况(1978-2023年)
Per Capita Disposable Income Growth of Rural Households (1978-2023)

单位：元 (yuan)

年 份 Year	可支配收入 Disposable Income	比上年增加额 Increase Value over Last Year	比上年增长(%) Increase Rate over Last Year (%)	农村居民消费价格指数(上年=100) Consumer Price Index of Rural Residents (last year=100)	扣除物价上涨因素后比上年增长(%) After Deducting the Price Rising Increase Rate over Last Year (%)
1978	101.6				
1979	145.4	43.8	43.1	100.2	42.8
1980	155.8	10.4	7.1	101.3	5.8
1981	179.5	23.8	15.2	101.9	13.1
1982	227.2	47.7	26.5	102.7	23.2
1983	275.8	48.6	21.4	101.3	19.8
1984	338.8	63.0	22.8	102.1	20.3
1985	358.3	19.5	5.8	107.8	-1.9
1986	345.0	-13.3	-3.7	104.8	-8.1
1987	376.9	31.9	9.2	106.6	2.5
1988	438.7	61.9	16.4	119.7	-2.7
1989	513.9	75.1	17.1	122.9	-4.7
1990	603.5	89.6	17.4	103.0	14.0
1991	567.9	-35.6	-5.9	102.9	-8.6
1992	627.0	59.1	10.4	104.6	5.6
1993	718.3	91.3	14.6	112.7	1.7
1994	884.2	165.9	23.1	124.4	-1.1
1995	1208.3	324.1	36.7	117.2	16.6
1996	1557.2	348.9	28.9	107.3	20.1
1997	1738.3	181.1	11.6	103.0	8.4
1998	1873.6	135.3	7.8	98.5	9.4
1999	1799.7	-73.8	-3.9	98.5	-2.5
2000	1950.4	150.7	8.4	103.0	5.2
2001	2017.5	67.1	3.4	100.4	3.0
2002	2235.8	218.2	10.8	99.3	11.6
2003	2410.4	174.6	7.8	102.5	5.2
2004	2737.9	327.5	13.6	105.4	7.8
2005	3082.0	344.1	12.6	103.7	8.6
2006	3419.5	337.5	11.0	102.5	8.2
2007	3974.8	555.3	16.2	105.7	10.0
2008	4480.2	505.4	12.7	107.7	4.7
2009	4677.0	196.8	4.4	100.9	3.5
2010	5263.3	586.3	12.5	102.8	9.5
2011	6224.7	961.4	18.3	105.4	12.2
2012	7063.9	839.2	13.5	102.6	10.6
2013	7949.5	885.6	12.5	103.2	9.0
2014	8809.4	859.9	10.8	101.4	9.2
2015	9453.9	644.5	7.3	100.7	6.6
2016	10082.5	628.6	6.6	101.1	5.5
2017	10787.5	705.1	7.0	100.5	6.5
2018	11750.0	962.5	8.9	101.8	7.0
2019	12902.4	1152.4	9.8	103.0	6.6
2020	13878.0	975.6	7.6	103.3	4.1
2021	15308.3	1430.3	10.3	100.9	9.3
2022	16322.7	1014.4	6.6	102.4	4.1
2023	17676.7	1354.0	8.3	99.9	8.4

1-27 农村居民人均消费支出增长情况(1978-2023年)
Per Capita Consumption Expenditure Growth of Rural Households (1978-2023)

单位：元 (yuan)

年份 Year	消费支出 Consumption Expenditure	比上年增加额 Increase Value over Last Year	比上年增长(%) Increase Rate over Last Year (%)	农村居民消费价格指数(上年=100) Consumer Price Index of Rural Residents (last year=100)	扣除物价上涨因素后比上年增长(%) After Deducting the Price Rising Increase Rate over Last Year (%)
1978	90.6				
1979	118.3	27.7	30.5	100.2	30.3
1980	134.4	16.1	13.6	101.3	12.1
1981	147.8	13.4	10.0	101.9	7.9
1982	167.7	19.9	13.5	102.7	10.5
1983	203.4	35.7	21.3	101.3	19.7
1984	224.3	21.0	10.3	102.1	8.0
1985	272.7	48.4	21.6	107.8	12.8
1986	287.4	14.7	5.4	104.8	0.6
1987	312.7	25.3	8.8	106.6	2.1
1988	354.3	41.5	13.3	119.7	-5.4
1989	409.2	55.0	15.5	122.9	-6.0
1990	487.7	78.4	19.2	103.0	15.7
1991	495.9	8.2	1.7	102.9	-1.2
1992	492.9	-3.0	-0.6	104.6	-5.0
1993	598.9	106.0	21.5	112.7	7.8
1994	673.6	74.7	12.5	124.4	-9.6
1995	928.0	254.4	37.8	117.2	17.5
1996	1174.3	246.3	26.5	107.3	17.9
1997	1145.4	-28.9	-2.5	103.0	-5.3
1998	1063.7	-81.8	-7.1	98.5	-5.7
1999	1062.1	-1.6	-0.1	98.5	1.4
2000	1174.8	112.8	10.6	103.0	7.4
2001	1258.9	84.0	7.2	100.4	6.7
2002	1407.5	148.6	11.8	99.3	12.6
2003	1502.1	94.6	6.7	102.5	4.1
2004	1728.1	226.1	15.1	105.4	9.2
2005	1999.8	271.6	15.7	103.7	11.6
2006	2421.1	421.3	21.1	102.5	18.1
2007	2907.9	486.8	20.1	105.7	13.6
2008	3386.4	478.6	16.5	107.7	8.1
2009	3641.6	255.1	7.5	100.9	6.6
2010	4070.4	428.9	11.8	102.8	8.7
2011	5096.0	1025.6	25.2	105.4	18.8
2012	6183.9	1087.9	21.3	102.6	18.3
2013	6457.7	273.8	4.4	103.2	1.2
2014	6991.7	534.0	8.3	101.4	6.8
2015	7421.2	429.5	6.1	100.7	5.4
2016	8028.8	607.6	8.2	101.1	7.0
2017	8424.0	395.2	4.9	100.5	4.4
2018	9172.2	748.2	8.9	101.8	7.0
2019	9728.4	556.2	6.1	103.0	3.0
2020	10290.1	561.7	5.8	103.3	2.4
2021	11410.1	1120.0	10.9	100.9	9.9
2022	12090.9	680.8	6.0	102.4	3.5
2023	13684.1	1593.1	13.2	99.9	13.3

1-28 农村居民人均主要食品消费量(2022−2023年)
Per Capita Consumption of Major Foods of Rural Households (2022-2023)

指　标	Item	2022	2023
粮食(千克)	Grain (kg)	156.5	128.9
油脂类(千克)	Oil and Fat (kg)	8.5	9.1
蔬菜及菜制品(千克)	Vegetable and Vegetable Products (kg)	90.6	80.5
肉类(千克)	Meat (kg)	17.5	18.2
禽类(千克)	Poulrty (kg)	3.1	3.2
水产品(千克)	Aquatic Products (kg)	1.9	2.4
蛋类及蛋制品(千克)	Eggs and Egg Products (kg)	15.7	15.0
奶和奶制品(千克)	Milk and Milk Products (kg)	13.6	12.8
鲜瓜果(千克)	Fresh Melons and Fruits (kg)	47.2	50.2

1-29 农村居民家庭平均每百户耐用消费品拥有量(2022−2023年)
Durable Consumer Goods Owned Per 100 Rural Households (2022-2023)

名　称	Item	2022	2023
家用汽车(辆)	Automobile (unit)	30.06	40.87
摩托车(辆)	Motorcycle (unit)	37.97	27.27
电动助力车(辆)	Pedelec (unit)	64.63	89.68
洗衣机(台)	Washing Machine (set)	93.84	99.89
电冰箱(台)	Refrigerator (set)	89.72	96.66
微波炉(台)	Microwave oven (set)	8.59	12.95
彩色电视机(台)	Color Television (set)	99.49	99.75
空　调(台)	Air Conditioner (set)	27.68	41.85
热水器(台)	Calorifier (set)	35.71	46.97
排油烟机(台)	Range Hood (set)	25.65	46.13
移动电话(部)	Mobile Telephone (set)	242.49	264.76
计算机(台)	Computer (set)	23.84	23.26
照相机(台)	Camera (set)	1.13	0.94

1-30 农村居民家庭年末居住情况(2022-2023年)
Housing Conditions of Rural Households at Year-End (2022-2023)

单位：%　　(%)

指　标	Item	2022	2023
一、居住空间样式	Style of Residential Space	100.0	100.0
单栋楼房	Dependent Resident	9.3	9.1
单栋平房	Dependent Bungalow	79.5	82.7
四居室及以上单元房	Apartment with Four and More Bedrooms	0.1	0.2
三居室单元房	Apartment with Three Bedrooms	4.0	4.2
二居室单元房	Apartment with Two Bedrooms	1.1	2.9
一居室单元房	Apartment with One Bedrooms	0.5	0.7
筒子楼或连片平房	Tube-Shaped Apartment or Contiguous Bungalow	4.5	0.1
其他	Others	1.0	
二、主要建筑材料	Major Building Materials	100.0	100.0
钢筋混凝土	Reinforced Concrete	12.3	18.5
砖混材料	Brick and Concrete Material	53.4	57.3
砖瓦砖木	Tile and Brick	34.0	24.3
竹草土坯	Bamboo, Grass and Adobe	0.2	
其他	Others	0.1	
三、现住房房屋来源	Current Housing Sources	100.0	100.0
租赁公房	Rent Public Houses	0.1	0.2
租赁私房	Rent Private Houses	1.6	1.5
自建住房	Self-Build Housing	90.4	88.0
购买商品房	Purchased Commercial Housing	4.4	6.6
购买房改住房	Purchased Housing-Reform Houses	0.3	0.5
购买保障性住房	Purchased Security Housing	0.5	0.4
拆迁安置房	Resettlement Housing	1.4	1.8
继承或获赠住房	Inherited or receive Housing	0.6	0.7
免费借用房	Free Rental Housing	0.7	0.3
雇主提供免费住房	Employer-Provided Free Housing	0.1	
其他来源	Other Sources	0.1	
四、现住房建筑面积	Current Housing Construction Area	100.0	100.0
10平方米以内	Within 10 sq. m		
10-20平方米	10 - 20 sq. m	0.1	
20-30平方米	20 - 30 sq. m	1.6	1.2
30-60平方米	30 - 60 sq. m	17.9	22.4
60-90平方米	60 - 90 sq. m	23.7	22.7
90-120平方米	90 - 120 sq. m	28.1	25.3
120-200平方米	120 - 200 sq. m	23.8	22.9
200平方米以上	Above 200 sq. m	4.7	5.4
五、住宅外道路路面情况	Road Conditions Outside Houses	100.0	100.0
水泥或柏油路面	Cement or Asphalt Road	91.1	92.3
沙石或石板等硬质路面	Sand, Stone and Other Hard Surfacing Road	7.3	6.5
其他	Others	1.6	1.2
六、取水位置	Water Intaking	100.0	100.0
住宅内管道取水	Pipelines inside Houses	55.1	57.2
住宅内其他方式取水	Other Ways inside Houses	0.9	0.6
院内管道取水	Pipelines in Yards	37.7	39.5
院内其他方式取水	Other Ways in Yards	3.9	1.3
其他位置取水	Water Intake from Other Locations	2.4	1.4

1-30 续表 continued

单位：% (%)

指标	Item	2022	2023
七、住户主要饮用水来源情况	Major Sources of Drinking Water for Households	100.0	100.0
经过净化处理的自来水	Purified Running Water	73.3	85.3
受保护的井水和泉水	Protected Wells and Springs	25.8	14.4
不受保护的井水和泉水	Unprotected Wells and Springs	0.9	
江河湖泊水	River and Lake Water		
收集雨水	Collected rainwater		0.1
桶装水	Bottled water	0.1	0.1
其他水源	Other Water sources		
八、住户厕所类型	Households Toilets	100.0	100.0
水冲式卫生厕所(冲入下水道)	Sanitary Flush Toilets (into Sewers)	9.4	16.7
水冲式卫生厕所(冲入化粪池)	Sanitary Flush Toilets (into Septic Tanks)	1.8	3.2
水冲式非卫生厕所(冲入沼气池)	Non-stanitary Flush Toilets (into Other Ways)	2.3	0.4
水冲式卫生厕所(冲入防渗厕坑)	Sanitary Flush Toilets (into Impervious Pits)	4.4	0.6
卫生旱厕	Stanitray Pit Latrines	34.8	49.3
普通旱厕	General Pit Latrines	47.5	29.8
无厕所	No Toilets		
九、住户主要取暖设备状况	Major Heating Equipments for Households	100.0	100.0
由市政或小区集中供暖	Central Heating Supplied by Municipal or Residential Area	12.4	18.9
自行供暖	Self Heating	87.5	81.1
无取暖设备	No Heating Equipments	0.1	
十、住户主要取暖用能源状况	Major Heating Energy for Households	100.0	100.0
柴草	Firewood	6.0	5.7
煤炭	Coal	55.8	46.4
罐装液化石油气	Bottled Liquefied Petroleum Gas		
管道液化石油气	Pipelined Liquefied Petroleum Gas	0.1	0.1
管道煤气	Pipelined Gas	0.7	0.9
管道天然气	Pipelined Natural Gas	9.5	10.0
电	Electricity	14.7	18.0
燃料用油	Fuel oil		
沼气	Biogas		
其他	Others	0.2	
无取暖行为	None	12.9	18.9
十一、主要炊用能源状况	Major Cooking Energy	100.0	100.0
柴草	Firewood	8.5	8.9
煤炭	Coal	27.8	21.0
罐装液化石油气	Bottled Liquefied Petroleum Gas	4.9	3.6
管道液化石油气	Pipelined Liquefied Petroleum Gas	0.2	0.1
管道煤气	Pipelined Gas	1.8	2.2
管道天然气	Pipelined Natural Gas	14.4	16.8
电	Electricity	42.4	47.5
燃料用油	Fuel oil		
沼气	Biogas		
其他	Others	0.1	
无炊用行为	None		0.1

1-31 各市全体居民人均可支配收入(1978-2023年)

Per Captia Disposable Income of Urban and Rural Households by Cities (1978-2023)

单位：元 (yuan)

年 份 Year	太原市 Taiyuan	大同市 Datong	阳泉市 Yangquan	长治市 Changzhi	晋城市 Jincheng	朔州市 Shuozhou	晋中市 Jinzhong	运城市 Yuncheng	忻州市 Xinzhou	临汾市 Linfen	吕梁市 Lvliang
1978		148	186	99	130				86	100	
1979		170		112	147				112		
1980		186	234	120	153				105	113	97
1981		205		113	161				106		101
1982	415	295		150	197				163		146
1983		355		214	262				262		233
1984		463		321	316			355	354		286
1985		501	578	376	384			334	351	510	332
1986		512	676	366	417			351	326	555	325
1987		572	759	406	460			358	345	596	331
1988		637	825	484	558			398	433	658	415
1989		741	1042	560	617	556		452	476	739	437
1990	1402	844	1279	613	680	632	699	513	512	825	498
1991		854	1456	670	675	830		540	506	945	467
1992		941	1683	740	801	893		612	632	1068	550
1993		1053	2000	906	1011	1022		793	785	1266	670
1994		1522	2507	1136	1211	1441		954	1022	1654	859
1995		1909	3011	1575	1785	1682	1577	1282	1261	2171	1027
1996		2455	3370	1925	2228	2117		1793	1395	2576	1280
1997		2862	3573	2284	2686	2512		2083	1763	2769	1542
1998		2887	3388	2480	2854	2741		2242	1891	2926	1607
1999		2398	3580	2533	2895	2407		2246	1560	3170	1214
2000	5372	2803	3395	2859	3365	3207	2775	2345	1881	2744	1735
2001	5760	2838	3741	3198	3511	2773	2991	2669	1898	2989	1908
2002	6491	3694	4360	3753	3959	3726	3445	3225	2429	3337	2472
2003	7239	4030	4860	4208	4489	4151	3851	3624	2797	3720	2774
2004	8192	4390	5743	4829	5106	4613	4425	4057	3155	4324	3229
2005	9158	5093	6822	5481	5652	5334	5185	4611	3540	5035	3942
2006	10139	5811	7736	6092	6372	5982	5907	5154	4056	5661	4710
2007	11827	6828	9021	7284	7623	7239	6985	6080	4847	6456	5537
2008	13134	8061	10335	8334	8718	8551	8312	6931	5690	7240	6621
2009	13493	8586	11254	9043	9502	9803	9307	7494	6210	7977	7216
2010	14909	9772	12560	10066	11185	11469	10486	8231	7451	9237	7715
2011	17489	11741	15042	12064	13272	13075	12462	9874	8904	10941	9205
2012	19671	13621	16498	13846	15157	14866	14399	11425	10377	12624	10744
2013	21801	14844	17911	15072	16515	16204	15727	12470	11272	13779	11557
2014	23579	16122	19419	16501	17905	17599	17213	13697	12325	15052	12623
2015	25408	17472	20793	17889	19352	18975	18631	14922	13415	16347	13591
2016	27169	18594	21951	19117	20578	20113	19783	16001	14371	17438	14429
2017	28935	19895	23422	20551	22039	21581	21128	17153	15506	18764	15554
2018	31031	21590	25134	22307	23855	23204	22908	18707	16896	20192	16883
2019	33563	23533	27126	24313	25897	25237	24855	20406	18462	22107	18369
2020	35473	24988	28529	25795	27475	26576	26187	21680	19637	23439	19387
2021	38381	27323	30810	28309	29891	28870	28482	23831	21645	25708	21253
2022	40597	29307	32474	30285	32015	30513	30175	25474	23091	27375	22601
2023	42685	31093	34010	32307	34115	32238	31817	27155	24558	29261	23827

1-32 各市城镇居民人均可支配收入(1978-2023年)

Per Captia Disposable Income of Urban Households by Cities (1978-2023)

单位：元 (yuan)

年 份 Year	太原市 Taiyuan	大同市 Datong	阳泉市 Yangquan	长治市 Changzhi	晋城市 Jincheng	朔州市 Shuozhou	晋中市 Jinzhong	运城市 Yuncheng	忻州市 Xinzhou	临汾市 Linfen	吕梁市 Lvliang
1978	313	277	251	348	300				286	260	
1979	362	301	278	351	303				318		
1980	385	346	308	375	308				345	377	243
1981	418	372	341	386	315				340		250
1982	454	401	377	379	321				373		297
1983	479	435	418	407	330				376		330
1984	601	515	463	486	468			467	436		390
1985	646	624	575	665	508			605	560	636	448
1986	804	799	711	775	573			727	634	745	477
1987	933	875	828	828	712			804	676	787	538
1988	1104	930	902	1040	835			946	877	836	651
1989	1417	1233	1201	1161	1061	1272	1016	1170	908	932	757
1990	1573	1396	1527	1276	1141	1364	1093	1259	974	1020	855
1991	1819	1476	1767	1506	1254	1489	1313	1387	1095	1208	951
1992	2188	1506	2038	1588	1479	1762	1357	1596	1278	1364	1144
1993	2723	1691	2423	1895	1752	2236	1668	2265	1541	1610	1336
1994	3209	2519	2972	2365	2426	3032	2099	2305	2193	2153	1804
1995	3939	3238	3503	3017	3091	3606	2550	2753	2407	2780	2038
1996	4109	3845	3833	3478	3369	3977	3015	3277	2462	3178	2225
1997	5086	4438	3954	4192	4150	4412	3116	3903	3067	3277	2587
1998	5371	4160	3634	4107	4151	4395	3288	4016	3160	3423	2706
1999	5587	4241	3944	4142	4341	4611	3405	4256	3498	3810	2993
2000	5954	4499	4349	4484	4769	4977	3961	4453	3696	4227	3774
2001	6406	4896	4954	5110	5265	5112	4491	5035	4075	4802	4682
2002	7241	5903	6055	5984	5951	6139	5309	6105	4821	5304	5706
2003	8082	6443	6814	6796	6852	6835	6046	6921	5469	6017	6394
2004	9111	6896	8252	7763	7804	7483	6930	7608	6131	7131	7153
2005	10166	7975	9319	8649	8543	8417	8015	8569	6724	8213	8095
2006	11350	9054	10538	9563	9661	9386	9164	9470	7746	9312	9186
2007	13234	10574	12212	11602	11758	11155	10832	11271	9022	10576	10679
2008	14608	12526	13981	13254	13336	13178	12996	12616	10572	11919	12697
2009	14917	13171	15027	14280	14220	14514	14578	13266	11459	13102	13707
2010	16433	14419	16551	15675	16187	16349	16319	14032	13958	14880	13901
2011	19186	16937	19622	18429	18775	18891	18947	16279	16041	17442	15857
2012	21507	19361	21071	20639	21024	21734	21464	18452	18213	19783	18203
2013	23873	21316	23115	22682	23126	23886	23589	20408	20016	21820	20005
2014	25768	23043	24825	24565	24907	25725	25652	22226	21735	23610	21485
2015	27727	24771	26414	26407	26651	27500	27525	24049	23452	25498	22903
2016	29632	26273	27801	28094	28223	28989	29149	25636	24987	27085	24180
2017	31469	27981	29581	30060	30142	30989	30927	27302	26536	28873	25704
2018	33672	29911	31474	32024	32162	32849	32947	29104	28341	30692	27323
2019	36362	32252	33582	34426	34627	35100	35187	31241	30375	32895	29181
2020	38329	33945	35018	36010	36332	36487	36578	32728	31920	34408	30382
2021	41377	36685	37464	38786	39089	39168	39189	35291	34566	36968	32551
2022	43694	38996	39300	41113	41669	41009	41188	37479	36467	39075	34243
2023	45835	40907	40793	43169	43835	42649	42877	39278	38108	41185	35339

1-33 各市城镇居民人均消费支出(1978-2023年)
Per Captia Consumption Expenditure of Urban Households by Cities (1978-2023)

单位：元 (yuan)

年 份 Year	太原市 Taiyuan	大同市 Datong	阳泉市 Yangquan	长治市 Changzhi	晋城市 Jincheng	朔州市 Shuozhou	晋中市 Jinzhong	运城市 Yuncheng	忻州市 Xinzhou	临汾市 Linfen	吕梁市 Lvliang
1978	306	275	256	283	230				245	236	
1979	340	300	277	295	236				293		178
1980	374	323	300	325	257				327	350	211
1981	389	383	325	337	299				343		231
1982	403	388	352	346	305				360		251
1983	418	414	384	366	315				376		291
1984	501	461	406	404	369			421	380		351
1985	585	567	540	533	451			608	530	598	438
1986	723	705	658	629	547			664	679	692	459
1987	846	752	739	655	671			814	659	732	468
1988	1070	958	910	868	838			931	833	786	566
1989	1261	1008	1166	1024	976	1009	796	1103	858	780	659
1990	1357	1101	1176	1040	1002	1173	841	1183	933	795	739
1991	1601	1149	1354	1147	1097	1102	1140	1173	1065	946	828
1992	1884	1304	1581	1253	1299	1299	1056	1278	1155	975	996
1993	2314	1489	1849	1555	1444	1687	1313	1347	1242	1147	1163
1994	2762	2129	2485	1854	1938	2083	1587	1811	1957	1492	1570
1995	3409	2874	2949	2397	2394	2747	1938	2165	2339	1940	1980
1996	3490	3335	2993	3033	2685	3370	2488	2925	2300	2344	2733
1997	4257	3526	3171	3570	2853	3507	2454	3212	2419	2527	2758
1998	4440	3382	3144	3125	2510	3396	2459	2792	2204	2492	2546
1999	4625	3443	3290	2901	2900	3639	2739	3342	2732	2653	2798
2000	5222	3444	3751	3373	3269	4121	3239	3028	2912	3027	3140
2001	5016	3589	3586	3698	3530	3663	3417	3308	2960	3263	3373
2002	5770	4076	3821	4217	4215	4346	3879	4171	3768	3959	4048
2003	6096	4269	4228	4624	4748	4473	4216	4489	3976	4197	4232
2004	6747	4489	5117	5110	5631	4875	4566	4498	4120	4748	4971
2005	7351	5078	6212	5530	5807	5417	5273	4743	4373	5257	6154
2006	8554	5375	6454	6467	6509	5998	5766	5386	4646	5897	6691
2007	10136	5881	7775	7816	7513	7562	6682	5639	5795	6625	6786
2008	9936	6567	8768	8140	9058	9178	7676	7334	7040	7498	8221
2009	10692	6631	8802	8649	9286	9372	8868	6803	8306	7922	8057
2010	10976	6964	10256	8980	10363	9480	9235	6263	8860	8824	8088
2011	11887	8410	11988	10438	12530	10808	10241	7743	9020	11133	9195
2012	12672	9234	12503	11753	14338	12381	10962	8034	9202	11436	9360
2013	13584	9803	12584	12483	14057	13347	11826	8822	9893	10506	10307
2014	14430	10494	12941	13319	14315	13633	12689	9863	10317	10523	12246
2015	15455	11342	13795	14411	16472	14096	13459	11228	11175	12502	12825
2016	16775	11785	15077	15724	17355	14364	14038	11405	12160	13388	13710
2017	18234	12776	13789	16997	18158	15585	15052	12327	13169	14665	14651
2018	19912	13936	17178	18288	20139	17036	16121	13641	14595	15759	15921
2019	21305	15062	21301	19575	21850	18520	17593	15807	16186	16862	17654
2020	20559	15740	21919	19927	22527	18645	17171	15859	17290	16632	17054
2021	23748	17786	23696	21681	23796	20137	19985	17457	18705	17945	18845
2022	24948	18248	24123	22053	23876	20089	19943	17469	18434	17783	19357
2023	26414	21080	23405	25316	26214	21728	22680	19264	19137	20600	20178

1-34 各市农村居民人均可支配收入(1978-2023年)
Per Captia Disposable Income of Rural Households by Cities (1978-2023)

单位：元 (yuan)

年份 Year	太原市 Taiyuan	大同市 Datong	阳泉市 Yangquan	长治市 Changzhi	晋城市 Jincheng	朔州市 Shuozhou	晋中市 Jinzhong	运城市 Yuncheng	忻州市 Xinzhou	临汾市 Linfen	吕梁市 Lvliang
1978	116	95	132	62	114	77	98	101	66	76	83
1979	147	114	168	74	132	99	125	119	89	95	86
1980	156	112	171	78	138	102	108	117	78	63	82
1981	155	126	191	65	145	116	119	128	79	104	85
1982	259	245	227	109	183	277	181	239	138	170	130
1983	312	316	328	178	254	349	274	265	248	210	222
1984	458	435	478	290	298	472	315	343	344	334	274
1985	526	434	584	318	369	373	355	303	324	335	318
1986	556	351	599	279	397	332	385	306	283	283	305
1987	590	399	605	314	425	383	425	303	296	313	303
1988	660	464	642	361	519	441	517	329	364	384	383
1989	715	444	660	425	553	445	550	360	407	440	392
1990	763	515	684	463	611	521	606	417	439	501	448
1991	776	482	702	479	587	728	590	428	412	507	398
1992	864	598	810	544	695	750	654	480	525	573	465
1993	970	653	941	668	890	807	761	586	651	689	572
1994	1166	886	1224	831	1001	1098	1016	753	793	809	715
1995	1444	1039	1639	1211	1552	1229	1317	1054	1027	1130	869
1996	2017	1512	2055	1518	2009	1660	1703	1556	1170	1528	1128
1997	2407	1766	2466	1770	2393	2027	2032	1783	1480	1872	1368
1998	2684	1982	2661	2032	2584	2308	2161	1939	1608	2040	1418
1999	2586	1068	2599	2084	2581	1809	2104	1889	1108	2016	894
2000	2650	1495	2596	2209	2636	2229	2208	1966	1210	2201	1152
2001	2748	1255	2723	2436	2603	1490	2276	2011	1098	2328	1122
2002	3091	1856	2877	2662	2719	2317	2437	2168	1416	2476	1377
2003	3374	1986	3112	2902	2958	2535	2626	2334	1625	2681	1499
2004	3898	2216	3437	3284	3299	2813	2968	2604	1789	2995	1776
2005	4434	2412	3748	3599	3619	3103	3339	2827	1939	3351	2006
2006	4958	2684	4140	3922	3971	3427	3678	3075	2104	3628	2483
2007	5612	3062	4724	4452	4476	4185	4246	3420	2539	4103	2804
2008	6420	3389	5427	4991	4905	4780	4826	3839	2859	4439	3233
2009	6904	3629	5801	5396	5313	5181	5252	4156	3061	4802	3464
2010	7703	4112	6572	6032	5970	5974	5879	4741	3487	5351	3937
2011	8995	4996	7691	7177	7129	7108	6996	5690	4185	6158	4801
2012	10201	5710	8699	8218	8134	8097	8032	6458	4834	6983	5429
2013	11425	6441	9760	9229	9135	9149	9100	7285	5491	7862	6140
2014	12616	7137	10742	10311	10087	10137	10100	8125	6104	8755	6754
2015	13626	7708	11494	11095	10914	10816	10877	8718	6550	9376	7193
2016	14591	8217	12172	11863	11635	11478	11525	9365	7025	10005	7644
2017	15595	8862	12963	12705	12511	12305	12297	9992	7588	10742	8232
2018	16860	9710	14078	13818	13566	13423	13394	10916	8302	11630	9034
2019	18377	10725	15390	15151	14809	14717	14720	11997	9183	12809	9963
2020	19655	11610	16510	16327	16054	15812	15767	12947	9926	13782	10656
2021	21551	12909	18030	18081	17744	17372	17288	14281	11058	15294	11754
2022	22822	13864	19057	19437	19004	18449	18308	15267	11810	16334	12518
2023	24488	15223	20467	21226	20790	20054	19681	16641	12908	17787	13682

1-35 各市农村居民人均消费支出(1978-2023年)
Per Captia Consumption Expenditure of Rural Households by Cities (1978-2023)

单位：元 (yuan)

年 份 Year	太原市 Taiyuan	大同市 Datong	阳泉市 Yangquan	长治市 Changzhi	晋城市 Jincheng	朔州市 Shuozhou	晋中市 Jinzhong	运城市 Yuncheng	忻州市 Xinzhou	临汾市 Linfen	吕梁市 Lvliang
1978		90	99		101				57		70
1979		98	124		113				75		72
1980		99	125		146				69		65
1981		108	138		146				69		62
1982		196	163		138				117		68
1983		287	239		180		192		206		179
1984		328	349		185		228		292		180
1985		319	418		291		252		263		240
1986		287	437		320		283		235	256	269
1987		299	436		357		328		242	271	281
1988		344	462		442		375		287	330	326
1989		338	475		443	399	428		346	354	337
1990		367	486		463	459	496		364	390	381
1991		389	498		507	412	507		321	403	318
1992		458	567		512	444	518		404	403	405
1993		564	871		579	471	692		533	511	928
1994		643	1055		623	527	792		642	561	981
1995		670	1085		1072	690	1109		863	613	852
1996		821	1393		1096	905	1191	1200	995	972	1079
1997		843	1438		1418	819	1226	1150	1199	990	979
1998		863	1552		1316	713	1145	1136	1243	904	943
1999	1657	945	1255		1252	851	1321	1136	946	965	884
2000	1657	917	1534		1364	807	1252	1171	1010	1051	1013
2001	1639	887	1639		1547	858	1306	1288	911	1119	1122
2002	2092	898	1928	1441	1672	963	1535	1378	955	1204	1048
2003	2278	1052	2129	1494	1893	1556	1659	1416	1098	1339	1276
2004	2621	1124	2636	1791	2101	1683	1986	1587	1190	1668	1571
2005	2847	1411	2684	2176	2375	1743	2173	1855	1887	1859	1914
2006	3140	1476	3494	2607	2588	1904	2399	2260	2023	2107	2327
2007	3601	1758	3753	3124	2982	2327	2642	2531	2543	2551	2547
2008	4137	2058	3933	3756	3383	2974	2890	2846	2894	2894	3053
2009	4288	2085	3894	4077	3651	2827	3074	2904	3079	3118	3271
2010	4578	2721	4047	4670	3853	3369	3801	3010	3450	3422	3510
2011	6944	4118	4998	5636	5289	4922	5352	4141	4160	4281	4120
2012	7730	4640	5342	6651	6044	5544	5971	4671	4850	4483	4530
2013	8743	4993	6294	7323	7609	6941	6330	5569	5949	5113	5021
2014	9444	5454	7468	7996	7973	6431	6851	6126	6412	6009	5403
2015	10124	5961	7994	8524	8194	6837	7334	6838	6500	6623	5572
2016	10929	6292	8968	9025	9297	7698	7737	7513	6650	7664	5940
2017	11546	6814	9541	9611	9278	7759	8097	7730	6883	8157	6369
2018	12365	7623	10553	10398	10318	7923	8893	8710	7291	8863	7046
2019	13228	8381	12030	11339	10834	9115	9833	9851	7838	9528	7553
2020	13969	8926	13154	12042	11529	9654	10481	10076	8390	10104	8006
2021	16295	10799	14351	13411	12970	10663	12114	11284	9364	11295	8963
2022	17517	11417	15153	14270	13512	11284	12469	12073	9882	11994	8880
2023	17753	12848	15614	16251	15015	13175	14024	12920	10433	14169	10084

1-36 各市城镇居民人均收支情况(2023年)

单位：元

指　标	Item	太原市 Taiyuan	大同市 Datong	阳泉市 Yangquan
城镇居民人均收入	**Per Capita Income of Urban Households**			
可支配收入	Disposable Income	45835	40907	40793
工资性收入	Income from Wages and Salaries	25814	20664	24157
经营净收入	Net Business Income	4025	6640	2696
财产性收入	Income from Properties	4962	2489	1732
转移性收入	Income from Transfers	11034	11114	12208
城镇居民人均支出	**Per Capita Expenditure of Urban Households**			
消费性支出	Consumption Expenditure	26414	21080	23405
食品烟酒	Food, Tobacco and Alcohol	6784	5886	5710
衣着	Clothing	1661	1740	1443
居住	Residence	6728	4095	4553
生活用品及服务	Household Equipments, Furnishings and Services	1488	1235	1470
交通和通信	Transport and Communications	3334	2959	4355
教育文化娱乐	Education, Culture and Recreation	2824	2674	2209
医疗保健	Health Care	2774	1743	2887
其他用品和服务	Miscellaneous Goods and Services	821	748	778

1-37 各市农村居民人均收支情况(2023年)

单位：元

指　标	Item	太原市 Taiyuan	大同市 Datong	阳泉市 Yangquan
农村居民人均收入	**Per Capita Income of Rural Households**			
可支配收入	Disposable Income	24488	15223	20467
工资性收入	Income from Wages and Salaries	13331	6273	11796
经营净收入	Net Business Income	4769	4415	3470
财产性收入	Income from Properties	758	272	298
转移性收入	Income from Transfers	5630	4263	4902
农村居民人均支出	**Per Capita Expenditure of Rural Households**			
消费支出	Consumption Expenditure	17753	12848	15614
食品烟酒	Food, Tobacco and Alcohol	4705	4327	4243
衣着	Clothing	1106	793	810
居住	Residence	5296	2513	2977
生活用品及服务	Household Equipments, Furnishings and Services	893	851	1137
交通和通信	Transport and Communications	1858	1558	2512
教育文化娱乐	Education, Culture and Recreation	1327	1368	1775
医疗保健	Health Care	2069	1073	1689
其他用品和服务	Miscellaneous Goods and Services	500	365	472

Per Capita Income and Consumption Expenditure of Urban Households by Cities (2023)

(yuan)

长治市 Changzhi	晋城市 Jincheng	朔州市 Shuozhou	晋中市 Jinzhong	运城市 Yuncheng	忻州市 Xinzhou	临汾市 Linfen	吕梁市 Lvliang
43169	43835	42649	42877	39278	38108	41185	35339
24315	29043	25210	24135	22873	24327	25096	23337
4350	3669	6521	6606	4588	4431	6610	3602
3442	3032	2457	3243	2511	2178	2067	2101
11062	8091	8461	8893	9306	7172	7412	6299
25316	26214	21728	22680	19264	19137	20600	20178
6235	6188	6479	5730	5001	4681	5290	4740
1636	1891	1724	1928	1578	1598	1619	1602
6043	6384	3825	5123	4230	4303	4608	4454
1674	1729	1022	1650	1357	1232	1277	1190
3231	3479	3033	2542	2590	2565	2627	2714
3090	3128	3034	2433	2316	2487	2412	2637
2456	2596	1949	2502	1710	1822	2188	2373
951	818	664	771	480	451	579	468

Per Capita Income and Consumption Expenditure of Rural Households by Cities (2023)

(yuan)

长治市 Changzhi	晋城市 Jincheng	朔州市 Shuozhou	晋中市 Jinzhong	运城市 Yuncheng	忻州市 Xinzhou	临汾市 Linfen	吕梁市 Lvliang
21226	20790	20054	19681	16641	12908	17787	13682
8814	12832	8110	10145	7505	5241	7473	7791
7356	3352	6543	5789	5307	4317	6452	2440
295	467	148	674	598	563	182	246
4761	4140	5254	3073	3231	2787	3680	3205
16251	15015	13175	14024	12920	10433	14169	10084
4764	3792	5095	4093	3377	3683	4050	3138
917	1019	550	863	845	613	885	685
3872	3079	2410	3023	3208	2179	3235	1976
915	924	513	760	785	389	806	500
2019	2323	1243	1749	1796	1268	1724	1190
1565	1578	1209	1291	1230	993	1561	898
1868	1979	1869	1826	1386	1191	1605	1489
331	321	285	419	292	118	303	208

1-38 各县(市、区)居民人均可支配收入(2013-2023年)

单位：元

地 区	Region	2013	2014	2015	2016
太原市	**Taiyuan**				
小店区	Xiaodian	23363	25409	27473	29613
迎泽区	Yingze	24406	25929	28042	30084
杏花岭区	Xinghualing	23788	25862	27929	29856
尖草坪区	Jiancaoping	23219	25147	26860	28686
万柏林区	Wanbailin	23812	25602	27444	29224
晋源区	Jinyuan	18878	20701	22320	23996
清徐县	Qingxu	15097	16735	18192	19410
阳曲县	Yangqu	9097	10099	10970	11824
娄烦县	Loufan	8207	9023	9788	10616
古交市	Gujiao	19047	20883	22347	23772
大同市	**Datong**				
新荣区	Xinrong	9299	10186	11025	11786
平城区	Pingcheng				
云冈区	Yungang				
云州区	Yunzhou	9057	9912	10740	11470
阳高县	Yanggao	8623	9489	10262	11001
天镇县	Tianzhen	8487	9278	10005	10615
广灵县	Guangling	7262	8022	8646	9147
灵丘县	Lingqiu	8528	9360	10116	10784
浑源县	Hunyuan	8848	9826	10599	11320
左云县	Zuoyun	13065	14356	15489	16527
阳泉市	**Yangquan**				
城 区	Chengqu	24081	25840	27467	28813
矿 区	Kuangqu	23950	25520	27025	28403
郊 区	Jiaoqu	16095	17517	18757	20275
平定县	Pingding	13501	14699	15748	16756
盂 县	Yuxian	14434	15676	16729	17649
长治市	**Changzhi**				
潞州区	Luzhou				
上党区	Shangdang	15237	16747	17973	19070
屯留区	Tunliu	13639	15010	16038	17033
潞城区	Lucheng	15172	16703	17966	19116
襄垣县	Xiangyuan	16751	18344	19664	21100
平顺县	Pingshun	7162	7884	8526	9054
黎城县	Licheng	8805	9670	10405	11061
壶关县	Huguan	7045	7747	8374	8951
长子县	Zhangzi	12526	13904	14939	16059
武乡县	Wuxiang	8039	8866	9558	10199
沁 县	Qinxian	7608	8396	9039	9708
沁源县	Qinyuan	15259	16841	18111	19397
晋城市	**Jincheng**				
城 区	Chengqu	24787	26696	28484	30168

Per Capita Disposable Income of Urban and Rural Households by Region (2013-2023)

(yuan)

2017	2018	2019	2020	2021	2022	2023
31581		34826	36881	40072	42642	44745
31939		34826	36846	40152	42674	44893
31786		34826	36811	39870	42052	44210
30562		34826	36567	39228	41118	43181
31080		34826	36567	39783	42013	45736
25769		34826	36741	39313	41534	43415
20633	22166	23984	25385	27731	29473	31183
13148	14500	16139	17481	19048	20120	21537
11794	13021	14453	15742	17125	18645	20162
25391	27164	29231	30897	33387	35235	36894
12564	13569	14777	15648	17135	18265	19479
	30720	33393	35414	38389	40683	44261
	29401	31900	33796	36635	38865	40740
12261	13315	14554	15512	16939	18279	19923
11782	12831	13960	14901	16421	18282	19738
11401	12438	13645	14504	15867	17285	18855
9833	10718	11736	12467	13539	14554	16229
11528	12508	13684	14544	15955	17136	18732
12146	13154	14351	15181	16684	17985	19201
17618	19010	20721	22059	24022	25547	27183
30686	32681	34865	36399	38991	40761	42326
30249	32245	34386	35933	38463	40402	42034
21674	23408	25398	26846	29165	30715	32404
17929	19274	20989	22206	24138	25514	26825
18849	20338	22107	23367	25363	26783	28213
		35723	37830	41197	43671	45704
20310	22117	24086	25458	27775	29819	31999
18430	20107	21879	23254	25510	27449	29579
20664	22318	24192	25523	28101	30152	31920
22746	24543	26825	28220	30873	33041	35098
9670	10366	11765	12530	14021	15329	16817
11802	12628	13714	14619	16432	17697	19284
9604	10344	11709	12529	13820	15160	16689
17408	18714	20398	21622	23611	25495	27454
11097	12006	13207	14013	15792	17448	19185
10446	11334	12433	13279	14832	15895	17117
20929	22750	24638	25944	28201	29942	31823
32147	34350	37023	38780	41588	44195	46385

1-38 续表 1

单位：元

地 区	Region	2013	2014	2015	2016
沁水县	Qinshui	12561	13721	14753	15599
阳城县	Yangcheng	14137	15429	16589	17589
陵川县	Lingchuan	9005	9836	10566	11257
泽州县	Zezhou	15785	17211	18485	19826
高平市	Gaoping	16449	17777	19054	20036
朔州市	**Shuozhou**				
朔城区	Shuocheng	19188	20763	22018	23229
平鲁区	Pinglu	12581	13751	14664	15485
山阴县	Shanyin	17795	19469	20806	22013
应 县	Yingxian	10827	11853	12706	13481
右玉县	Youyu	11055	12063	12921	13735
怀仁市	Huairen	18811	20519	21896	23100
晋中市	**Jinzhong**				
榆次区	Yuci	21236	23281	25104	26733
太谷区	Taigu	16282	18024	19528	20907
榆社县	Yushe	7961	8665	9241	9734
左权县	Zuoquan	9831	10768	11482	12207
和顺县	Heshun	9851	10848	11731	12508
昔阳县	Xiyang	9737	10735	11552	12238
寿阳县	Shouyang	14643	16007	17156	18111
祁 县	Qixian	15408	17028	18357	19524
平遥县	Pingyao	13604	14975	16041	16852
灵石县	Lingshi	18965	20747	22267	23498
介休市	Jiexiu	18960	20649	22175	23436
运城市	**Yuncheng**				
盐湖区	Yanhu	17364	18958	20472	21922
临猗县	Linyi	12921	14274	15381	16493
万荣县	Wanrong	9113	10071	10863	11644
闻喜县	Wenxi	12536	13686	14829	15934
稷山县	Jishan	11254	12471	13332	14301
新绛县	Xinjiang	12279	13672	14764	15787
绛 县	Jiangxian	12317	13522	14697	15524
垣曲县	Yuanqu	10827	11873	12757	13699
夏 县	Xiaxian	8762	9689	10388	11077
平陆县	Pinglu	7897	8804	9537	10209
芮城县	Ruicheng	13254	14619	15737	16655
永济市	Yongji	14387	15940	17106	18171
河津市	Hejin	15128	16504	17605	18608
忻州市	**Xinzhou**				
忻府区	Xinfu	14697	16235	17449	18583
定襄县	Dingxiang	12891	14087	15268	16245
五台县	Wutai	8685	9533	10296	11047
代 县	Daixian	9846	10851	11620	12306
繁峙县	Fanshi	11334	12590	13579	14557

continued

(yuan)

2017	2018	2019	2020	2021	2022	2023
16874	18359	19892	21264	23172	24880	26514
18789	20349	22096	23485	25574	27271	29115
12119	13173	14262	15289	16648	17930	19170
21181	22875	24677	26083	28289	30081	32039
21476	23259	25075	26538	28852	30977	33047
24878	26694	28856	30357	33018	34559	36390
16647	17945	19542	20695	22441	23739	25115
23664	25415	27524	28928	31416	33097	34831
14533	15782	17218	18148	19769	21082	22491
14916	16169	18287	19421	20994	22319	23770
24764	26769	29018	30643	33227	35082	36960
28577	30978	33704	35693	38470	40632	42361
22287	24182	26116	27631	29913	31375	33052
10474	11427	12524	13225	14541	15490	16674
13171	14356	15720	16679	18491	19833	21398
13521	14779	16124	17124	18880	20130	21980
13242	14460	15805	16801	18577	19688	21001
19234	20740	22523	23739	25626	27090	28780
20793	22365	24356	25598	27762	29205	30791
17897	19326	21008	22016	23649	24880	26181
24955	26896	28994	30502	32723	34404	36240
25006	26982	29275	30709	33133	34805	36703
23522	25522	27972	29762	32441	34549	36138
17549	19005	20735	22103	24335	25942	27679
12517	13781	15090	15996	17564	18863	20175
17145	18723	20576	21996	24108	25747	27321
15259	16648	18196	19360	21373	22998	24786
16923	18463	20273	21530	23532	25344	26996
16610	17989	19626	20764	22903	24437	25846
14712	16286	17883	19295	21360	23218	24908
11964	13028	14240	15279	16792	17833	19189
11117	12296	13452	14460	16181	17605	19279
17688	19191	20842	22134	24170	25693	27182
19352	21036	22824	24194	26541	28239	29904
19780	21481	23372	24704	26927	28597	30459
19940	21575	23560	25022	27365	29143	30775
17512	19001	20692	22046	24181	25535	27092
11887	12838	14083	15201	16779	17924	19268
13278	14327	15487	16478	18156	19322	20732
15721	17026	18678	20276	22527	24404	26112

1-38 续表 2

单位: 元

地区	Region	2013	2014	2015	2016
宁武县	Ningwu	9716	10735	11591	12310
静乐县	Jingle	8238	9214	9998	10758
神池县	Shenchi	8853	9686	10460	11244
五寨县	Wuzhai	9927	11024	11769	12593
岢岚县	Kelan	10720	11885	12799	13746
河曲县	Hequ	11038	12247	13138	14005
保德县	Baode	10530	11553	12418	13251
偏关县	Pianguan	9449	10365	11133	11923
五台山风景区	Wutaishan				
原平市	Yuanping	13562	14912	16100	17115
临汾市	**Linfen**				
尧都区	Yaodu	18925	20826	22509	24130
曲沃县	Quwo	14180	15711	17078	18359
翼城县	Yicheng	12455	13663	14718	15587
襄汾县	Xiangfen	13571	15111	16148	17181
洪洞县	Hongtong	12448	13747	14772	15585
古　县	Guxian	12629	13806	14840	15715
安泽县	Anze	11303	12500	13461	14336
浮山县	Fushan	11038	12256	13239	14271
吉　县	Jixian	6782	7472	8109	8766
乡宁县	Xiangning	11137	12275	13228	14115
大宁县	Daning	7012	7667	8183	8789
隰　县	Xixian	9022	9882	10723	11473
永和县	Yonghe	7174	7792	8476	9154
蒲　县	Puxian	11960	12995	13874	14651
汾西县	Fenxi	8805	9626	10426	11239
侯马市	Houma	16639	18423	19737	20783
霍州市	Huozhou	16830	18312	19653	20851
吕梁市	**Lvliang**				
离石区	Lishi	18593	20187	21400	22705
文水县	Wenshui	9650	10602	11396	12239
交城县	Jiaocheng	11380	12442	13254	14085
兴　县	Xingxian	7283	7893	8407	8885
临　县	Linxian	5792	6408	6866	7345
柳林县	Liulin	13627	15052	15977	16883
石楼县	Shilou	5623	6093	6437	6786
岚　县	Lanxian	6820	7405	7939	8512
方山县	Fangshan	6874	7485	7948	8451
中阳县	Zhongyang	11658	12733	13593	14537
交口县	Jiaokou	8789	9734	10412	10966
孝义市	Xiaoyi	20202	22036	23216	24398
汾阳市	Fenyang	12759	13846	14906	15834

continued

(yuan)

2017	2018	2019	2020	2021	2022	2023
13368	14625	16000	17353	19240	20722	22442
11651	12676	14045	15061	16607	17802	19316
12189	13310	14721	15928	17511	18719	20048
13537	14742	15966	17128	18907	20193	21546
14873	16301	17980	19199	21029	22421	24170
15140	16623	18086	19594	21745	23294	25181
14178	15397	16722	17908	19724	21232	22675
12770	13957	15269	16399	17991	19166	20546
	12993	14240	14989	16258	17102	18145
18570	20241	22083	23436	25574	26980	28275
25964	27599	29962	31444	33792	35575	37429
19827	21176	23138	24420	26644	28349	30201
16662	17712	19188	20316	21876	23297	24924
18367	19469	21125	22421	24306	25663	27406
16691	17943	19545	20679	22823	24229	25920
16957	18228	20022	21526	23068	24683	26327
15526	16613	18438	19664	21580	23220	25059
15327	16446	17907	19137	20915	22289	23860
9555	10214	11408	12927	14360	15452	16771
15258	16356	17987	19365	21284	22668	24285
9562	10356	11801	13616	15871	17224	18590
12357	13345	14881	16407	18049	19597	21355
9942	10787	12194	13968	16306	17861	19269
15721	16915	18674	20059	22103	23505	25267
12195	13182	14774	16735	19106	20437	22040
22134	23572	25498	26994	29232	31045	33065
22249	23583	25583	26946	29312	31100	32894
24362	26092	28206	29757	32257	33902	35360
13096	13986	15259	15930	17427	18507	19599
15141	16504	17874	18768	20194	21426	22497
9711	10662	11707	12550	13918	15240	16185
8094	8896	9777	10588	11689	12649	13484
18065	19185	20892	22062	23761	24949	26122
7499	8271	9041	9782	10819	11847	12653
9193	10039	10982	11817	12904	13794	14580
9119	9903	10913	11600	12737	13707	14475
15671	17003	18363	19428	21254	22710	24186
11898	13040	14161	14855	15954	16916	17829
26130	27776	30137	31554	33921	35786	37504
16974	18111	19705	20592	22404	23796	25081

1-39 各县(市、区)居民城镇人均可支配收入(2013-2023年)

单位：元

地 区	Region	2013	2014	2015	2016
太原市	**Taiyuan**				
小店区	Xiaodian	24259	26200	28322	30560
迎泽区	Yingze	24324	26212	28352	30421
杏花岭区	Xinghualing	24259	26312	28417	30463
尖草坪区	Jiancaoping	24129	26035	27805	29724
万柏林区	Wanbailin	24064	25820	27673	29472
晋源区	Jinyuan	24042	25772	27767	29877
清徐县	Qingxu	23004	24886	26778	28492
阳曲县	Yangqu	17346	18786	20160	21572
娄烦县	Loufan	15162	16295	17511	18702
古交市	Gujiao	22387	24093	25788	27412
大同市	**Datong**				
新荣区	Xinrong	17718	19224	20685	22009
平城区	Pingcheng				
云冈区	Yungang				
云州区	Yunzhou	14665	15763	17065	18242
阳高县	Yanggao	15528	16905	18121	19352
天镇县	Tianzhen	16101	17421	18658	19647
广灵县	Guangling	16071	17397	18596	19656
灵丘县	Lingqiu	19552	21046	22708	24093
浑源县	Hunyuan	16373	17774	19216	20484
左云县	Zuoyun	19474	21171	22758	24215
阳泉市	**Yangquan**				
城 区	Chengqu	24081	25840	27467	28813
矿 区	Kuangqu	23950	25520	27025	28403
郊 区	Jiaoqu	19360	20860	22195	23549
平定县	Pingding	21271	22845	24445	25692
盂 县	Yuxian	23105	24677	26318	27713
长治市	**Changzhi**				
潞州区	Luzhou				
上党区	Shangdang	23011	24921	26666	28346
屯留区	Tunliu	19558	21068	22617	23884
潞城区	Lucheng	20612	22503	24303	25785
襄垣县	Xiangyuan	25446	27521	29530	31686
平顺县	Pingshun	16686	18023	19505	20675
黎城县	Licheng	13701	14719	15951	16956
壶关县	Huguan	16456	17904	19325	20620
长子县	Zhangzi	20789	22635	24365	26193
武乡县	Wuxiang	17025	18473	19885	21058
沁 县	Qinxian	13895	15149	16329	17489
沁源县	Qinyuan	24613	26691	28500	30438
晋城市	**Jincheng**				
城 区	Chengqu	24787	26696	28484	30168

Per Capita Disposable Income of urban Households by Region (2013-2023)

(yuan)

2017	2018	2019	2020	2021	2022	2023
32546	34889	37750	39978	43496	46323	48503
32277	34633	37508	39683	43096	45811	48131
32321	34583	37488	39625	42795	45149	47417
31597	33746	36142	37912	40604	42553	44607
31329	33585	36171	37979	41170	43475	45736
31879	34015	36532	38468	41469	43832	45644
30259	32407	34968	36856	39915	42350	44605
22996	24698	26699	28061	30081	31585	33512
19824	21232	22931	24146	25981	27384	28594
29166	31178	33486	35361	38048	40027	41716
23484	25104	27062	28454	30901	32940	34422
	32595	35366	37451	40147	42436	44261
	31705	34337	36340	39102	41409	43272
19428	20788	22430	23651	25543	27203	28917
20687	22176	23861	25168	27383	29245	30736
20865	22388	24179	25397	27454	29211	30730
20894	22377	24055	25244	27339	29007	30660
25562	27275	29293	30817	33282	35246	37185
21815	23255	24929	26104	28453	30473	31783
25837	27542	29773	31434	33760	35819	37646
30686	32681	34865	36399	38991	40761	42326
30249	32245	34386	35933	38463	40402	42034
25103	26785	28555	29726	31778	33399	34715
27259	28949	30928	32289	34627	36268	37606
29431	31256	33423	34827	37195	39166	40631
		38105	39706	42644	45202	47191
30131	32241	34594	36047	38751	40804	42885
25699	27524	29560	31009	33676	35999	38051
27693	29521	31617	33135	36017	38431	39929
33935	36141	38816	40291	43312	45868	47794
22019	23296	25160	26318	28528	30468	32174
18075	19160	20750	21850	23795	25555	27165
22022	23453	25212	26498	28538	30536	32399
28262	30042	32386	33875	36450	38855	40759
22574	24019	25989	27132	29601	31762	33636
18835	20097	21806	23005	25029	26331	27516
32507	34718	37113	38598	41416	43528	45269
32147	34350	37023	38780	41538	44195	46385

1-39 续表 1

单位：元

地 区	Region	2013	2014	2015	2016
沁水县	Qinshui	20327	21939	23576	24825
阳城县	Yangcheng	21235	22968	24629	26037
陵川县	Lingchuan	14237	15260	16233	17256
泽州县	Zezhou	23827	25662	27381	29333
高平市	Gaoping	23488	25134	26893	28235
朔州市	**Shuozhou**				
朔城区	Shuocheng	25059	26824	28460	29911
平鲁区	Pinglu	18472	19913	21199	22365
山阴县	Shanyin	25032	27069	28964	30470
应 县	Yingxian	18049	19360	20738	21962
右玉县	Youyu	17242	18608	19974	21132
怀仁市	Huairen	25495	27402	29233	30812
晋中市	**Jinzhong**				
榆次区	Yuci	24598	26866	28935	30815
太谷区	Taigu	21781	23720	25617	27385
榆社县	Yushe	16530	17836	19013	20020
左权县	Zuoquan	19277	20954	22325	23687
和顺县	Heshun	17529	19159	20702	22069
昔阳县	Xiyang	18346	19966	21454	22720
寿阳县	Shouyang	25244	27213	29091	30720
祁 县	Qixian	23061	24998	26898	28619
平遥县	Pingyao	21814	23778	25490	26815
灵石县	Lingshi	27266	29556	31624	33364
介休市	Jiexiu	24930	26974	28970	30650
运城市	**Yuncheng**				
盐湖区	Yanhu	21935	23799	25779	27610
临猗县	Linyi	20348	22062	23871	25565
万荣县	Wanrong	18036	19528	21168	22565
闻喜县	Wenxi	20425	22053	23971	25721
稷山县	Jishan	18866	20564	22106	23742
新绛县	Xinjiang	19914	21830	23646	25206
绛 县	Jiangxian	18539	20189	21990	23177
垣曲县	Yuanqu	18640	20266	21725	23289
夏 县	Xiaxian	18594	20104	21626	22923
平陆县	Pinglu	16775	18352	19961	21279
芮城县	Ruicheng	20962	22807	24602	25980
永济市	Yongji	21163	23135	24921	26366
河津市	Hejin	21087	22737	24355	25695
忻州市	**Xinzhou**				
忻府区	Xinfu	21553	23341	25396	26792
定襄县	Dingxiang	21674	23440	25034	26712
五台县	Wutai	18880	20636	22328	23802
代 县	Daixian	19244	20726	22301	23706
繁峙县	Fanshi	20975	22967	24873	26664

continued

(yuan)

2017	2018	2019	2020	2021	2022	2023
26761	28590	30792	32325	34875	37338	39162
27795	29629	32069	33809	36608	39031	41187
18441	19639	21061	22087	23651	25445	26688
31280	33393	35832	37553	40319	42847	45092
30240	32202	34623	36373	39356	42236	44658
32035	34085	36437	38040	40863	42513	44311
23908	25319	27117	28391	30464	32030	33459
32481	34365	36667	38024	40662	42483	43888
23455	25003	26653	27693	29781	31247	32497
22717	24285	26568	27631	29648	30910	32004
33030	35078	37639	39332	42109	44088	45749
32972	35313	37856	39673	42688	45079	46792
29165	31061	33266	34830	37791	39529	41584
21341	22686	24206	25126	27111	28738	29686
25369	27145	28909	30036	32259	34130	35222
23658	25267	26909	28066	30003	31533	32889
24174	25770	27548	28925	30979	32621	34186
32563	34582	36865	38340	41216	43482	44961
30422	32278	34537	35953	38470	40163	41809
28478	30442	32726	33904	36209	37911	39276
35366	37665	40226	42036	44936	47138	49495
32734	34927	37477	38901	41585	43540	45499
29432	31375	33822	35445	38103	40275	41886
27125	28780	30938	32547	35183	37294	39159
24145	25666	27540	28752	30822	32579	33915
27573	29586	31923	33679	36508	38735	40439
25261	27030	29030	30598	33413	35785	38004
26845	28724	30936	32421	34788	37397	39641
24614	26116	27996	29228	31508	33524	35100
24896	26738	28664	30297	32539	34817	36836
24643	26195	28055	29374	31724	33596	35208
22832	24476	26214	27498	30110	32338	33632
27487	29246	31293	32858	35552	37614	39420
27975	29793	31819	33251	35745	37961	39973
27211	29034	31241	32584	34930	36956	39136
28453	30189	32755	34524	37493	39930	41927
28421	30382	32509	34102	36864	38670	40140
25159	26643	28481	30162	32424	34077	35815
25295	26762	28528	29755	32046	33680	35061
28211	29932	32416	34393	37695	39919	41197

1-39 续表 2

单位：元

地 区	Region	2013	2014	2015	2016
宁武县	Ningwu	17416	18949	20446	21713
静乐县	Jingle	16413	17906	19455	20837
神池县	Shenchi	16749	18190	19481	20825
五寨县	Wuzhai	17474	18820	20099	21567
岢岚县	Kelan	19129	20775	22374	23940
河曲县	Hequ	19491	21187	23009	24343
保德县	Baode	21079	23018	24699	26106
偏关县	Pianguan	16156	17473	18801	19929
五台山风景区	Wutaishan				
原平市	Yuanping	21878	23661	25566	27202
临汾市	**Linfen**				
尧都区	Yaodu	24068	26258	28438	30371
曲沃县	Quwo	22426	24287	26521	28431
翼城县	Yicheng	21919	23541	25213	26852
襄汾县	Xiangfen	22213	24190	25944	27397
洪洞县	Hongtong	20070	21615	23344	24605
古 县	Guxian	22787	24450	26259	27888
安泽县	Anze	20230	22050	23836	25195
浮山县	Fushan	21101	23063	25069	26674
吉 县	Jixian	14615	15842	17205	18478
乡宁县	Xiangning	21132	22865	24602	26251
大宁县	Daning	14307	15466	16541	17484
隰 县	Xixian	17023	18368	20003	21063
永和县	Yonghe	15475	16589	18099	19366
蒲 县	Puxian	20192	21606	23075	24252
汾西县	Fenxi	18601	20219	21998	23582
侯马市	Houma	20832	22791	24500	25725
霍州市	Huozhou	21887	23594	25446	26998
吕梁市	**Lvliang**				
离石区	Lishi	21958	23539	24975	26349
文水县	Wenshui	15934	17159	18441	19695
交城县	Jiaocheng	16410	17625	18686	19751
兴 县	Xingxian	15930	16997	18119	19061
临 县	Linxian	13126	14216	15183	16169
柳林县	Liulin	23552	25432	27036	28415
石楼县	Shilou	10987	11767	12441	13063
岚 县	Lanxian	14901	15914	16987	18109
方山县	Fangshan	15904	17011	18110	19087
中阳县	Zhongyang	16449	17732	18991	20187
交口县	Jiaokou	15023	16285	17454	18292
孝义市	Xiaoyi	25572	27465	29078	30416
汾阳市	Fenyang	17423	18730	20102	21328

continued

(yuan)

2017	2018	2019	2020	2021	2022	2023
23146	24813	26550	28037	30532	32578	34467
22108	23633	25406	27006	28951	30775	32498
22241	23709	25535	27169	29723	31536	32955
22774	24209	25831	26890	29257	31246	32340
25496	27358	29656	31168	33755	35544	37499
25804	27765	29903	31607	34262	36215	38135
27542	29222	31297	32737	35323	37089	38684
21065	22540	24095	25083	27391	28897	30284
	27045	29209	30319	32441	34031	35290
29106	30998	33261	34791	37469	39268	40564
32467	34642	37414	39023	41754	43758	45596
30506	32489	35348	36833	40148	42717	44768
28597	30313	32404	34154	35306	38521	40678
29123	30812	32845	34652	37112	39079	41189
26229	28379	30848	32237	35073	37002	38890
29895	31898	34036	35465	37629	39736	41444
27185	29252	31358	32832	35294	37659	39880
28488	30083	32219	34088	36474	38225	39983
19919	21134	22572	23678	25430	26701	28383
28246	30082	32458	34016	36806	39198	40962
18533	19719	21375	22508	24894	26338	27971
22390	23666	25323	26361	28233	29842	31811
20915	22588	24508	25734	27947	29875	31519
25852	27714	29792	31312	33942	35808	37957
25351	27125	29024	30359	32271	33917	36122
27294	29014	31248	33029	35704	37918	40117
28753	30421	32915	34265	36903	39117	40995
28035	29633	31648	32851	35085	36804	37798
20995	22233	23701	24483	26246	27689	28713
21114	22507	24105	25142	26877	28516	29400
20148	21558	23218	24727	26705	28468	29806
17204	18443	19771	21096	22762	24105	25093
30120	31777	33683	35031	37343	39098	40232
13795	14623	15719	16788	18165	19309	20313
19213	20501	21833	22816	24436	25731	26735
20195	21426	23012	24117	25377	27430	28198
21560	22961	24569	25699	27501	29174	30487
19481	20825	22137	22978	24449	25574	26392
32575	34400	36532	38030	40578	42607	43885
22821	24259	26151	27040	29338	31245	32901

1-40 各县(市、区)居民农村人均可支配收入(2013-2023年)

单位：元

地 区	Region	2013	2014	2015	2016
太原市	**Taiyuan**				
小店区	Xiaodian	15458	17097	18543	19851
迎泽区	Yingze	15135	16709	17970	19112
杏花岭区	Xinghualing	13373	14644	15782	16816
尖草坪区	Jiancaoping	10816	11994	12858	13714
万柏林区	Wanbailin	15881	17358	18764	19937
晋源区	Jinyuan	10518	11591	12412	13300
清徐县	Qingxu	13090	14529	15692	16752
阳曲县	Yangqu	5851	6512	7078	7648
娄烦县	Loufan	4616	5082	5535	6033
古交市	Gujiao	11141	12233	13072	13916
大同市	**Datong**				
新荣区	Xinrong	6421	7063	7628	8185
平城区	Pingcheng				
云冈区	Yungang				
云州区	Yunzhou	6396	7081	7675	8189
阳高县	Yanggao	5212	5748	6260	6730
天镇县	Tianzhen	4759	5235	5685	6060
广灵县	Guangling	5007	5553	6038	6400
灵丘县	Lingqiu	5221	5804	6251	6701
浑源县	Hunyuan	5169	5758	6205	6633
左云县	Zuoyun	8455	9343	10022	10714
阳泉市	**Yangquan**				
城 区	Chengqu				
矿 区	Kuangqu				
郊 区	Jiaoqu	10289	11320	12124	12815
平定县	Pingding	9250	10212	10957	11669
盂 县	Yuxian	9800	10801	11536	12170
长治市	**Changzhi**				
潞州区	Luzhou				
上党区	Shangdang	11853	13100	14095	14941
屯留区	Tunliu	10815	12041	12814	13672
潞城区	Lucheng	9658	10753	11465	12199
襄垣县	Xiangyuan	10721	11900	12737	13641
平顺县	Pingshun	4180	4678	5054	5494
黎城县	Licheng	6132	6868	7329	7790
壶关县	Huguan	4030	4462	4832	5243
长子县	Zhangzi	9811	10963	11763	12574
武乡县	Wuxiang	4503	5052	5459	5950
沁 县	Qinxian	4352	4865	5227	5650
沁源县	Qinyuan	9735	10952	11900	12745
晋城市	**Jincheng**				
城 区	Chengqu				

Per Capita Disposable Income of rural Households by Region(2013-2023)

(yuan)

2017	2018	2019	2020	2021	2022	2023
		21400	22641	24724	25960	27699
		21400	22641	24724	25960	27699
		21400	22641	24724	25960	27699
		21400	22641	24724	25960	27699
		21400	22641	24724	25960	
		21400	22641	24724	25960	27699
17799	19143	20732	21988	24143	25664	27229
8501	9509	10754	11846	13030	13838	14945
6700	7541	8521	9490	10401	11680	13070
14856	15963	17272	18300	20020	21321	22643
8725	9510	10471	11299	12564	13394	14519
	15493	17011	18344	20343	21564	
	15493	17027	18317	20204	21537	23496
8836	9693	10682	11807	13212	14269	15881
7262	7981	8803	9749	10997	12734	14173
6818	7691	8752	9448	10510	11724	13318
7168	8071	9185	10007	11078	11909	13588
7271	7969	8806	9530	10721	11514	13004
7363	8048	9151	9871	10907	11758	12927
11410	12425	13668	14817	16684	17735	19225
13674	14864	16265	17452	19058	20106	21634
12427	13483	14743	15834	17312	18316	19690
12937	14050	15349	16454	17951	18974	20340
		20211	21747	23834	25241	27311
16017	17426	19082	20532	22606	24392	26514
14725	16109	17656	19033	21070	22671	24757
13089	14280	15623	16716	18472	19820	21782
14610	15852	17405	18658	20748	22242	24244
6081	6848	7854	8671	9894	10863	12145
8289	8960	9785	10558	11983	12906	14390
5804	6535	7515	8320	9559	10486	11787
13417	14530	15896	17120	18798	20302	22150
6593	7430	8195	9064	10360	11655	13194
6043	6801	7488	8260	9325	10081	11210
13714	15085	16443	17693	19480	20668	22487

1-40 续表 1

单位：元

地 区	Region	2013	2014	2015	2016
沁水县	Qinshui	7978	8816	9486	10098
阳城县	Yangcheng	9065	9978	10777	11488
陵川县	Lingchuan	6109	6824	7425	7929
泽州县	Zezhou	10187	11257	12217	13129
高平市	Gaoping	9758	10714	11528	12168
朔州市	**Shuozhou**				
朔城区	Shuocheng	10445	11543	12216	12925
平鲁区	Pinglu	7016	7795	8348	8824
山阴县	Shanyin	11430	12565	13395	14199
应　县	Yingxian	7438	8190	8786	9331
右玉县	Youyu	5238	5809	6180	6588
怀仁市	Huairen	11148	12416	13261	14017
晋中市	**Jinzhong**				
榆次区	Yuci	12182	13528	14684	15624
太谷区	Taigu	12518	14027	15254	16368
榆社县	Yushe	3791	4171	4453	4693
左权县	Zuoquan	3715	4142	4430	4745
和顺县	Heshun	4366	4875	5284	5638
昔阳县	Xiyang	6091	6776	7305	7743
寿阳县	Shouyang	9439	10430	11217	11834
祁　县	Qixian	11557	12926	13961	14841
平遥县	Pingyao	8757	9706	10386	10885
灵石县	Lingshi	11966	13222	14273	15072
介休市	Jiexiu	9852	10921	11723	12333
运城市	**Yuncheng**				
盐湖区	Yanhu	8425	9349	9938	10634
临猗县	Linyi	8896	9908	10622	11408
万荣县	Wanrong	6407	7098	7623	8210
闻喜县	Wenxi	6763	7451	8016	8641
稷山县	Jishan	7626	8488	9014	9654
新绛县	Xinjiang	7897	8860	9524	10229
绛　县	Jiangxian	6649	7339	7933	8425
垣曲县	Yuanqu	4822	5342	5779	6236
夏　县	Xiaxian	5343	5979	6385	6858
平陆县	Pinglu	4774	5365	5782	6222
芮城县	Ruicheng	7712	8605	9225	9806
永济市	Yongji	9130	10205	10879	11640
河津市	Hejin	9717	10686	11303	11993
忻州市	**Xinzhou**				
忻府区	Xinfu	7024	7821	8363	8923
定襄县	Dingxiang	9081	9948	10637	11296
五台县	Wutai	4579	5034	5363	5765
代　县	Daixian	4119	4562	4886	5169
繁峙县	Fanshi	5409	6012	6474	6940

continued

(yuan)

2017	2018	2019	2020	2021	2022	2023
10985	11964	13113	14434	16063	17353	19128
12287	13326	14569	15758	17367	18525	20289
8620	9379	10309	11389	12712	13715	15093
14073	15211	16595	17866	19749	21024	22914
13069	14177	15392	16617	18284	19652	21454
13842	15102	16506	17695	19330	20401	22081
9512	10397	11426	12306	13552	14392	15544
15278	16622	18184	19476	21361	22685	24606
9975	10862	11905	12845	14117	15164	16519
7161	7870	9106	10025	11062	12237	13940
15040	16454	18050	19368	21200	22421	24372
16608	18086	19877	21288	23097	24414	25903
17546	19143	20789	22265	24046	25321	26713
5153	5901	6999	7559	8428	9018	10010
5257	6056	7182	7771	8859	9656	10834
6258	7197	8370	9031	10250	11111	12667
8587	9704	11189	12062	13630	14516	15677
12568	13648	15040	16168	17510	18543	20119
15879	17118	18830	20167	22103	23407	24929
11548	12472	13557	14438	15593	16482	17603
16052	17400	18914	20162	21735	22930	24260
13073	14249	15503	16619	18281	19341	20792
11379	12357	13556	14721	16326	17517	19041
12138	13170	14408	15546	17178	18346	19998
8842	9956	11071	12156	13372	14441	15741
9332	10210	11333	12455	13676	14619	16096
10282	11227	12316	13228	14643	15756	17253
10945	11952	13159	14172	15532	16851	18081
8990	9745	10710	11481	12767	13622	14889
6722	7576	8508	9401	10783	11807	13059
7440	8132	9084	10029	11052	11770	13006
6894	7776	8717	9650	11030	12023	13946
10404	11310	12373	13301	14578	15540	16690
12385	13500	14742	15833	17464	18599	19957
12736	13857	15076	16147	17762	18934	20354
9646	10543	11618	12455	13737	14521	15464
12075	13090	14425	15492	17119	18078	19596
6238	6787	7676	8352	9320	9954	10900
5557	6024	6843	7384	8262	8849	9707
7523	8320	9252	10195	11429	12732	13993

1-40 续表 2

单位：元

地 区	Region	2013	2014	2015	2016
宁武县	Ningwu	3797	4205	4544	4825
静乐县	Jingle	4590	5138	5575	6004
神池县	Shenchi	5380	5893	6257	6732
五寨县	Wuzhai	5147	5752	6212	6616
岢岚县	Kelan	4564	5073	5492	5898
河曲县	Hequ	4558	5091	5463	5895
保德县	Baode	5134	5644	5981	6400
偏关县	Pianguan	4778	5275	5620	6030
五台山风景区	Wutaishan				
原平市	Yuanping	7358	8123	8747	9290
临汾市	**Linfen**				
尧都区	Yaodu	10112	11306	12120	12956
曲沃县	Quwo	10199	11361	12287	13135
翼城县	Yicheng	8124	8975	9738	10274
襄汾县	Xiangfen	9261	10391	11056	11752
洪洞县	Hongtong	8298	9294	9921	10467
古 县	Guxian	7222	7991	8601	9065
安泽县	Anze	6571	7300	7811	8335
浮山县	Fushan	6261	6993	7478	8031
吉 县	Jixian	3583	3978	4312	4661
乡宁县	Xiangning	6869	7611	8218	8744
大宁县	Daning	2262	2541	2690	2905
隰 县	Xixian	3961	4432	4762	5129
永和县	Yonghe	2477	2761	2974	3221
蒲 县	Puxian	6315	6959	7425	7871
汾西县	Fenxi	2686	2952	3136	3374
侯马市	Houma	10509	11823	12538	13177
霍州市	Huozhou	9898	10868	11488	12143
吕梁市	**Lvliang**				
离石区	Lishi	4402	4842	5135	5474
文水县	Wenshui	7149	7886	8458	9050
交城县	Jiaocheng	6936	7654	8236	8763
兴 县	Xingxian	3249	3546	3769	4006
临 县	Linxian	3508	3885	4159	4446
柳林县	Liulin	8489	9418	9974	10583
石楼县	Shilou	2377	2586	2727	2877
岚 县	Lanxian	3742	4100	4370	4689
方山县	Fangshan	3359	3673	3882	4142
中阳县	Zhongyang	4898	5422	5791	6208
交口县	Jiaokou	5455	6064	6467	6829
孝义市	Xiaoyi	12313	13495	14211	14978
汾阳市	Fenyang	9990	10863	11695	12397

continued

(yuan)

2017	2018	2019	2020	2021	2022	2023
5371	5940	6843	7582	8530	9212	10161
6545	7160	8177	8806	9846	10554	11663
7291	8195	9154	9996	11015	11775	12812
7152	7853	8827	9665	10777	11499	12545
6476	7370	8159	8820	9746	10457	11430
6531	7387	8067	8914	10081	11009	12121
6906	7700	8516	9240	10293	11219	12151
6506	7144	8180	8989	9897	10590	11575
	6737	7317	7814	8595	9068	9848
10079	11017	12074	12968	14303	15104	16011
13902	14875	16347	17410	18925	19984	21643
14133	15137	16590	17668	19294	20490	22047
10962	11707	12796	13590	14772	15732	16896
12563	13392	14718	15689	17133	18144	19468
11178	11939	13025	13911	15496	16519	17890
9754	10651	11951	13146	14237	15234	16650
9176	9846	11205	12113	13530	14558	15970
8601	9375	10322	11107	12328	13228	14472
5211	5602	6426	7615	8665	9376	10342
9548	10341	11509	12603	14002	14870	16208
3303	3782	4485	5553	6864	7790	8686
5688	6439	7418	8552	9664	10901	12308
3636	4098	4774	5815	7199	8222	9233
8437	9222	10421	11411	12769	13637	14878
3783	4267	4962	5980	7265	8115	8911
14073	15044	16413	17431	18947	20046	21610
12932	13785	15026	16168	17947	19041	20527
5907	6480	7315	7901	8628	9188	10079
9692	10361	11387	11979	13213	14045	15295
9429	10371	11367	12265	13295	14027	15149
4471	5039	5785	6271	7011	7817	8708
4971	5602	6263	6921	7876	8679	9503
11408	12172	13317	14355	15547	16340	17680
3277	3768	4333	4780	5430	6141	7111
5064	5581	6206	6851	7509	8035	9072
4461	4903	5579	6031	6737	7330	7997
6723	7308	8053	8714	9698	10484	11522
7389	8180	8916	9594	10428	11065	12039
16027	17084	18673	19682	21295	22488	24399
13289	14193	15484	16274	17820	18747	20209

主要指标解释

可支配收入 指住户在调查期内获得的、可用于最终消费支出和储蓄的总和，即住户可以用来自由支配的收入。可支配收入既包括现金，也包括实物收入。按照收入的来源，可支配收入包含四项，分别为：工资性收入、经营净收入、财产净收入和转移净收入。计算公式为：

可支配收入=工资性收入+经营净收入+财产净收入+转移净收入

工资性收入 指就业人员通过各种途径得到的全部劳动报酬和各种福利，包括受雇于单位或个人、从事各种自由职业、兼职和零星劳动得到的全部劳动报酬和福利。

经营净收入 指住户或住户成员从事生产经营活动所获得的净收入，是全部经营收入中扣除经营费用、生产性固定资产折旧和生产税之后得到的净收入。计算公式具体为：

经营净收入=经营收入-经营费用-生产性固定资产折旧-生产税

财产净收入 指住户或住户成员将其所拥有的金融资产、住房等非金融资产和自然资源交由其他机构单位、住户或个人支配而获得的回报并扣除相关的费用之后得到的净收入。财产净收入包括利息净收入、红利收入、储蓄性保险净收益、转让承包土地经营权租金净收入、出租房屋净收入、出租其他资产净收入和自有住房折算净租金等。

转移净收入 计算公式为：

转移净收入=转移性收入-转移性支出

转移性收入 指国家、单位、社会团体对住户的各种经常性转移支付和住户之间的经常性收入转移。包括养老金或退休金、社会救济和补助、政策性生产补贴、政策性生活补贴、救灾款、经常性捐赠和赔偿、报销医疗费、住户之间的赡养收入、本住户非常住成员寄回带回的收入等。

转移性支出 指住户对国家、单位、住户或个人的经常性或义务性转移支付。包括缴纳的税款、各项社会保障支出、赡养支出、经常性捐赠和赔偿支出以及其他经常转移支出等。

消费支出 指住户用于满足家庭日常生活消费需要的全部支出，包括用于消费品的支出和用于服务性消费的支出。根据用途不同，消费支出可划分为食品烟酒、衣着、居住、生活用品及服务、交通通信、教育文化娱乐服务、医疗保健、其他用品及服务八大类。

Explanatory Notes on Main Statistical Indicators

Disposable Income of Resident refers to the income of households for purpose of final expenditure and savings during the survey period. It includes income both in cash and in kind. By sources of income, disposable income includes four categories: income from wages and salaries, net business income, net income from properties and net income from transfer. The formula is:

Disposable Income of Resident = Income from Wages and Salaries + Net Business Income + Net Income from Properties + Net Income from Transfer

Income from Wages and Salaries refers to remuneration of labour and salaries from all kinds of sources, including those employed by other units or individuals, freelance work, part-time jobs, and sporadic labour.

Net Business Income refers to net income earned by households and their members engaged in production and business activities. It refers to the net income of operating revenue minus operating costs, depreciation of productive fixed assets, and production tax. The formula is:

Net Business Income = Operating Revenue-Operating Costs-Depreciation of Productive Fixed Assets-Production Tax.

Net Income from Properties refers to the net income received as returns by households or members of financial assets, non-financial assets such as housing, to other institutions, households or individuals, and minus relevant costs. Net income from properties includes net income of interest, bonus income, net income of saving insurance, net income of rents of transferring management right of contract land, income of renting housing, income of renting other assets, net converted rents of self-owned housing, etc.

Net Income from Transfer the formula is:

Net Income from Transfer=Income from Transfers-Expenditure from Transfer

Income from Transfer refers to the regular transfer from country, institutions, social communities to households and between households. It includes old-age and retirement pension, disaster relief funds, regular donation and compensation, applying for medical fees, supporting income between households, income from non-usual-residing members of households, etc.

Expenditure from Transfer refers to regular or deontic transfer from households to country, institutions, households or individuals. It includes taxes paid, expenditure of all kinds of social security, supporting expenditure, regular donation and compensation and other regular transfer expenditure, etc.

Consumption Expenditure of Residents refers to all expenditure of households for living expenditure to satisfy family daily living. It includes expenditure in kind and service consumption. According to different purposes, divided into eight categories: food, tobacco and liquor; clothing; residence; household facilities, articles and services; transport and communications; education, cultural and recreational activities; health care and medical services, and miscellaneous goods and services.

二 脱贫县农村住户监测

Rural Household Monitoring in Poverty Alleviation Counties

简要说明

一、资料主要内容

本篇脱贫县农村住户监测数据，主要反映全省脱贫县农村居民收支与生活状况。具体包括脱贫县农村居民家庭基本情况、人均可支配收入及构成、人均总支出及构成、人均主要食品消费量四部分。

二、资料数据来源

本篇资料数据来源于脱贫县农村住户监测调查。该项调查由国家统计局统一部署，自 2021 年起在原国家农村贫困监测调查基础上开展，由国家统计局山西调查总队具体组织实施。调查范围为全省 36 个国定脱贫县，调查对象为调查范围内抽中的行政村、农村住户及住户成员。

Brief Introduction

I. Main Content

The monitoring data of rural residents in poverty-stricken counties in this chapter mainly reflects the income and living conditions of rural residents in poverty-stricken counties throughout the province. Specifically, it includes four parts: the basic situation of rural households in poverty alleviation counties, per capita disposable income and composition, per capita total expenditure and composition, per capita main food consumption.

II. Source of Data

The data in this chapter comes from the monitoring survey of rural households in poverty alleviation counties. This survey was uniformly deployed by the National Bureau of Statistics and has been carried out since 2021 on the basis of the original national rural poverty monitoring survey. It was specifically organized and implemented by Survey Office of the National Bureau of Statistics in Shanxi. The survey covers 36 national poverty alleviation counties in the province, and the survey targets administrative villages, rural residents, and household members selected within the survey scope.

2-1 脱贫县农村居民家庭基本情况(2022-2023年)
Basic Conditions of Rural Households in Poverty Alleviation Areas (2022-2023)

指 标	Item	2022	2023
基本情况	**Basic Information**		
户均家庭人口(人)	Per Household Population(person)	2.4	2.5
户均常住人口(人)	Per Capita Permanent Resident Population(person)	2.3	2.2
户均常住从业人口(人)	Per Household Permanent Employed Population(person)	1.7	1.7
平均每一从业人口负担人数(人)	Average Number of Employees Per Person(person)	1.3	1.3
常住人员基本情况	**Basic Situation of Permanent Population**		
性别	Gender		
男(%)	Man(%)	49.4	50.4
女(%)	Woman(%)	50.6	49.6
年龄	Age		
19岁及以下(%)	19 and under(%)	12.2	14.3
20-24岁(%)	Aged 20-24(%)	4.5	3.1
25-29岁(%)	Aged 25-29(%)	2.9	1.9
30-34岁(%)	Aged 30-34(%)	2.3	2.0
35-40岁(%)	Aged 35-40(%)	3.9	4.8
41-50岁(%)	Aged 41-50(%)	9.5	10.5
51-60岁(%)	Aged 51-60(%)	21.6	21.4
61-65岁(%)	Aged 61-65(%)	11.6	11.0
66岁及以上(%)	Aged 66 and Above(%)	31.4	30.9
文化程度(6周岁及以上)	Degree of Education(aged 6 and Above)		
未上过学(%)	Never Attended School(%)	5.1	7.1
小学(%)	Primary School(%)	40.7	40.1
初中(%)	Junior Middle School(%)	38.7	37.6
高中(%)	High School(%)	9.4	9.2
大学专科(%)	Specialty(%)	3.7	3.4
大学本科(%)	Undergraduate(%)	1.9	2.4
研究生(%)	Postgraduate(%)	0.4	0.3
#在校生(%)	Enrolment(%)	28.5	21.2
常住从业人员就业情况	**Employment of Labor Force**		
就业类型	Employment Type		
雇主(%)	Employer(%)	0.1	0.0
公职人员(%)	Public Officials(%)	0.2	0.0
事业单位人员(%)	Personnel of Pubic Institutions(%)	0.1	0.4
国有企业雇员(%)	Personnel of State-owned Enterprises(%)	0.1	0.3
其他雇员(%)	Others(%)	32.1	31.9
农业自营(%)	Agricultural Self Operation(%)	63.6	63.7
非农自营(%)	Non-agricultural Self Operation(%)	4.0	3.7
从事主要行业	Mainly Engaged in Industries		
第一产业(%)	Primary Industry(%)	68.1	68.0
第二产业(%)	Secondary Industry(%)	11.5	10.5
#采矿业(%)	Mining(%)	1.4	1.9
#制造业(%)	Manufacturing(%)	0.8	1.3
#建筑业(%)	Construction(%)	8.7	6.5
第三产业(%)	Tertiary Industry(%)	20.4	21.5
#批发和零售业(%)	Wholesale and Retail Trade(%)	2.5	2.5
#交通运输、仓储和邮政业(%)	Transportation, Storage and Post(%)	1.9	2.5
#住宿和餐饮业(%)	Hotels and Catering Services(%)	2.2	2.4
#居民服务、修理和其他服务业(%)	Services to Households, Repair and Other Services(%)	10.3	8.5
#卫生和社会工作(%)	Health and Social Service(%)	1.0	2.3
#公共管理、社会保障和社会组织(%)	Public Management, Social Security and Social Organization(%)	1.4	2.2

2-2 脱贫县农村居民人均可支配收入及构成(2022-2023年)
Per Capita Gross Income and Composition of Rural Households in Poverty Alleviation Areas (2022-2023)

指 标	Item	2022	2023
可支配收入(元)	**Disposable Income(yuan)**	**12723.5**	**13937.1**
工资性收入	Wages Income	4564.8	5107.5
经营净收入	Net Business Income	3662.4	3837.6
第一产业	Primary Industry	2893.7	2922.2
#农业	Farming	2458.2	2474.5
#牧业	Animal Husbandry	337.0	367.7
第二产业	Secondary Industry	52.6	51.6
第三产业	Tertiary Industry	716.2	863.8
#批发和零售业	Wholesale & Retail Trade	249.5	354.4
#交通运输、仓储和邮政业	Transport and Telecommunications Industries	205.3	269.8
#住宿和餐饮业	Hotel & Catering Trade	80.6	27.2
#居民服务、修理和其他服务业	Residents Service Repair & Other Services	177.4	131.8
财产净收入	Net Income from Property	123.0	197.0
转移净收入	Net Income from Transfer	4373.3	4795.0
可支配收入构成(%)	**Composition of Disposable Income(%)**	**100.0**	**100.0**
工资性收入	Wages Income	35.9	36.6
经营净收入	Net Business Income	28.8	27.5
第一产业	Primary Industry	22.7	21.0
#农业	Farming	19.3	17.8
#牧业	Animal Husbandry	2.6	2.6
第二产业	Secondary Industry	0.4	0.4
第三产业	Tertiary Industry	5.6	6.2
#批发和零售业	Wholesale & Retail Trade	2.0	2.5
#交通运输、仓储和邮政业	Transport and Telecommunications Industries	1.6	1.9
#住宿和餐饮业	Hotel & Catering Trade	0.6	0.2
#居民服务、修理和其他服务业	Residents Service Repair & Other Services	1.4	0.9
财产净收入	Net Income from Property	1.0	1.4
转移净收入	Net Income from Transfer	34.4	34.4

2-3 脱贫县农村居民人均总支出及构成(2022-2023年)
Per Capita Total Expenditure and Composition of Rural Households in Poverty Alleviation Areas (2022-2023)

指 标	Item	2022	2023
总支出(元)	**Total Expenditure(yuan)**	**14495.0**	**18044.1**
一、生活消费支出	Lliving Expenditure	10390.6	11893.6
食品烟酒	Food, Tobacco and Alcohol	3837.0	4040.3
#食品	Food	2971.6	3051.5
#烟酒	Tobacco and Alcohol	584.1	623.6
#饮料	Beverage	49.0	58.5
#饮食服务	Catering services	232.2	306.6
衣着	Clothing	561.7	601.3
居住	Residence	1917.2	2384.7
生活用品及服务	Household Equipments, Furnishings and Services	474.7	602.3
交通通信	Transport and Communications	1199.2	1319.5
教育文化娱乐	Education, Culture and Recreation	792.6	948.5
医疗保健	Health Care	1412.9	1740.3
其他用品和服务	Articles and Services	195.3	256.7
二、生产经营费用支出	Expenditure for Household Business	2086.5	3644.3
第一产业	Primary Industry	1705.5	2657.7
#农业	Farming	1186.4	1627.0
#牧业	Animal Husbandry	509.3	1009.8
第二产业	Secondary Industry	10.6	19.8
第三产业	Tertiary Industry	370.3	966.8
#批发和零售业	Wholesale & Retail Trade	99.2	602.7
#交通运输、仓储和邮政业	Transport and Telecommunications Industries	163.0	228.2
#住宿和餐饮业	Hotel & Catering Trade	59.6	59.6
#居民服务、修理和其他服务业	Residents Service Repair & Other Services	41.0	52.9
三、财产性支出	Expenditure for Property	6.9	27.8
四、转移性支出	Expenditure for Property	515.2	518.9
五、部分商业保险支出	Transferred Expenditure	11.9	18.0
六、购置资产及非经常性转移支出	Expenditure for Productive Fixed Assets	1322.4	1690.0
七、借贷性支出	Lending expenses	161.4	251.5
总支出构成(%)	**Composition of Total Expenditure(%)**	**100.0**	**100.0**
一、生活消费支出	Lliving Expenditure	71.7	65.9
食品烟酒	Food, Tobacco and Alcohol	26.5	22.4
#食品	Food	20.5	16.9
#烟酒	Tobacco and Alcohol	4.0	3.5
#饮料	Beverage	0.3	0.3
#饮食服务	Catering services	1.6	1.7
衣着	Clothing	3.9	3.3
居住	Residence	13.2	13.2
生活用品及服务	Household Equipments, Furnishings and Services	3.3	3.3
交通通信	Transport and Communications	8.3	7.3
教育文化娱乐	Education, Culture and Recreation	5.5	5.3
医疗保健	Health Care	9.7	9.6
其他用品和服务	Articles and Services	1.3	1.4
二、生产经营费用支出	Expenditure for Household Business	14.4	20.2
第一产业	Primary Industry	11.8	14.7
#农业	Farming	8.2	9.0
#牧业	Animal Husbandry	3.5	5.6
第二产业	Secondary Industry	0.1	0.1
第三产业	Tertiary Industry	2.6	5.4
#批发和零售业	Wholesale & Retail Trade	0.7	3.3
#交通运输、仓储和邮政业	Transport and Telecommunications Industries	1.1	1.3
#住宿和餐饮业	Hotel & Catering Trade	0.4	0.3
#居民服务、修理和其他服务业	Residents Service Repair & Other Services	0.3	0.3
三、财产性支出	Expenditure for Property	0.0	0.2
四、转移性支出	Expenditure for Property	3.6	2.9
五、部分商业保险支出	Transferred Expenditure	0.1	0.1
六、购置资产及非经常性转移支出	Expenditure for Productive Fixed Assets	9.1	9.4
七、借贷性支出	Lending expenses	1.1	1.4

2-4 脱贫县农村居民人均主要食品消费量(2022-2023年)

Per Capita Main Food Consumption of Rural Households in Poverty Alleviation Areas (2022-2023)

单位：公斤 (kg)

指　标	Item	2022	2023
粮食	Grain	198.4	192.1
谷物	Cereal	168.7	163.3
薯类	Tubers	10.7	10.9
豆类	Soybeans	19.0	18.0
油脂类	Oil or Fat	8.9	11.0
蔬菜及菜制品	Vegetables and Processed Products	76.4	83.3
肉类	Meat	17.3	20.0
禽类	Poultry	3.4	3.4
水产品	Aquatic Products	1.6	2.0
蛋类及蛋制品	Eggs and Processed Products	14.3	16.9
奶和奶制品	Milk and Processed Products	13.6	12.4
鲜瓜果	Fresh Fruits	36.7	44.0

三 价格调查

Price Survey

简要说明

一、本篇资料的主要内容

本篇价格指数资料，反映生产、流通、消费等环节的价格变动趋势和变动幅度。主要包括居民消费价格指数、工业生产者价格指数、房地产价格指数、农产品生产者价格指数等。

二、本篇的资料来源

由国家统计局城市社会经济调查司和农村社会经济调查司组织实施。由山西省及抽选出的市、县调查队依据国家统计局统一制定的价格统计调查制度从基层采集原始数据汇总后上报。

三、居民消费价格指数

编制居民消费价格指数的资料采用抽样调查的方法取得，即在全国择不同经济区域和分布合理的地区，以及有代表性的商品（服务）作为样本，对其市场价格进行定期调查，以样本推断总体。目前，参加国家级数据汇总的调查市、县17个。编制过程按下列几个步骤进行:

1. 选择调查地区和调查点。调查地区按照经济区域和地区分布合理等原则，选出具有代表性的大、中、小城市和县作为国家的调查地区，在此基础上选定经营规模大、商品种类多的商场(店)、超市、农贸市场、服务网点和互联网电商等作为调查点。

2. 选择代表规格品。代表规格品是选择那些消费量大、价格变动有代表性的商品（服务）；代表规格品的确定是根据城乡居民的消费支出记账资料和商品零售资料，按照有关规定筛选的。筛选原则:(1)与社会生产和人民生活关系密切；(2)消费(销售)数量(金额)大；(3)市场供应稳定；(4)价格变动趋势有代表性；(5)所选的代表规格品之间性质差异大，价格变动特征的相关性低。

目前，居民消费价格调查按用途划分为8个大类，268个基本分类；商品零售价格按用途划分为16个大类，197个基本分类。

3. 价格调查方式。通过手持数据采集器，采用定人、定点、定时的方法直接调查，选中的调查对象应协助做好价格数据填报工作。在保证价格准确的前提下，经国家统计局审定，各地可通过相关政府部门发布的通知、公告等文件，以及部分企业、单位公开发布的收费信息资料和被调查单位的电子数据进行采价，也可从互联网采集特定商品和服务价格。

4. 权数的确定。居民消费价格指数的权数主要根据城乡居民家庭消费支出构成确定；商品零售价格指数的权数主要根据社会商品零售额资料确定。

四、工业生产者价格指数

工业生产者价格是反映工业产品价格变化趋势和变动幅度的统计指标，是工业品价格在不同时间和空间条件下平均变动的相对数。工业生产者价格包括工业品第一次出售时的出厂价格和企业作为中间投入的原材料、燃料、动力购进价格，是进行国民经济核算和经济管理的重要依据。工业生产者价格调查采用重点调查与典型调查相结合的调查方法，根据代表性原则，抽选年主营业务收入2000万元以上的企业作为调查对象。经国家统计局审定，可酌情补充部分年主营业务收入 2000 万元以下的企业。

1. 选择代表企业的原则:(1)按工业行业选择调查企业，各中类行业原则上都要有调查企业；(2)大型企业应尽量都选上(或占相当大比重)；(3)选择生产正常、稳定的企业作为调查对象。

2. 选择代表产品的原则:(1)按工业行业选择代表产品；(2)选择对国计民生影响大的产品；(3)选择生产较为稳定的产品；(4)选择有发展前景的产品；(5)选择具有地方特色的产品。目前，全国工业生产者出厂价格统计调查41个工业行业大类，207个工业行业中类，666 个工业行业小类的工业产品。根据我国工业企业产品的实际销售情况，从《统计用产品分类目录》中选定有代表性的工业产品，并将其划分为1310个基本分类。

3. 价格调查方式。工业生产者价格调查实行月报，调查日期为调查月的5日和20日。采取联网直报方式，全省每月约 1100 家工业企业上报数据资料。

4.权数的确定。工业生产者出厂价格统计中，工业小类及小类以上的权数资料来源于工业统计中分行业工业销售产值数据资料；基本分类的权数资料来源于独立的工业生产者出厂价格权数专项调查。权数一般五年更换一次。

五、房地产价格指数

房地产价格指数由新建住宅销售价格指数和二手住宅销售价格指数组成。调查周期为月度。

1. 调查城市。包括原有统计的 70 个大中城市和 2019 年 1 月起新增的 80 个城市。山西省的调查城市有太原市和大同市。

2. 指标设置。各城市新建商品住宅和二手住宅均设置 90 平方米及以下、90—144 平方米、144 平方米以上三个基本分类。

3. 二手住宅销售价格调查中的房地产经纪机构和住宅样本选取原则:

（1）选取房地产经纪机构要注重代表性。统筹考虑各种因素，选择规模大、实力强、营业额占当地总营业额比重较大、经营状况比较稳定的房地产经纪机构，并尽量兼顾内资、港澳台商投资、外商投资等不同注册登记类型。选取的房地产经纪机构的总营业额一般应占当地二手住宅总营业额的 75%以上。房地产经纪机构应按规定内容和要求填报调查表。

（2）各城市按照具体情况划分统计单位（包括但不限于各商圈、片区、街道、住宅小区或社区以及房地产经纪机构下辖门店等），要综合考虑住宅类型、区域、地段、结构等统计口径的一致性。

4.价格调查方式。70 个大中城市新建住宅销售价格调查为全面调查，基础数据直接采用当地房地产管理部门的网签备案数据。二手住宅销售价格为非全面调查，采用重点调查与典型调查相结合的方法，按照房地产经纪机构上报、房地产管理部门提供与调查员实地采价相结合的方式收集基础数据。新增 80 个城市新建住宅和二手住宅销售价格调查均为全面调查，采用房地产主管部门的网签备案数据。

六、农产品生产者价格指数

农产品生产者价格是农产品生产者直接出售其产品时实际获得的单位产品价格。农产品生产价格调查采用抽样调查和重点调查相结合的方法。内容包括被调查单位生产并出售的主要农产品。农产品代表产品的选择涵盖农、林、牧、渔四大类、各中类以及 90%以上的小类，一般是生产量和销售量大的对国计民生影响大、稳定性强的产品，具有发展前景的新产品和具有地方特色的产品。代表品一般稳定五年。调查周期为季度。

Brief Introduction

I. Main Contents

Data on price indices in this chapter show the trends and rates of changes in the prices of production, distribution and consumption, including consumer price indices, producer price index, real estate price index, producer price indices for farm products, etc.

II. Sources of Data

Price indices is organized by the Department of Urban Social and Economic Surveys and the Department of Rural Social and Economic Surveys of NBS. Shanxi and of the selected cities and counties collect data from the grassroots units in accordance with the scheme of price survey system stipulated by the NBS, tabulate them and report them to agencies at higher levels.

III. Consumer Price Indices

Data for compilation of the consumer price indices in China are collected through sample surveys. Areas distributed in different economic regions are selected as the sample areas and representative goods or services are selected as the sample commodities. Regular surveys are conducted to collect data on their market prices. Price statistics are estimated on the basis of the results from the samples. At present, 17cities and counties have been selected for this purpose. Following are major steps in the process of calculation of the price indices:

1. The selection of areas and outlets: Based on such principles as regional economic features and reasonable geographic distribution, representative sample areas for the national survey are selected which include large, medium and small cities and counties. When the sample areas have been selected, shopping malls (stores), supermarkets, farmers' markets, service outlets and Internet e-commerce with large operation scale and various commodity types are selected as outlets for the survey.

2. The selection of representative commodities and their specifications or varieties: The representative specifications are to choose those goods or services that have large consumption and representative price changes. The representative specifications or varieties are determined based on the consumption expenditure account data of urban and rural residents and data on the retail sales of commodities in line with related instructions. The principles for selection are: (a) The commodities are closely related to social production and people's living conditions; (b) They are consumes (or sold) in large quantities (or large values); (c) The market supply is stable; (d) The changes of their prices are representative in trend; (e) There is great heterogeneity among the specifications or varieties selected, and the correlation of price changes is low.

At present, data are collected under 268 basic headings in 8 categories in the consumer price surveys. For the retail price surveys, data are collected under 197 basic headings in 16 categories.

3. Method of data collection: Through hand-held data capturing device, direct investigation is conducted by the method of fixed data collector, fixed outlet and fixed timing, the selected respondents should assist in filling in the price data. On the premise of ensuring accurate prices and with the approval by the NBS, local governments can collect prices of specific goods and services from the Internet through announcements and other documents issued by relevant government departments, as well as publicly published fee-collecting information of some enterprises and units, and electronic data of the units under investigation.

4. Determination of the weights: The weights of the consumer price indices are determined according to the composition of the consumption expenditures of urban and rural households. The weights of the retail price indices are determined mainly according to the total retail sales of commodities.

V. Producer Price Indices for Industrial Products

Industrial producer prices are statistical indicators that reflect the changing trends and ranges of industrial prices, and are relative to the average changes in industrial prices at different times and spatial conditions. Industrial producer prices include factory prices at the time of the first sale of industrial goods and raw materials, fuel and power purchase prices for enterprises as intermediate inputs, which are important bases for national economic accounting and economic management. The industrial producer price survey adopts a combination of key surveys and typical surveys as the survey method. According to the principle of representativeness, the main business income of more than RMB 20 million was selected as the survey object. Subject to the approval of the National Bureau of Statistics, it may, as appropriate, supplement some enterprises with annual main operating income of less than 20 million yuan.

1. Principles for selecting the representative enterprises: (a) Enterprises to be covered in the survey are selected by industrial sectors; (b) All (or a majority of) large-scaled enterprises should be selected; (c) Enterprises selected should be those with normal and stable production.

2. Principle for the selection of representative products:

(a) Products are selected by industrial sectors; (b) The selected products should have great impact on the national economy and people's living conditions; (c) The production of the products selected are relatively more stable; (d) The prospects of the products selected are promising; (e) The products selected are representative to the localities. Currently Industrial Producer Price Survey 41 industrial industries nationwide, 207 industrial industries, 666 industrial industries, small categories of industrial products. According to the actual sales of industrial enterprises in China, representative industrial products are selected from the catalogue of statistical products and divided into 1310 basic classifications.

3. Method of data collection: Industrial producer price surveys are conducted on a monthly basis, with survey dates on the 5th and 20th of the survey month. Adopting the online direct reporting method. The method of reporting forms by enterprises is adopted of the whole province. There are more than 1100 industrial enterprises which should report the price data every month.

4. Determination of the weights: In statistics of producer price indices for industrial products, the weight of small groups and above of industrial classification comes from the output value of industrial sales by sector in industrial statistics; the weight of basic headings of categories comes from an independent Special Survey of Factory Price Weights of Industrial Producers.

IV. Property price indices

The real estate price index consists of the sales price index for new dwellings and the sales price index for second-hand dwellings. The survey period is monthly.

1. Survey cities. Including 70 large and medium-sized cities in the original statistics and 80 new cities from January 2019 onwards. The survey cities in Shanxi Province are Taiyuan and Datong.

2. Indicator setting. The three basic classifications of 90 square metres and below, 90 to 144 square metres, and 144 square metres and above are set for new commercial residences and second-hand residences in each city.

3. Principles for selecting real estate brokers and residential samples in the second-hand residential sales price survey:

(1) Selection of real estate brokers should focus on representativeness. Taking all factors into consideration, real estate agencies that are large in scale, strong in strength, with turnover accounting for a larger proportion of the total local turnover and more stable in operation are selected, and try to take into account the different types of registrations, such as those for domestic investment, Hong Kong, Macao and Taiwan investment, and foreign investment, as well as other types of registrations. The total turnover of the selected real estate agencies should generally account for more than 75 per cent of the total local second-hand residential turnover. Real estate agencies should fill in the questionnaire in accordance with the prescribed contents and requirements.

(2) Each city divides its statistical units according to specific circumstances (including but not limited to various business districts, areas, streets, residential districts or communities as well as shops under the jurisdiction of real estate brokers, etc.), with comprehensive consideration given to the consistency of statistical calibre of the types of residences, regions, lots and structures.

4. Price survey method: 70 large and medium-sized cities new residential sales price survey is a comprehensive survey, the basic data directly using the local real estate management department of the net signature record data. The sales price of second-hand

residential properties is a non-comprehensive survey, using a combination of key and typical surveys, and collecting basic data in accordance with the combination of real estate brokerage agencies' reports, real estate management departments' offerings, and investigators' on-site price collection. The sales price surveys of newly built and second-hand residential properties in the additional 80 cities were comprehensive surveys, using data on online signatures filed by the real estate authorities.

VI. Price Index for Farm Products

Price index for farm products refers to the actual price per unit through directly selling their products by producers of farm products. The survey program of price index for farm products is a combined use of sampling survey and survey of typical units'. It covers main farm products produced and sold by the units surveyed. Representative farm products covered about 90% of small groups of all major groups in 4 branches of agriculture, forestry, animal husbandry and fishery. The products are generally with large production and sales, having great impact on the national economy and people's living conditions, with strong stability, with promising to new products and with local characters. Representative products are in the sample for 5 years. The survey is conducted quarterly.

3-1 全省物价指数(1978-2023年)
General Price Indices (1978-2023)

(上年=100) (preceding year=100)

年 份 Year	全省居民消费价格指数 Consumer Price Index	城市居民消费价格指数 Urban Consumer Price Index	农村居民消费价格指数 Rural Consumer Price Index
1978	100.0	100.0	100.0
1979	100.6	101.0	100.2
1980	103.4	105.5	101.3
1981	102.5	103.1	101.9
1982	102.5	102.3	102.7
1983	101.4	101.5	101.3
1984	102.6	103.0	102.1
1985	108.5	109.1	107.8
1986	105.6	106.4	104.8
1987	107.4	108.5	106.6
1988	120.9	122.1	119.7
1989	119.5	116.3	122.9
1990	102.2	101.5	103.0
1991	104.8	106.2	102.9
1992	107.3	109.1	104.6
1993	115.1	116.1	112.7
1994	125.2	125.9	124.4
1995	116.9	116.7	117.2
1996	107.9	108.3	107.3
1997	103.1	103.1	103.0
1998	98.6	98.7	98.5
1999	99.6	100.4	98.5
2000	103.9	104.7	103.0
2001	99.8	99.5	100.4
2002	98.4	97.8	99.3
2003	101.8	101.6	102.5
2004	104.1	103.6	105.4
2005	102.3	101.7	103.7
2006	102.0	101.8	102.5
2007	104.6	104.2	105.7
2008	107.2	107.0	107.7
2009	99.6	99.0	100.9
2010	103.0	103.1	102.8
2011	105.2	105.1	105.4
2012	102.5	102.4	102.6
2013	103.1	103.0	103.2
2014	101.7	101.8	101.4
2015	100.6	100.6	100.7
2016	101.1	101.1	101.1
2017	101.1	101.4	100.5
2018	101.8	101.8	101.8
2019	102.7	102.6	103.0
2020	102.9	102.8	103.3
2021	101.0	101.1	100.9
2022	102.1	102.0	102.4
2023	99.9	99.9	99.9

3-1 续表
continued

(1978年=100) (year of 1978=100)

年 份 Year	全省居民消费价格指数 Consumer Price Index	城市居民消费价格指数 Urban Consumer Price Index	农村居民消费价格指数 Rural Consumer Price Index
1978	100.0	100.0	100.0
1979	100.6	101.0	100.2
1980	104.0	106.6	101.5
1981	106.6	109.9	103.4
1982	109.3	112.4	106.2
1983	110.8	114.1	107.6
1984	113.7	117.5	109.9
1985	123.4	128.2	118.4
1986	130.3	136.4	124.1
1987	140.0	148.0	132.3
1988	169.2	180.7	158.4
1989	202.2	210.2	194.7
1990	206.6	213.4	200.5
1991	216.5	226.6	206.3
1992	232.3	247.2	215.8
1993	267.4	287.0	243.2
1994	334.8	361.3	302.6
1995	391.3	421.6	354.6
1996	422.2	456.6	380.5
1997	435.3	470.8	391.9
1998	429.2	464.7	386.0
1999	427.5	466.6	380.2
2000	444.2	488.5	391.6
2001	443.3	486.1	393.2
2002	436.2	475.4	390.4
2003	444.1	483.0	400.2
2004	462.3	500.4	421.8
2005	472.9	508.9	437.4
2006	482.4	518.1	448.3
2007	504.5	539.9	473.9
2008	540.9	577.7	510.4
2009	538.7	571.9	515.0
2010	554.9	589.6	529.4
2011	583.8	619.7	558.0
2012	598.4	634.8	572.6
2013	617.0	653.8	590.9
2014	627.5	665.6	599.2
2015	631.3	669.6	603.4
2016	638.2	677.0	610.0
2017	645.2	686.4	613.1
2018	656.8	698.8	623.9
2019	674.5	717.0	642.6
2020	694.1	737.1	663.8
2021	701.0	745.2	669.8
2022	715.7	760.1	685.9
2023	715.0	759.3	685.2

3-2 城市居民消费价格指数(1978-2023年)

Urban Residents Consumer Price Indices (1978-2023)

年 份 Year	1950年价格=100 Year of 1950=100	1957年价格=100 Year of 1957=100	1965年价格=100 Year of 1965=100	1970年价格=100 Year of 1970=100	1978年价格=100 Year of 1978=100	1980年价格=100 Year of 1980=100	1985年价格=100 Year of 1985=100	1990年价格=100 Year of 1990=100	上年=100 Last Year=100
1978	141.3	104.1	98.6	100.0	100.0				100.0
1979	142.7	105.1	96.8	101.0	101.0				101.0
1980	150.6	110.9	102.1	106.5	106.6	100.0			105.5
1981	155.3	114.3	105.2	109.8	109.9	103.1			103.1
1982	158.9	117.0	107.7	112.4	112.4	105.5			102.3
1983	161.2	118.8	109.4	114.1	114.1	107.1			101.5
1984	166.0	122.4	112.7	117.5	117.5	110.3			103.0
1985	181.1	133.5	123.0	128.2	128.2	120.3	100.0		109.1
1986	192.7	142.0	130.9	136.4	136.4	128.0	106.4		106.4
1987	209.1	154.1	142.0	148.0	148.0	138.9	115.4		108.5
1988	255.3	188.2	173.4	180.7	180.7	169.6	140.9		122.1
1989	296.9	218.9	201.7	210.2	210.2	197.2	163.9		116.3
1990	301.4	222.2	204.7	213.4	213.4	200.2	166.4	100.0	101.5
1991	320.1	236.0	217.4	226.6	226.6	212.6	176.7	106.2	106.2
1992	349.2	257.5	237.2	247.2	247.2	232.0	192.8	115.9	109.1
1993	405.4	299.0	275.4	287.0	287.0	269.3	223.8	134.5	116.1
1994	510.4	376.4	346.7	361.3	361.3	339.1	281.8	169.4	125.9
1995	595.6	439.3	404.6	421.6	421.6	395.8	328.9	197.6	116.7
1996	645.0	475.8	438.2	456.6	456.6	428.7	356.2	214.0	108.3
1997	665.0	490.5	451.8	470.8	470.8	442.0	367.2	220.6	103.1
1998	656.4	484.1	445.9	464.7	464.7	436.3	362.4	217.7	98.7
1999	659.0	486.0	447.7	466.6	466.6	438.0	363.9	218.6	100.4
2000	690.0	508.8	468.7	488.5	488.5	458.6	380.9	229.0	104.7
2001	686.6	506.3	466.4	486.1	486.1	456.3	379.0	227.9	99.5
2002	671.5	495.2	456.1	475.4	475.4	446.3	370.7	222.9	97.8
2003	682.2	503.1	463.4	483.0	483.0	453.4	376.6	226.5	101.6
2004	706.8	521.2	480.1	500.4	500.4	469.7	390.2	234.7	103.6
2005	718.8	530.1	488.3	508.9	508.9	477.7	396.8	238.7	101.7
2006	731.7	539.6	497.1	518.1	518.1	486.3	403.9	243.0	101.8
2007	762.4	562.3	518.0	539.9	539.9	506.7	420.9	253.2	104.2
2008	815.8	601.7	554.3	577.7	577.7	542.2	450.4	270.9	107.0
2009	807.6	595.7	548.8	571.9	571.9	536.8	445.9	268.2	99.0
2010	832.6	614.2	565.8	589.6	589.6	553.4	459.7	276.5	103.1
2011	875.1	645.5	594.7	619.7	619.7	581.6	483.1	290.6	105.1
2012	896.5	661.3	609.2	634.8	634.8	595.8	494.9	297.7	102.4
2013	923.4	681.1	627.5	653.9	653.8	613.7	509.7	306.6	103.0
2014	940.0	693.4	638.8	665.7	665.6	624.7	518.9	312.1	101.8
2015	945.6	697.6	642.6	669.7	669.6	628.4	522.0	314.0	100.6
2016	956.0	705.3	649.7	677.1	677.0	635.3	527.7	317.5	101.1
2017	969.4	715.1	658.8	686.5	686.4	644.2	535.1	321.9	101.4
2018	986.8	728.0	670.7	698.9	698.8	655.8	544.7	327.7	101.8
2019	1012.5	746.9	688.1	717.1	717.0	672.9	558.9	336.2	102.6
2020	1040.9	767.8	707.4	737.2	737.1	691.7	574.5	345.6	102.8
2021	1052.3	776.2	715.2	745.3	745.2	699.3	580.8	349.4	101.1
2022	1073.3	791.7	729.5	760.2	760.1	713.3	592.4	356.4	102.0
2023	1072.2	790.9	728.8	759.4	759.3	712.6	591.8	356.0	99.9

3-3 居民消费价格分类指数(2023年)
Consumer Price Indices by Category (2023)

(上年＝100) (preceding year=100)

指 标	Item	全 省 Provincial	城 市 Urban Areas	农 村 Rural Areas
居民消费价格指数	**Consumer Price Index**	**99.9**	**99.9**	**99.9**
服务价格指数	**Service Price Index**	**100.3**	**100.3**	**100.5**
工业品价格指数	**Industrial Product Price Index**	**99.5**	**99.5**	**99.7**
消费品价格指数	**Consumer Goods Price Index**	**99.6**	**99.7**	**99.5**
非食品价格指数	**Non-food Price Index**	**100.1**	**100.0**	**100.2**
扣除食品和能源价格指数	**Excluding Food and Energy Price Index**	**100.4**	**100.3**	**100.5**
扣除鲜菜鲜果价格指数	**Excluding Fresh Vegetables Fresh Fruit Price Index**	**100.0**	**100.0**	**99.9**
食品烟酒	**Food, Tobacco and Alcohol**	**99.8**	**99.9**	**99.4**
食品	Food	99.2	99.3	98.8
粮食	Grain	100.0	101.0	98.4
大米	Rice	99.7	99.9	99.2
面粉	Flour	98.6	99.9	97.3
其他粮食	Other Grain	101.3	101.4	101.0
粮食制品	Grain Products	102.1	103.3	99.3
薯类	Tubers	104.0	103.5	104.8
豆类	Beans	102.2	102.4	101.7
干豆	Dried Beans	100.4	100.9	99.5
豆制品	Beans Products	102.5	102.7	102.1
食用油	Edible Oil and Fats	100.2	100.8	99.2
食用植物油	Oil of Plant	100.3	100.8	99.3
食用动物油	Edible Animal Oil	97.2	100.3	89.6
菜及食用菌	Vegetable and Edible Fungi	95.2	95.1	95.5
鲜菜	Fresh Vegetables	94.5	94.4	94.8
鲜菌	Fresh Fungus	99.5	98.7	102.7
干菜干菌及制品	Dried Vegetables and Edible Fungi Products	103.2	103.2	103.0
畜肉类	Neat of Livestock	94.4	95.1	92.2
猪肉	Pork	86.6	87.5	84.5
牛肉	Beef	97.0	96.8	99.4
羊肉	Mutton	96.5	96.5	96.3
其他畜肉及副产品	Other Meat of Livestock and By-products	99.2	97.2	103.9
畜肉制品	Animal Meat Products	101.9	102.4	100.2
禽肉类	Meat of Poultry	104.1	105.1	100.6
鸡	Chicken	103.7	105.1	99.0
鸭	Duck	109.3	110.9	102.4
其他禽肉及制品	Other Poultry and Products	104.5	105.0	102.9
水产品	Aquatic Products	97.8	98.3	96.0
淡水鱼	Freshwater Fish	91.7	91.4	92.4
海水鱼	Saltwater Fish	100.6	101.4	98.1
虾蟹类	Shrimps and Crabs	97.3	97.5	95.5
其他水产品及制品	Other Aquatic Products and Products	105.4	106.1	101.8

3-3 续表 1 continued

(上年=100) (preceding year=100)

指标	Item	全省 Provincial	城市 Urban Areas	农村 Rural Areas
蛋类	Eggs	99.3	99.5	98.8
鸡蛋	Egg	99.2	99.4	98.8
其他蛋及制品	Other Eggs and Products	103.7	104.0	101.4
奶类	Milk	99.6	99.5	99.9
鲜奶	Fresh Milk	99.2	98.9	100.0
酸奶	Yogurt	99.6	99.6	100.0
奶粉	Milk Powder	100.1	100.3	99.4
其他奶制品	Other Dairy Products	100.2	100.2	100.2
干鲜瓜果类	Dried and Fresh Melons and Fruits	102.4	101.9	104.4
鲜果	Fresh Fruits	102.3	101.7	104.8
坚果	Nut	103.0	102.9	103.3
瓜果制品	Melon and Fruit Products	102.6	102.5	102.8
糖果糕点类	Candy and Cake	101.5	101.5	101.6
食糖	Sugar	101.6	101.8	101.3
糖果	Candy	101.7	102.1	100.3
糕点	Cakes and Pastries	101.6	101.5	101.9
其他糖果糕点	Other Sweets and Pastries	100.7	100.8	100.3
调味品	Flavoring	101.6	101.8	101.1
食用盐	Edible Salt	100.8	101.2	100.2
酱油	Soy Sauce	101.7	102.0	100.8
食醋	Vinegar	102.6	102.9	102.2
增味剂	Flavoring	102.4	102.9	101.0
其他调味品	Other Condiments	100.9	100.8	101.0
其他食品类	Other Foods	102.0	102.3	101.2
方便食品	Convenience Food	100.8	100.8	100.8
淀粉及制品	Starch and Products	99.7	100.9	98.0
其他食品	Other Food	104.4	104.2	105.2
茶及饮料	Tea and Beverages	101.2	101.2	101.2
茶叶	Tea	100.6	100.7	100.0
固体咖啡	Solid Coffee	102.8	103.0	101.7
其他固体饮料	Other Solid Drinks	100.2	100.4	99.9
饮用水	Drinking Water	99.1	99.0	99.9
果汁饮料	Fruit Juice Beverage	103.1	103.5	101.9
其他液体饮料	Other Liquid Beverages	102.0	101.9	102.4
烟酒	Tobacco and Alcohol	101.1	101.3	100.7
卷烟	Cigarette	101.1	101.6	100.4
酒类	Liquor	100.9	100.6	101.6
白酒	Liquor	100.8	100.6	101.3
葡萄酒	Wine	100.3	100.5	98.0
啤酒	Beer	101.5	100.7	102.9
其他酒类	Other Wines	101.9	101.7	102.7

3-3 续表 2 continued

(上年=100) (preceding year=100)

指　标	Item	全　省 Provincial	城　市 Urban Areas	农　村 Rural Areas
在外餐饮	Dining Out	101.1	101.1	101.1
餐馆餐饮	Restaurants and Catering	100.9	100.9	100.8
饮品店餐饮	Drink Shop and Catering	100.4	100.5	100.1
外卖	Take Out	101.1	100.9	102.2
其他在外餐饮	Others Dining Out	102.2	102.5	101.4
衣着	**Clothing**	**100.3**	**100.2**	**100.9**
服装	Garments	100.0	99.8	100.7
男式服装	Men's Clothing	100.4	100.5	100.2
男式外套	Men's Coat	100.4	100.5	100.2
男式针织衫	Men's Knit Shirt	99.1	99.0	99.5
男式衬衫T恤	Men's Shirt T-shirt	100.6	101.5	97.3
男式裤子	Men's Dress Pants	100.9	100.4	102.6
男式内衣	Men's Underwaist	100.8	100.6	101.2
女式服装	Women's Clothing	99.7	99.2	101.3
女式外套	Women's Coat	100.3	99.6	102.8
女式针织衫	Women's Knit Shirt	99.7	99.2	102.0
女式衬衫T恤	Women's Shirt T-shirt	99.4	99.5	99.1
女式裤子	Women's Pants	101.3	101.5	100.6
女式裙子	Women's Ladies Skirt	96.5	95.8	99.7
女式内衣	Women's Underwaist	99.6	99.5	100.1
儿童服装	Children's Clothing	100.1	100.1	100.1
婴儿服装	Baby Clothing	101.7	101.5	102.2
儿童上衣	Children's Coat	100.2	99.7	102.3
儿童裤子	Children's Trousers	98.7	99.0	97.1
儿童裙子	Children's Skirt	98.3	99.1	94.9
儿童内衣	Children's Underwaist	103.7	104.1	100.8
衣着材料及配件	Clothing Materials and Accessories	99.7	99.7	99.8
袜子	Socks	99.8	99.9	99.5
帽子	Cap	98.8	98.7	100.7
其他衣着材料及配件	Other Clothing Materials and Accessories	100.1	100.1	100.0
衣着加工服务费	Clothing Manufacturing Services	99.7	99.5	100.4
衣着洗涤保养	Scrubbing Maintenance	99.6	99.5	100.2
其他衣着服务	Other Clothing Services	99.9	99.6	101.1
鞋类	Footwear	101.8	101.8	101.7
鞋	Shoes	101.8	101.8	101.7
男鞋	Men's Shoes	100.7	100.5	101.5
女鞋	Women's Shoes	102.3	102.5	101.6
童鞋	Children's Shoes	101.9	101.7	102.4
鞋类服务	Footwear Services	101.7	102.2	100.0
居住	**Residence**	**100.0**	**99.9**	**100.4**
租赁房房租	Rent of Rental Housing	99.6	99.4	100.3

3-3 续表 3 continued

(上年＝100) (preceding year=100)

指 标	Item	全 省 Provincial	城 市 Urban Areas	农 村 Rural Areas
公房房租	Rent by Public Houses	100.0	100.0	100.0
私房房租	Private House Rent	99.6	99.4	100.3
住房保养维修及管理	Housing Maintenance and Management	100.2	100.1	100.4
住房装潢材料	Housing Decoration Materials	99.7	99.6	99.8
木地板	Wood Floor	99.4	99.1	100.3
瓷砖	Tile	99.9	99.4	101.1
水泥	Cement	99.6	99.5	99.6
涂料	Paint	96.4	98.9	91.4
板材	Board	100.7	100.7	100.7
管材	Pipe	100.4	100.2	100.8
厨卫设备	Kitchen & Bath Fixtures	100.0	99.9	100.1
门窗	Doors and Windows	100.0	99.8	100.4
其他住房装潢材料	Other Housing Decoration Materials	99.6	99.2	100.5
住房维修管理费用	Housing Maintenance and Management Expenses	100.5	100.4	100.7
物业管理费	Property Management Fee	100.0	100.0	100.0
装潢维修费	Upholstery Maintenance Fee	100.9	101.0	100.9
其他住房费用	Other Housing Costs	100.1	100.1	100.0
水电燃料	Water, Electricity and Fuels	100.1	100.1	100.1
水	Water	100.0	100.0	100.0
电	Electricity	100.0	100.0	100.0
燃气	Gas	100.3	100.3	100.3
管道燃气	Pipeline Gas	100.0	100.0	100.0
液化石油气	Liquefied Petroleum Gas	101.8	103.6	100.6
其他水电燃料类	Other Water, Electricity and Fuels	100.1	100.1	100.1
自有住房	Private Housing	100.0	99.9	100.5
生活用品及服务	**Articles for Daily Use and Services**	**100.3**	**100.4**	**100.0**
家具及室内装饰品	Furniture and Interior Decorations	100.8	100.9	100.3
家具	Furniture	100.8	100.9	100.1
柜	Cabinet	99.8	99.7	100.3
床	Bed	100.0	100.0	100.0
桌	Table	100.7	100.9	99.8
椅	Chair	99.9	99.9	100.0
沙发	Sofa	103.0	103.7	100.2
其他家具	Other Furniture	99.7	99.6	100.4
室内装饰品	Upholstery	101.2	101.2	101.4
灯具	Lamps and Lanterns	102.0	102.0	101.9
其他室内装饰品	Other Interior Decorations	99.7	99.5	100.4
家用器具	Home Appliances	98.9	98.8	98.9
大型家用器具	Large Household Appliances	99.0	98.9	99.0
洗衣机	Washing Machine	99.3	99.4	99.0
电冰箱(柜)	Refrigerator	97.2	96.9	97.6

3-3 续表 4 continued

(上年＝100) (preceding year=100)

指　标	Item	全　省 Provincial	城　市 Urban Areas	农　村 Rural Areas
抽油烟机	Smoke Lampblack Machine	97.9	97.8	98.0
空调器	Air Conditioner	99.7	99.3	100.8
热水器	Water Heating	98.8	98.9	98.4
炉具灶具	Stove and Cookers	101.8	102.3	100.7
吸尘器	Vacuum Cleaner	100.3	100.2	100.9
空气净化器	Air Purifier	104.3	104.4	104.3
净水器	Water Purifier	98.3	98.2	98.4
其他大型家用器具	Other Large Household Appliances	99.6	100.0	98.3
小家电	Small Home Appliances	98.4	98.4	98.6
厨房小家电	Kitchen Appliances	98.9	98.9	99.2
生活小家电	Small Household Electrical Appliances	97.5	97.5	97.2
家用纺织品	Home Textiles	100.5	100.6	100.2
床上用品	Bedding Article	100.8	100.9	100.1
被子	Quilt	101.5	101.1	103.1
床单被套	Bed Sheet & Duvet Cover	100.2	100.9	97.0
其他床上用品	Other Bedding	100.3	100.3	100.4
窗帘门帘	Curtain	100.6	100.7	100.5
其他家用纺织品	Other Household Textiles	98.6	98.3	100.1
家庭日用杂品	Daily Use Household Articles	100.2	100.3	100.0
洗涤卫生用品	Washing Sanitary Articles	100.4	100.5	100.0
清洗用品	Cleaning Supplies	98.1	98.0	98.5
清洁用具	Cleaning Appliances	98.3	98.3	98.2
清洁用纸	Cleaning Paper	103.5	104.1	102.2
厨具餐具茶具	Kitchenware, Tableware, Tea set	100.2	100.2	100.2
厨具	Kitchenware	100.3	100.5	99.8
餐具	Tableware	101.0	101.1	101.0
茶具	Tea Set	98.4	98.2	99.5
其他家庭日用杂品	Other Family Daily Sundry Goods	100.0	100.1	99.9
配电附件	Distribution Accessories	98.9	98.6	99.5
雨具	Rain Gear	99.2	99.2	99.2
其他日用杂品	Other Daily Sundry Goods	100.6	100.8	100.3
个人护理用品	Personal-care Supplies	101.3	101.4	101.1
化妆品	Cosmetics	101.7	101.7	101.6
清洁化妆品	Cleaning Cosmetics	101.9	101.8	102.4
护肤化妆品	Skin Care Cosmetics	101.9	101.9	101.4
彩妆化妆品	Make Up Cosmetics	101.6	101.6	101.2
化妆器具	Cosmetic Equipment	100.6	100.6	100.7
其他护理用品类	Other Types of Care Products	100.7	100.8	100.6
清洁类护理用品	Cleaning Supplies	99.5	99.3	100.2
护发美发用品	Hair Care Products	100.3	100.3	100.2
护理器具	Nursing Appliance	104.5	104.6	104.1
其他护理用品	Other Nursing Supplies	101.6	102.0	99.7

3-3 续表 5 continued

(上年=100) (preceding year=100)

指标	Item	全省 Provincial	城市 Urban Areas	农村 Rural Areas
家庭服务	Household Services	100.5	100.3	102.1
家政服务	Household Management Services	100.7	100.7	100.3
母婴护理服务	Mother and Baby Nursing Services	101.9	101.1	112.1
家庭维修服务	Home Maintenance Services	99.5	99.4	100.0
其他家庭服务	Other Family Services	99.8	99.7	100.2
交通通信	**Transport and Communications**	**98.0**	**97.9**	**98.3**
交通	Transport	97.8	97.8	97.8
交通工具	Transport Facility	98.2	98.0	99.6
燃油小汽车	Fuel Small-car	97.7	97.6	99.0
新能源小汽车	New Energy Car	99.2	99.0	100.0
电动自行车	Electric Bicycle	101.1	100.9	101.7
自行车	Bicycle	102.7	102.4	104.3
其他交通工具	Other Means of Transportation	99.5	100.0	99.3
交通工具用燃料	Fuels for Transport Facility	94.5	94.5	94.5
汽油	Steam-oil	94.4	94.4	94.4
柴油	Diesel Oil	94.0	94.0	94.0
其他车用能源	Other Vehicle Energy	98.4	98.4	98.5
交通工具使用和维修	Use and Maintenance of Transport Facility	98.7	98.2	100.5
停车费	Parking Rate	99.8	99.7	102.1
车辆使用费	Vehicle Usage fee	95.0	94.0	99.9
交通工具零配件	Vehicle Spare Parts	99.4	98.8	100.6
车辆修理与保养	Vehicle Repair and Maintenance	101.2	101.4	100.6
交通费	Traffic Fee	104.3	105.0	101.2
市内公共交通	City Public Transport	100.0	100.0	100.0
出租汽车	Taxi	99.9	99.7	100.7
飞机票	Airplane Ticket	113.5	113.5	113.0
火车票	Train Tickets	100.2	100.3	99.4
长途汽车	Long Distance Bus	101.0	101.1	100.7
网约车	Online Car Hailing	102.6	102.8	101.4
交通工具租赁费	Vehicle Rental Fee	101.9	104.0	99.2
其他交通费	Other Transportation Charges	94.6	95.4	93.7
通信	Communications	98.6	98.3	99.5
通信工具	Communication Tools	96.9	96.4	98.5
电话机	Telephone Set	96.8	96.2	98.5
其他通信工具及零配件	Other Communication Tools and Spare Parts	99.4	99.8	98.3
通信服务	Communication Services	99.7	99.5	100.0
电话费	Telephone Fee	99.6	99.4	100.0
家庭宽带服务	Broadband Service for Home	100.0	100.0	100.0
其他通信服务	Other Communication Services	100.0	100.0	100.0
邮递服务	Postal Services	100.0	100.0	100.0

3-3 续表 6 continued

(上年=100) (preceding year=100)

指标	Item	全省 Provincial	城市 Urban Areas	农村 Rural Areas
教育文化娱乐	**Education, Culture and Recreation**	**100.4**	**100.3**	**100.6**
教育	Education	99.6	99.2	100.7
教育用品	Education Articles	103.0	102.7	103.6
工具书	Reference Book	100.4	100.4	100.4
教材	Textbooks	100.6	100.2	101.2
参考资料	Reference Material	106.7	106.3	107.5
其他教育用品	Other Educational Supplies	100.9	101.0	100.3
教育服务	Education Services	99.4	99.0	100.5
幼儿早期教育	Early Childhood Education	96.9	96.6	100.0
学前教育	Preschool Education	100.6	100.7	100.5
小学初中教育	Primary and Secondary Education	94.9	92.7	99.7
高中中职教育	Secondary Vocational Education	101.5	101.5	101.4
高等教育	Higher Education	100.2	100.0	100.5
课外教育	Extracurricular Education	100.8	100.8	100.3
专业技能培训	Professional Skills Training	98.7	98.4	99.8
其他教育服务	Other Education Services	100.0	100.0	100.0
文化娱乐	Culture and Recreation	101.9	102.1	100.4
文娱耐用消费品	Durable Consumer Goods for Culture and Recreation	98.7	98.7	98.9
电视机	Television	97.4	97.2	98.1
照相机	Camera	101.3	101.3	101.5
台式计算机	Desktop Computer	98.1	97.5	101.1
笔记本电脑	Notebook Computer	98.2	98.1	98.8
平板电脑	Tablet Computer	101.2	101.6	100.3
乐器	Musical Instruments	102.1	102.2	99.5
音响	Acoustics	98.0	97.7	100.0
可穿戴智能设备	Wearable Smart Devices	99.0	99.2	98.2
其他文娱耐用消费品	Other Recreational and Durable Goods	100.2	100.2	100.0
其他文娱用品	Other Articles	100.4	100.3	100.7
书报杂志及音像制品	Newspapers, Magazines and Audio-visual Products	100.0	99.1	103.5
纸张文具	Paper Stationery	100.2	100.3	100.0
体育户外用品	Sports Outdoor Products	104.2	104.3	103.5
游戏用品和玩具	Game Supplies and Toys	100.3	100.4	100.1
园艺花卉及用品	Garden Flowers and Supplies	100.7	100.9	100.0
宠物及用品	Pets and Supplies	100.1	100.1	100.2
其他文化娱乐用品	Other Cultural and Recreational Products	100.3	100.5	100.0
文化娱乐服务	Services for Culture and Recreation	99.1	99.1	99.1
电影及演出票	Film and Performance Tickets	106.0	106.0	105.3
景点门票	Scenic Spot Ticket	95.5	95.3	97.9
电视服务	Television Services	100.0	100.0	100.0
健身活动	Fitness Activities	100.9	101.1	96.4
宠物服务	Pet Services	99.1	99.0	100.2

3-3 续表 7 continued

(上年＝100) (preceding year=100)

指 标	Item	全 省 Provincial	城 市 Urban Areas	农 村 Rural Areas
网络文娱服务	Network Entertainment Services	100.5	101.0	96.9
儿童娱乐项目	Children's Entertainment	99.1	99.0	100.0
其他文娱服务	Other Recreational Services	101.1	101.3	100.0
旅游	Touring and Outing	108.0	108.2	104.9
旅行社收费	Travel Service Charges	108.6	108.8	105.2
其他旅游	Other Travel	102.2	102.3	100.0
医疗保健	**Health Care**	**100.9**	**101.1**	**100.4**
药品及医疗器具	Medicine and Medical Instrument	102.3	102.8	100.8
中药	Traditional Chinese Medicine	107.4	108.3	105.1
中药材	Chinese Medicinal Materials	111.1	112.3	107.8
中成药	Chinese Patent Medicine	104.5	105.0	103.2
西药	Western Medicines	101.8	102.5	99.9
抗微生物药	Antimicrobial Agents	112.0	113.6	107.1
消化系统用药	Digestive System Drugs	102.4	101.9	103.5
呼吸系统用药	Respiratory System Durgs	97.6	98.5	95.1
解热镇痛药	Antipyretic Analgesics	105.6	106.4	103.2
抗肿瘤药	Antineoplastic Agents	96.3	95.6	98.5
激素及影响内分泌药	Hormones and Endocrine Drugs	100.6	102.8	93.9
心血管系统用药	Cardiovascular System Drugs	99.9	100.3	98.8
血液系统用药	Blood System Drugs	98.1	99.8	93.9
治疗精神障碍药	PSYCHOTHERAPEUTICAGENTS	101.2	100.8	102.2
神经系统用药	Drugs for Nervous System	101.3	102.0	99.4
泌尿系统用药	Urinary System Drugs	100.6	100.4	101.1
维生素、矿物质类药	Vitamins and Minerals	98.8	98.3	100.3
调节水、电解质及酸碱平衡	Adjust Water, Electrolyte and Acid-base Balance	100.3	101.0	98.2
其他西药	Other Western Medicines	100.7	100.0	102.7
滋补保健品	Nourishing Health Care Products	99.5	99.7	98.7
医疗卫生器具	Medical Sanitation	99.6	99.6	99.6
保健器具	Health Care Appliance	100.2	100.3	100.2
医疗服务	Medical Services	100.2	100.2	100.2
综合医疗类	Synthetic Medicine	101.2	101.2	101.1
一般医疗服务	General Medical Service	100.0	100.0	100.0
一般治疗操作	General Treatment Procedure	102.6	102.7	102.5
护理	Nursing	100.0	100.0	100.0
其他综合医疗服务	Other Comprehensive Medical Services	99.9	99.9	100.0
诊断类	Diagnostic Class	100.0	100.0	100.0
病理学诊断	Pathological Diagnosis	100.0	100.0	100.0
实验室诊断	Laboratory Diagnosis	100.0	100.0	100.0
影像学诊断	Imaging Diagnosis	100.0	100.0	100.0
临床诊断	Clinical Diagnosis	100.0	100.0	100.0

3-3 续表 8 continued

(上年＝100) (preceding year=100)

指 标	Item	全 省 Provincial	城 市 Urban Areas	农 村 Rural Areas
治疗类	Therapeutic Category	100.0	99.9	100.0
临床手术治疗	Clinical Surgical Treatment	100.0	100.0	100.0
临床非手术治疗	Clinical Non-surgical Treatment	99.9	99.9	100.0
康复类	Rehabilitation Class	100.0	100.1	100.0
康复医疗	Rehabilitation Medicine	100.0	100.1	100.0
中医医疗服务类	Chinese Medicine Medical Service	100.0	100.0	100.0
中医治疗	Traditional Chinese Medicine	100.0	100.0	100.0
其他医疗保健服务	Other Healthcare Services	99.7	99.6	100.0
其他用品及服务	**Other Articles and Services**	**102.4**	**102.5**	**102.1**
其他用品	Other Articles	102.8	103.1	101.9
首饰手表	Jewellery Watches	105.9	105.8	106.7
金饰品	Gold Jewelry	110.0	109.6	113.4
银饰品	Silver Jewelry	100.6	100.6	100.6
铂金饰品	Platinum Jewelry	102.3	102.1	103.5
手表	Wrist Watch	101.8	101.8	101.1
母婴用品	Mother and Baby Supplies	102.2	102.7	100.5
母婴洗护喂养用品	Mother and Baby Washing and Feeding Supplies	102.9	103.6	100.7
其他母婴用品	Other Mother and Baby Supplies	99.8	99.6	100.0
其他杂项用品	Other Miscellaneous Supplies	99.4	99.2	100.1
箱包	Luggage	101.2	101.6	100.2
眼镜	Glasses	97.6	96.7	100.0
其他服务	Other Services	102.0	101.9	102.2
在外住宿	Outside Accommodation	105.9	106.1	103.4
宾馆住宿	Hotel Accommodation	106.6	106.8	104.4
其他住宿	Other Accommodation	104.1	104.4	101.4
美容美发洗浴	Hairdressing & Beauty and Bath	101.8	101.2	103.8
美容	Hairdressing	101.0	101.2	100.0
美发	Hairdressing	100.9	100.8	101.0
洗浴	Bath	103.8	101.7	109.2
养老服务	Pension Services	103.8	103.4	105.1
金融及保险服务	Financial and Insurance Services	101.3	101.3	101.2
金融服务	Financial Service	100.0	100.0	100.0
车辆保险	Vehicle Insurance	100.0	100.0	100.0
旅行保险	Travel Insurance	100.4	100.5	100.0
其他保险	Other Insurance	102.7	102.8	102.2
中介法律及其他服务	Intermediary Laws and Other Services	100.0	100.0	100.0
中介服务	Intermediary Services	99.9	99.9	100.0
法律服务	Legal Service	100.0	100.0	100.0
其他杂项服务	Other Miscellaneous Services	100.0	100.0	100.0

3-4 分月居民消费价格指数(2023年)

(上年同月=100)

指 标	Item	1 月 January	2 月 February	3 月 March
居民消费价格指数	**Consumer Price Index**	**102.0**	**100.9**	**100.4**
服务价格指数	**Service Price Index**	**100.7**	**100.1**	**100.3**
工业品价格指数	**Industrial Product Price Index**	**101.4**	**100.9**	**99.7**
消费品价格指数	**Consumer Goods Price Index**	**102.8**	**101.4**	**100.5**
非食品价格指数	**Non-food Price Index**	**101.1**	**100.5**	**100.1**
扣除食品和能源价格指数	**Excluding Food and Energy Price Index**	**101.0**	**100.6**	**100.5**
扣除鲜菜鲜果价格指数	**Excluding Fresh Vegetables Fresh Fruit Price Index**	**101.7**	**101.1**	**100.7**
食品烟酒	**Food, Tobacco and Alcohol**	**104.6**	**102.1**	**101.5**
食品	Food	105.8	102.6	101.6
粮食	Grain	104.2	103.4	100.7
大米	Rice	101.1	99.8	99.3
面粉	Flour	105.8	104.9	100.1
其他粮食	Other Grain	103.4	104.5	101.9
粮食制品	Grain Products	104.4	103.5	102.3
薯类	Tubers	125.4	117.0	114.6
豆类	Beans	102.8	103.6	102.3
干豆	Dried Beans	101.2	100.6	99.5
豆制品	Beans Products	103.0	104.1	102.8
食用油	Edible Oil and Fats	106.0	105.6	105.4
食用植物油	Oil of Plant	106.1	105.6	105.3
食用动物油	Edible Animal Oil	104.1	103.7	106.9
菜及食用菌	Vegetable and Edible Fungi	103.6	95.9	84.8
鲜菜	Fresh Vegetables	103.1	94.9	83.1
鲜菌	Fresh Fungus	115.0	106.5	103.9
干菜干菌及制品	Dried Vegetables and Edible Fungi Products	105.1	106.2	103.2
畜肉类	Neat of Livestock	106.1	104.3	106.9
猪肉	Pork	111.7	107.8	117.3
牛肉	Beef	101.0	102.3	99.9
羊肉	Mutton	97.5	96.5	97.1
其他畜肉及副产品	Other Meat of Livestock and By-products	108.7	105.4	105.2
畜肉制品	Animal Meat Products	104.8	105.1	104.4
禽肉类	Meat of Poultry	108.0	107.2	107.4
鸡	Chicken	110.0	109.3	109.3
鸭	Duck	110.1	114.3	113.9
其他禽肉及制品	Other Poultry and Products	105.1	104.2	104.8
水产品	Aquatic Products	103.1	98.5	98.7
淡水鱼	Freshwater Fish	96.4	88.4	88.9
海水鱼	Saltwater Fish	105.9	102.9	102.5
虾蟹类	Shrimps and Crabs	106.3	102.1	101.3
其他水产品及制品	Other Aquatic Products and Products	108.1	108.1	108.3
蛋类	Eggs	108.5	107.7	109.8
鸡蛋	Egg	108.6	107.7	109.9
其他蛋及制品	Other Eggs and Products	104.7	104.5	104.1
奶类	Milk	101.8	101.4	101.2
鲜奶	Fresh Milk	101.3	100.0	100.5

Consumer Price Indices by Month (2023)

(same month of the preceding year=100)

4 月 April	5 月 May	6 月 June	7 月 July	8 月 August	9 月 September	10 月 October	11 月 November	12 月 December
99.6	**99.9**	**99.8**	**99.3**	**99.7**	**99.7**	**99.3**	**99.0**	**99.2**
100.4	**100.1**	**99.7**	**100.4**	**100.5**	**100.6**	**100.5**	**100.3**	**100.3**
98.8	**99.0**	**97.9**	**98.6**	**99.3**	**99.8**	**100.1**	**99.5**	**99.8**
99.2	**99.7**	**99.8**	**98.7**	**99.2**	**99.1**	**98.6**	**98.3**	**98.5**
99.8	**99.8**	**99.0**	**99.7**	**100.0**	**100.3**	**100.4**	**100.0**	**100.1**
100.3	**100.3**	**99.9**	**100.4**	**100.3**	**100.4**	**100.4**	**100.2**	**100.1**
100.1	**100.0**	**99.3**	**99.3**	**99.8**	**99.9**	**99.6**	**99.1**	**99.2**
99.6	**100.6**	**102.4**	**98.9**	**99.1**	**98.2**	**96.7**	**96.8**	**97.0**
99.0	100.3	103.1	97.9	98.1	96.8	94.7	94.9	95.5
99.8	99.0	99.3	98.4	99.0	99.2	99.7	99.3	98.3
98.3	98.1	99.2	99.2	99.9	101.0	101.0	100.3	99.0
98.2	97.1	97.2	95.6	96.1	96.8	97.9	97.9	96.4
101.9	102.0	102.1	101.8	101.4	100.3	100.1	98.2	97.9
102.6	101.8	101.6	100.7	102.4	101.4	101.6	101.4	101.3
105.6	112.9	114.1	107.9	106.5	101.5	85.6	79.3	76.6
102.0	101.9	102.1	102.0	102.3	102.2	102.0	101.9	101.3
98.2	99.9	100.7	100.6	101.3	100.8	100.1	99.6	102.0
102.7	102.2	102.4	102.3	102.4	102.4	102.3	102.3	101.2
103.9	103.9	100.5	97.8	97.6	95.9	96.1	96.0	95.1
103.9	103.9	100.5	97.9	97.6	96.0	96.1	96.2	95.3
103.9	103.0	102.4	94.2	93.8	94.2	91.3	86.9	85.8
79.5	97.0	118.3	97.3	95.5	93.1	89.6	96.4	100.2
77.4	96.3	120.7	96.9	94.9	92.8	88.7	95.7	100.2
96.9	101.0	100.0	97.2	97.6	89.1	91.1	100.7	98.1
104.3	103.8	102.8	102.7	102.5	101.7	101.9	102.8	101.4
104.4	101.1	98.3	87.6	91.2	89.3	84.2	81.8	85.6
108.8	99.1	93.4	72.2	82.6	78.7	69.0	65.3	72.3
97.6	98.4	96.5	96.0	94.6	94.0	94.9	94.7	94.5
98.0	98.4	98.5	97.2	95.8	95.5	94.3	93.6	95.1
107.4	107.2	104.3	94.7	96.4	95.7	93.1	88.7	88.2
104.6	104.2	103.4	102.1	99.4	99.8	99.7	98.5	98.1
106.1	106.0	104.7	104.1	103.8	103.3	102.5	100.3	97.1
107.3	105.9	105.3	103.4	103.0	101.8	100.7	97.3	93.1
116.9	115.9	110.6	107.3	108.1	106.3	110.7	102.0	97.9
104.1	105.7	103.8	105.1	104.7	105.3	104.8	104.5	102.7
97.1	97.4	98.5	97.8	96.8	96.7	97.0	96.5	96.0
85.4	87.4	92.6	93.3	92.0	91.6	94.3	95.6	94.9
102.9	102.7	100.5	98.7	98.3	99.7	99.5	97.4	97.0
99.2	99.2	98.2	96.4	95.6	94.7	93.3	91.2	90.6
108.5	106.4	106.3	105.8	104.5	103.5	101.9	101.8	101.8
100.8	97.4	98.7	96.0	103.0	101.9	92.3	88.4	91.2
100.7	97.3	98.6	95.8	103.0	101.9	92.1	88.1	91.0
104.2	104.0	104.8	103.3	102.6	102.9	103.0	103.3	102.8
101.5	100.3	100.0	99.3	98.5	98.4	97.9	97.7	97.0
100.7	99.0	98.7	98.4	98.2	98.6	98.1	98.6	98.2

3-4 续表 1

(上年同月＝100)

指 标	Item	1 月 January	2 月 February	3 月 March
酸奶	Yogurt	101.1	99.9	101.1
奶粉	Milk Powder	103.3	104.7	102.5
其他奶制品	Other Dairy Products	100.9	101.0	101.0
干鲜瓜果类	Dried and Fresh Melons and Fruits	109.8	102.9	107.4
鲜果	Fresh Fruits	111.2	102.6	109.1
坚果	Nut	105.0	104.2	101.5
瓜果制品	Melon and Fruit Products	103.8	103.3	101.0
糖果糕点类	Candy and Cake	102.3	102.2	102.6
食糖	Sugar	100.3	100.9	101.6
糖果	Candy	102.8	104.5	103.1
糕点	Cakes and Pastries	102.7	102.2	102.9
其他糖果糕点	Other Sweets and Pastries	100.9	100.8	100.4
调味品	Flavoring	102.7	102.5	102.2
食用盐	Edible Salt	101.5	101.5	101.3
酱油	Soy Sauce	103.3	103.3	101.4
食醋	Vinegar	103.4	102.8	103.5
增味剂	Flavoring	103.6	102.7	101.9
其他调味品	Other Condiments	101.7	102.0	102.5
其他食品类	Other Foods	103.9	103.8	103.7
方便食品	Convenience Food	104.4	103.3	104.5
淀粉及制品	Starch and Products	100.4	100.6	101.9
其他食品	Other Food	104.6	105.6	103.4
茶及饮料	Tea and Beverages	101.3	101.7	101.4
茶叶	Tea	99.7	100.1	100.5
固体咖啡	Solid Coffee	105.8	108.5	104.6
其他固体饮料	Other Solid Drinks	101.1	101.1	101.3
饮用水	Drinking Water	99.3	99.2	98.8
果汁饮料	Fruit Juice Beverage	103.2	103.4	103.7
其他液体饮料	Other Liquid Beverages	102.7	103.4	102.3
烟酒	Tobacco and Liquor	101.5	101.3	101.0
卷烟	Cigarette	100.9	100.8	100.6
酒类	Liquor	102.9	102.4	102.1
白酒	Liquor	103.1	102.6	102.3
葡萄酒	Wine	100.3	100.0	100.4
啤酒	Beer	102.7	102.2	101.7
其他酒类	Other Wines	101.8	102.2	101.9
在外餐饮	Dining Out	101.9	100.7	101.4
餐馆餐饮	Restaurants and Catering	100.7	100.9	100.8
饮品店餐饮	Drink Shop and Catering	100.4	100.5	100.5
外卖	Take Out	105.3	98.9	102.8
其他在外餐饮	Others Dining Out	102.8	102.7	102.3
衣着	**Clothing**	**100.9**	**100.6**	**100.3**
服装	Garments	100.5	100.3	99.8
男式服装	Men's Clothing	101.3	100.8	100.3
男式外套	Men's Coat	101.2	100.7	100.7
男式针织衫	Men's Knit Shirt	97.9	98.6	98.5

continued

(same month of the preceding year=100)

4 月 April	5 月 May	6 月 June	7 月 July	8 月 August	9 月 September	10 月 October	11 月 November	12 月 December
101.3	101.0	100.8	98.4	98.3	100.1	99.1	97.9	96.8
103.2	102.2	101.5	101.0	99.0	96.7	96.5	95.6	94.7
100.5	99.9	100.6	100.5	99.9	99.9	99.6	99.2	99.3
103.7	99.4	104.4	103.0	100.0	98.1	99.5	101.7	98.7
103.8	98.5	104.9	102.8	99.2	96.7	98.5	101.7	97.7
103.7	104.0	103.0	103.8	101.8	102.0	102.6	101.6	102.7
101.8	101.5	102.5	104.7	103.6	103.8	103.2	101.2	100.5
102.0	101.5	101.0	101.3	100.8	101.3	101.4	101.1	100.8
102.7	100.6	100.4	100.7	101.3	102.5	102.4	102.9	102.5
102.3	102.7	101.6	101.2	100.8	100.6	100.6	100.1	99.7
102.1	101.6	101.2	101.7	100.8	101.2	101.4	101.0	100.7
101.1	100.3	99.7	99.2	100.3	101.8	100.9	102.0	101.5
102.0	101.6	101.7	101.2	101.4	101.1	100.9	101.5	100.4
100.8	100.8	100.8	100.5	100.6	100.6	100.6	100.6	99.7
101.9	102.2	102.8	101.5	101.2	100.4	99.9	102.1	100.2
102.8	102.1	102.1	102.1	103.3	102.8	102.7	102.4	101.6
102.9	102.6	102.6	101.8	101.6	102.2	102.1	102.8	101.7
101.5	100.7	100.6	100.4	100.4	100.4	100.3	100.1	99.5
104.1	102.5	101.8	100.9	100.4	100.5	101.1	100.8	100.8
102.4	100.9	99.8	98.8	98.8	98.6	99.8	99.0	99.4
99.8	99.2	99.0	98.2	98.3	97.7	99.4	100.8	101.2
107.8	105.7	105.3	104.6	103.4	103.9	103.2	103.0	102.5
101.2	101.4	101.2	101.3	101.3	101.2	100.9	100.9	100.5
100.6	100.8	100.6	100.6	100.6	100.7	100.8	100.8	100.9
103.2	103.0	102.1	101.6	101.4	100.8	100.9	101.0	101.8
101.1	100.0	99.4	99.2	99.4	100.2	100.2	100.0	100.0
99.1	99.0	99.4	99.6	99.4	99.5	99.0	99.1	98.0
102.8	103.9	103.6	103.2	103.3	102.8	102.4	102.9	102.4
102.0	102.4	102.1	102.3	102.3	102.0	101.3	101.2	100.5
100.8	100.8	100.3	100.6	101.0	100.9	101.5	101.7	101.3
100.5	100.6	100.5	101.0	101.3	101.4	101.9	102.0	101.9
101.5	101.2	99.8	99.8	100.2	99.7	100.5	101.0	99.9
101.6	101.2	99.6	99.4	100.0	99.3	100.3	100.8	99.7
99.8	99.8	100.3	100.7	100.5	100.4	100.7	100.1	100.8
101.2	101.6	100.8	101.3	100.6	101.1	101.9	102.7	100.5
103.2	102.5	101.6	101.7	102.0	102.0	101.7	101.1	100.7
100.9	101.3	101.1	101.2	101.5	101.4	101.0	100.8	99.8
100.7	100.8	100.8	101.0	100.9	100.9	100.9	100.9	100.9
100.4	100.5	100.4	100.4	100.5	100.4	100.4	100.4	100.4
101.1	102.5	101.3	101.0	103.1	102.7	100.5	100.0	94.5
101.8	102.1	102.4	102.3	102.2	102.0	102.1	102.0	102.0
99.8	**100.1**	**99.5**	**99.8**	**100.0**	**100.4**	**100.5**	**100.8**	**101.4**
99.4	99.8	99.4	99.7	99.6	99.7	100.2	100.2	100.8
100.0	101.1	100.2	100.0	99.8	100.2	100.5	100.2	100.8
99.8	101.2	100.3	100.5	99.6	100.1	100.5	99.6	100.7
98.6	98.6	98.6	98.6	98.6	98.9	98.6	100.5	102.8

3-4 续表 2

(上年同月＝100)

指 标	Item	1 月 January	2 月 February	3 月 March
男式衬衫T恤	Men's Shirt T-shirt	100.9	99.8	99.7
男式裤子	Men's Dress Pants	103.8	103.4	101.4
男式内衣	Men's Underwaist	100.5	99.9	99.6
女式服装	Women's Clothing	99.6	99.7	99.4
女式外套	Women's Coat	100.1	100.7	99.8
女式针织衫	Women's Knit Shirt	100.7	99.9	99.8
女式衬衫T恤	Women's Shirt T-shirt	99.6	99.6	100.7
女式裤子	Women's Pants	99.8	99.7	101.9
女式裙子	Women's Ladies Skirt	96.5	96.8	93.7
女式内衣	Women's Underwaist	100.3	99.9	99.9
儿童服装	Children's Clothing	102.0	101.4	100.3
婴儿服装	Baby Clothing	102.8	102.2	99.7
儿童上衣	Children's Coat	101.1	100.8	101.2
儿童裤子	Children's Trousers	102.0	101.4	99.9
儿童裙子	Children's Skirt	104.5	103.4	99.5
儿童内衣	Children's Underwaist	99.9	99.8	99.8
衣着材料及配件	Clothing Materials and Accessories	99.8	99.8	99.8
袜子	Socks	99.8	99.8	99.8
帽子	Cap	99.6	99.4	99.6
其他衣着材料及配件	Other Clothing Materials and Accessories	100.0	100.0	99.9
衣着加工服务费	Clothing Manufacturing Services	99.1	99.5	99.5
衣着洗涤保养	Scrubbing Maintenance	99.0	99.4	99.4
其他衣着服务	Other Clothing Services	99.6	99.6	99.6
鞋类	Footwear	102.3	101.9	102.2
鞋	Shoes	102.3	102.0	102.2
男鞋	Men's Shoes	101.5	101.2	100.9
女鞋	Women's Shoes	102.8	102.7	103.4
童鞋	Children's Shoes	102.3	100.8	100.5
鞋类服务	Footwear Services	100.0	100.0	101.7
居住	**Residence**	**99.7**	**99.8**	**99.6**
租赁房房租	Rent of Rental Housing	99.3	99.3	98.7
公房房租	Rent by Public Houses	100.0	100.0	100.0
私房房租	Private House Rent	99.3	99.3	98.7
住房保养维修及管理	Housing Maintenance and Management	101.0	100.3	100.3
住房装潢材料	Housing Decoration Materials	101.0	100.6	100.2
木地板	Wood Floor	100.6	100.6	100.8
瓷砖	Tile	100.7	100.6	99.9
水泥	Cement	103.4	104.3	103.5
涂料	Paint	100.9	99.3	98.5
板材	Board	101.2	100.8	101.1
管材	Pipe	101.9	100.1	100.1
厨卫设备	Kitchen & Bath Fixtures	99.6	100.5	100.4
门窗	Doors and Windows	101.6	101.2	100.5
其他住房装潢材料	Other Housing Decoration Materials	101.0	99.0	98.5
住房维修管理费用	Housing Maintenance and Management Expenses	101.0	100.2	100.3
物业管理费	Property Management Fee	100.0	100.0	100.0

continued

(same month of the preceding year=100)

4 月 April	5 月 May	6 月 June	7 月 July	8 月 August	9 月 September	10 月 October	11 月 November	12 月 December
100.5	103.0	101.0	100.5	100.2	100.4	100.9	100.4	99.6
100.7	100.7	99.8	99.2	99.9	100.8	100.8	100.2	100.4
100.1	100.5	100.6	100.5	100.7	100.7	101.0	102.2	102.8
98.6	98.8	99.1	99.2	99.4	99.8	100.7	100.4	101.2
99.4	99.9	99.7	100.3	100.5	99.3	101.1	100.9	101.9
99.9	99.8	99.7	99.7	99.7	98.8	100.8	98.4	99.8
98.4	95.5	97.3	97.9	98.4	100.7	101.7	102.1	102.1
100.0	101.6	101.0	99.6	101.1	103.5	102.5	102.2	102.7
93.6	95.1	97.0	97.5	96.4	97.5	97.6	98.6	98.4
99.2	99.6	99.1	98.5	98.6	99.8	99.3	99.7	101.4
100.9	100.6	98.9	100.3	99.5	98.6	98.8	99.8	99.8
100.1	102.9	104.4	104.2	103.3	99.9	101.1	100.5	100.3
101.8	102.4	99.2	101.2	100.0	98.7	97.9	99.4	99.1
101.0	98.4	95.6	97.1	96.7	97.4	98.1	98.3	98.5
100.1	95.4	94.4	96.7	95.7	95.3	96.7	99.3	99.6
100.0	105.3	105.8	105.9	105.9	105.0	104.9	106.1	106.1
100.0	99.9	100.0	99.8	99.7	99.7	99.4	99.4	99.3
100.0	99.9	99.9	99.9	99.9	99.9	99.7	99.6	99.6
99.9	99.8	100.1	99.3	98.3	98.1	97.2	97.4	97.3
100.0	100.0	99.9	100.0	100.3	100.4	100.4	100.3	100.1
99.5	99.5	99.3	99.9	99.9	99.9	99.9	99.9	100.5
99.4	99.4	99.2	99.8	99.8	99.8	99.8	99.8	100.7
99.6	99.6	99.6	100.2	100.2	100.2	100.2	100.2	100.0
101.1	101.1	99.8	100.1	101.8	103.2	101.3	103.0	103.5
101.1	101.1	99.8	100.1	101.8	103.3	101.3	103.0	103.5
98.8	99.6	98.8	98.3	100.4	101.9	100.0	102.7	104.8
102.6	101.5	100.1	100.4	102.0	103.9	101.9	103.4	103.3
100.0	102.4	100.3	102.7	103.6	103.4	101.8	102.4	102.2
101.7	101.7	101.7	101.7	101.7	101.7	101.7	103.3	103.3
99.7	**99.8**	**99.9**	**100.0**	**100.1**	**100.3**	**100.4**	**100.5**	**100.6**
99.1	99.2	99.2	99.5	99.6	99.8	100.2	100.5	100.7
100.0	100.0	100.0	100.0	100.0	100.0	100.0	100.0	100.0
99.0	99.1	99.1	99.5	99.6	99.8	100.2	100.5	100.7
100.0	100.0	100.1	100.0	100.0	100.1	100.1	100.2	100.2
99.5	99.4	99.3	99.3	99.3	99.4	99.4	99.4	99.4
99.0	99.1	99.1	98.9	98.8	98.9	98.9	98.9	98.9
99.5	99.7	99.9	99.8	99.7	99.7	99.7	99.7	99.7
98.1	98.0	97.3	98.7	98.7	98.2	98.2	98.5	98.5
96.4	95.5	95.5	95.3	94.9	95.2	95.1	95.1	95.1
100.7	100.4	100.4	100.4	100.6	100.6	100.6	100.6	100.8
100.6	100.6	100.5	100.1	100.2	100.2	100.2	100.2	100.2
100.4	99.9	99.7	99.6	99.7	100.0	100.0	100.0	99.8
100.1	99.6	99.4	99.4	99.6	99.6	99.6	99.6	99.4
99.0	99.7	99.7	99.5	99.5	99.8	99.8	99.8	99.7
100.3	100.3	100.6	100.4	100.5	100.5	100.5	100.6	100.6
100.0	100.0	100.0	100.0	100.0	100.0	100.0	100.0	100.0

3-4 续表 3

(上年同月=100)

指 标	Item	1 月 January	2 月 February	3 月 March
装潢维修费	Upholstery Maintenance Fee	102.1	100.4	100.6
其他住房费用	Other Housing Costs	100.0	100.0	100.0
水电燃料	Water, Electricity and Fuels	100.2	100.2	100.0
水	Water	100.0	100.0	100.0
电	Electricity	100.0	100.0	100.0
燃气	Gas	101.0	100.9	100.5
管道燃气	Pipeline Gas	100.0	100.0	100.0
液化石油气	Liquefied Petroleum Gas	106.2	105.8	102.7
其他水电燃料类	Other Water, Electricity and Fuels	100.2	100.3	99.9
自有住房	Private Housing	99.3	99.5	99.3
生活用品及服务	**Household Facilities, Articles and Services**	**101.4**	**101.4**	**100.7**
家具及室内装饰品	Furniture and Interior Decorations	100.3	100.3	100.6
家具	Furniture	100.4	100.4	101.1
柜	Cabinet	99.4	99.4	99.4
床	Bed	100.4	100.4	100.5
桌	Table	100.9	100.9	101.0
椅	Chair	99.9	99.8	99.7
沙发	Sofa	101.5	101.4	104.1
其他家具	Other Furniture	99.9	99.8	99.5
室内装饰品	Upholstery	99.0	100.1	96.9
灯具	Lamps and Lanterns	98.5	100.2	95.6
其他室内装饰品	Other Interior Decorations	100.2	100.0	99.7
家用器具	Home Appliances	100.1	99.1	99.4
大型家用器具	Large Household Appliances	100.2	99.0	99.5
洗衣机	Washing Machine	96.0	98.3	100.6
电冰箱(柜)	Refrigerator	96.8	96.1	96.5
抽油烟机	Smoke Lampblack Machine	100.8	100.9	99.1
空调器	Air Conditioner	102.3	98.3	100.7
热水器	Water Heating	100.5	96.9	97.6
炉具灶具	Stove and Cookers	105.0	106.2	105.0
吸尘器	Vacuum Cleaner	107.5	107.8	106.1
空气净化器	Air Purifier	110.4	108.4	103.9
净水器	Water Purifier	105.3	102.4	98.5
其他大型家用器具	Other Large Household Appliances	99.9	99.8	100.0
小家电	Small Home Appliances	99.8	99.5	98.8
厨房小家电	Kitchen Appliances	100.3	100.1	99.7
生活小家电	Small Household Electrical Appliances	98.8	98.5	97.3
家用纺织品	Home Textiles	101.5	101.3	101.8
床上用品	Bedding Article	101.7	101.5	102.1
被子	Quilt	102.3	102.0	102.8
床单被套	Bed Sheet & Duvet Cover	101.4	101.2	101.7
其他床上用品	Other Bedding	100.8	100.8	100.8
窗帘门帘	Curtain	101.1	101.1	101.4
其他家用纺织品	Other Household Textiles	100.0	100.0	100.1
家庭日用杂品	Daily Use Household Articles	102.4	102.2	101.0
洗涤卫生用品	Washing Sanitary Articles	103.8	103.6	101.0

continued

(same month of the preceding year=100)

4 月 April	5 月 May	6 月 June	7 月 July	8 月 August	9 月 September	10 月 October	11 月 November	12 月 December
100.6	100.6	101.1	100.7	100.8	100.8	100.8	101.2	101.2
100.0	100.0	100.0	100.0	100.3	100.3	100.3	100.3	100.3
100.1	100.1	100.0	100.0	100.0	100.0	100.0	100.1	100.1
100.0	100.0	100.0	100.0	100.0	100.0	100.0	100.0	100.0
100.0	100.0	100.0	100.0	100.0	100.0	100.0	100.0	100.0
100.6	100.4	100.1	100.1	100.2	100.2	99.8	100.0	99.7
100.0	100.0	100.0	100.0	100.0	100.0	100.0	100.0	100.0
103.6	102.4	100.6	100.8	101.3	101.4	99.2	99.9	98.6
100.0	100.0	100.0	100.0	100.0	100.0	100.0	100.3	100.3
99.6	99.7	99.9	100.1	100.2	100.4	100.6	100.8	100.8
100.2	**100.0**	**99.7**	**100.1**	**99.8**	**100.2**	**99.7**	**99.9**	**100.5**
100.4	100.2	100.8	101.0	100.9	101.4	101.1	101.6	100.9
100.7	100.4	100.8	101.1	100.8	101.1	101.0	101.0	100.6
99.1	99.1	100.0	100.1	100.0	100.1	100.6	100.6	100.0
100.3	99.5	99.9	99.9	99.9	99.9	99.9	99.9	99.9
101.0	101.0	101.2	101.0	99.9	100.0	100.8	100.8	100.0
99.5	99.5	100.0	100.0	99.8	99.8	100.6	100.6	99.9
103.5	102.7	102.6	103.7	103.3	104.3	103.0	103.1	102.5
99.1	99.5	100.1	100.1	100.0	100.0	99.7	99.7	99.7
97.7	98.9	100.9	100.8	102.0	105.2	102.3	107.4	104.0
96.8	98.6	101.6	101.3	103.1	108.0	103.6	111.3	106.0
99.4	99.5	99.5	99.7	99.7	99.7	99.7	99.7	99.7
98.5	98.2	98.0	98.2	98.0	98.4	99.4	99.4	99.8
98.6	98.2	98.0	98.3	98.2	98.6	99.8	99.5	99.8
99.6	100.9	98.3	98.2	99.0	100.2	100.1	99.8	100.7
98.3	97.9	95.6	96.8	97.1	97.5	98.4	97.4	97.4
98.9	98.3	97.7	96.6	94.9	94.5	96.7	96.1	99.9
99.1	97.5	98.7	99.8	98.7	99.1	101.7	101.3	99.1
96.5	97.9	98.2	98.5	98.4	97.9	101.2	100.9	100.9
102.0	98.1	102.6	100.6	99.7	100.2	100.0	100.5	101.7
97.2	99.7	100.5	98.4	97.1	98.1	95.7	98.2	99.4
102.0	103.6	107.4	107.5	103.7	103.5	103.4	102.6	96.8
95.1	93.9	95.4	95.0	96.3	97.3	98.3	99.0	103.7
99.8	99.7	98.9	99.9	100.1	100.0	99.6	98.9	99.1
98.3	98.2	98.1	97.5	97.3	97.3	97.6	99.1	99.5
99.0	98.5	98.2	98.5	98.7	98.4	98.8	98.7	98.4
97.1	97.6	97.8	95.8	94.8	95.3	95.6	99.8	101.5
100.8	100.6	100.6	100.2	100.0	99.8	100.1	100.0	99.8
101.1	100.8	100.8	100.3	100.5	99.9	100.3	100.3	100.0
102.1	101.5	101.5	101.2	101.7	100.3	101.1	101.2	100.1
100.2	100.2	100.1	99.5	99.4	99.6	99.6	99.6	99.8
100.7	100.7	100.3	99.9	99.9	100.0	100.0	100.0	100.0
101.0	101.0	100.3	100.1	100.3	100.3	100.3	100.3	100.3
98.2	98.2	100.1	99.8	96.1	97.8	97.9	97.1	97.8
99.4	100.1	99.3	99.7	99.3	100.2	98.4	99.2	101.5
99.3	100.7	99.7	100.0	98.9	99.8	96.8	98.0	103.0

3-4 续表 4

(上年同月=100)

指 标	Item	1 月 January	2 月 February	3 月 March
清洗用品	Cleaning Supplies	98.1	99.2	96.9
清洁用具	Cleaning Appliances	102.1	99.6	95.0
清洁用纸	Cleaning Paper	110.3	109.7	107.9
厨具餐具茶具	Kitchenware, Tableware, Tea set	104.1	102.1	102.5
厨具	Kitchenware	103.0	100.5	103.6
餐具	Tableware	108.7	108.3	104.1
茶具	Tea Set	97.7	94.3	97.6
其他家庭日用杂品	Other Family Daily Sundry Goods	99.2	100.1	100.3
配电附件	Distribution Accessories	97.7	100.0	101.3
雨具	Rain Gear	98.5	97.9	99.4
其他日用杂品	Other Daily Sundry Goods	100.1	100.6	100.1
个人护理用品	Personal-care Supplies	104.4	104.1	101.5
化妆品	Cosmetics	105.2	104.7	101.4
清洁化妆品	Cleaning Cosmetics	108.2	104.9	102.8
护肤化妆品	Skin Care Cosmetics	105.1	105.8	100.0
彩妆化妆品	Make Up Cosmetics	102.2	102.5	103.8
化妆器具	Cosmetic Equipment	105.3	101.8	100.4
其他护理用品类	Other Types of Care Products	103.1	103.4	101.6
清洁类护理用品	Cleaning Supplies	103.9	102.1	100.6
护发美发用品	Hair Care Products	99.8	102.2	100.9
护理器具	Nursing Appliance	107.9	112.0	106.3
其他护理用品	Other Nursing Supplies	103.4	102.4	101.7
家庭服务	Household Services	97.4	101.0	100.8
家政服务	Household Management Services	101.2	100.7	100.5
母婴护理服务	Mother and Baby Nursing Services	102.4	102.0	101.7
家庭维修服务	Home Maintenance Services	92.6	100.1	100.1
其他家庭服务	Other Family Services	91.5	101.1	101.1
交通通信	**Transport and Communications**	**102.8**	**100.6**	**98.7**
交通	Transport	104.1	101.1	98.7
交通工具	Transport Facility	100.6	101.2	100.1
燃油小型汽车	Fuel Small-car	100.3	100.9	99.7
新能源小汽车	New Energy Car	102.0	105.0	103.5
电动自行车	Electric Bicycle	102.8	102.8	102.0
自行车	Bicycle	102.6	102.6	102.9
其他交通工具	Other Means of Transportation	100.1	100.2	99.9
交通工具用燃料	Fuels for Transport Facility	105.5	100.5	93.5
汽油	Steam-oil	105.6	100.5	93.4
柴油	Diesel Oil	106.0	100.5	92.9
其他车用能源	Other Vehicle Energy	100.6	99.8	98.5
交通工具使用和维修	Use and Maintenance of Transport Facility	103.1	99.5	99.6
停车费	Parking Rate	99.2	99.9	99.9
车辆使用费	Vehicle Usage fee	99.0	97.2	97.0
交通工具零配件	Vehicle Spare Parts	100.9	100.9	99.6
车辆修理与保养	Vehicle Repair and Maintenance	110.1	100.1	101.8
交通费	Traffic Fee	111.5	103.6	108.9
市内公共交通	City Public Transport	100.0	100.0	100.0

continued

(same month of the preceding year=100)

4 月 April	5 月 May	6 月 June	7 月 July	8 月 August	9 月 September	10 月 October	11 月 November	12 月 December
94.4	94.9	95.9	96.7	95.6	98.2	96.4	102.4	109.3
96.7	98.0	95.5	96.1	95.5	99.6	98.0	100.0	103.1
105.6	107.9	105.5	105.1	103.8	101.4	96.7	93.2	97.1
100.3	99.4	97.4	99.1	98.6	100.8	99.7	101.3	97.6
99.4	98.3	96.3	99.1	99.2	102.2	101.4	102.6	98.9
101.5	100.5	96.8	98.5	97.8	100.2	100.0	100.6	96.6
99.7	99.3	100.7	100.2	99.0	99.4	95.7	100.2	97.3
99.1	99.6	99.8	99.7	100.3	100.5	100.3	100.1	101.2
96.6	99.1	99.3	98.2	100.6	100.2	98.9	98.1	97.5
98.2	96.9	96.9	97.1	97.4	97.4	98.6	102.2	110.3
100.3	100.3	100.7	100.9	100.8	101.4	101.2	100.4	100.8
102.2	100.9	100.4	101.5	100.9	101.0	99.9	99.3	100.0
103.5	101.3	100.4	102.2	101.6	101.7	100.4	98.7	100.1
103.4	99.9	99.8	100.6	101.4	101.3	99.7	100.7	100.5
105.0	102.0	100.5	103.1	101.7	101.6	101.2	97.4	99.6
100.7	101.5	101.3	101.9	101.8	102.1	100.1	99.7	101.4
100.9	101.0	99.2	101.7	100.6	103.7	97.4	98.2	97.4
100.5	100.3	100.5	100.5	100.0	100.0	99.1	100.3	99.9
97.5	98.1	98.4	99.6	99.1	99.3	98.0	98.2	99.6
100.5	99.7	101.6	100.5	100.4	98.9	98.7	100.1	99.9
106.3	106.0	103.0	103.1	102.5	103.1	100.4	105.8	98.9
103.1	102.2	101.6	100.7	99.9	101.0	101.2	101.4	101.0
100.9	100.9	100.9	100.8	100.7	100.8	100.8	100.8	100.7
100.5	100.5	100.6	100.6	100.7	100.7	100.7	100.7	100.6
101.7	101.9	101.9	102.4	101.8	101.8	101.8	101.8	101.7
100.1	100.1	100.1	100.1	100.0	100.2	100.2	100.2	100.2
101.2	101.1	101.1	100.1	100.1	100.1	100.1	100.3	100.1
97.1	**96.9**	**93.8**	**95.8**	**97.5**	**98.9**	**99.6**	**97.4**	**97.2**
96.6	96.3	92.1	94.9	97.3	99.0	100.1	97.0	96.8
98.4	100.6	99.9	99.6	96.2	96.2	97.2	95.1	94.1
98.0	100.5	99.9	99.5	95.3	95.4	96.6	94.2	92.9
99.5	98.7	97.9	98.6	99.2	97.8	97.1	96.5	94.4
101.5	101.5	101.0	100.9	100.9	100.3	100.2	99.9	99.9
102.8	102.9	102.9	103.0	103.0	102.0	102.6	102.7	102.7
99.3	99.7	99.3	99.1	99.2	99.3	99.3	99.6	99.4
89.5	88.8	82.1	86.5	95.4	98.9	101.7	97.0	98.5
89.4	88.7	82.0	86.4	95.3	98.9	101.8	97.0	98.5
88.7	87.8	80.8	85.5	95.0	98.8	102.0	96.8	98.3
98.7	98.2	97.5	97.8	97.8	97.2	97.9	98.5	98.3
99.7	99.0	98.2	98.1	97.1	97.4	97.2	97.4	98.6
99.9	99.9	99.9	99.8	99.8	99.8	99.8	99.7	100.0
97.5	97.0	94.6	94.5	90.7	92.1	91.5	92.2	96.4
99.3	99.3	99.1	99.1	99.2	98.9	99.0	98.9	99.0
102.0	100.4	100.2	100.1	100.1	100.1	100.1	99.9	99.9
108.6	103.3	94.7	102.4	104.9	108.1	106.5	102.0	98.0
100.0	100.0	100.0	100.0	100.0	100.0	100.0	100.0	100.0

3-4 续表 5

(上年同月=100)

指　标	Item	1 月 January	2 月 February	3 月 March
出租汽车	Taxi	100.2	97.6	100.2
飞机票	Airplane Ticket	141.2	112.7	136.8
火车票	Train Tickets	99.7	99.7	99.7
长途汽车	Long Distance Bus	101.6	100.9	100.9
网约车	Online Car Hailing	101.2	100.6	100.7
交通工具租赁费	Vehicle Rental Fee	100.4	99.7	101.9
其他交通费	Other Transportation Charges	100.3	99.9	93.8
通信	Communications	99.3	99.1	98.8
通信工具	Communication Tools	98.9	98.5	97.5
电话机	Telephone Set	98.9	98.3	97.3
其他通信工具及零配件	Other Communication Tools and Spare Parts	99.9	101.9	101.8
通信服务	Communication Services	99.5	99.5	99.5
电话费	Telephone Fee	99.4	99.4	99.4
家庭宽带服务	Broadband Service for Home	100.0	100.0	100.0
其他通信服务	Other Communication Services	100.0	100.0	100.0
邮递服务	Postal Services	100.1	100.2	100.2
教育文化娱乐	**Education, Culture and Recreation**	**101.2**	**100.4**	**100.3**
教育	Education	100.2	100.1	99.8
教育用品	Education Articles	104.2	104.2	103.3
工具书	Reference Book	100.3	100.1	100.1
教材	Textbooks	100.3	100.6	100.6
参考资料	Reference Material	111.0	110.8	108.1
其他教育用品	Other Educational Supplies	99.2	99.3	99.3
教育服务	Education Services	99.9	99.8	99.6
幼儿早期教育	Early Childhood Education	95.7	94.5	93.7
学前教育	Preschool Education	100.7	100.7	100.5
小学初中教育	Primary and Secondary Education	97.4	97.2	96.8
高中中职教育	Secondary Vocational Education	100.3	100.3	100.3
高等教育	Higher Education	100.3	100.3	100.3
课外教育	Extracurricular Education	101.8	101.8	100.8
专业技能培训	Professional Skills Training	100.6	99.5	101.0
其他教育服务	Other Education Services	100.0	100.0	100.0
文化娱乐	Culture and Recreation	103.3	101.0	101.4
文娱耐用消费品	Durable Consumer Goods for Culture and Recreation	99.1	99.9	99.7
电视机	Television	95.4	97.0	97.4
照相机	Camera	101.9	99.8	99.9
台式计算机	Desktop Computer	97.8	98.3	97.3
笔记本电脑	Notebook Computer	100.2	101.5	101.4
平板电脑	Tablet Computer	117.5	110.7	107.9
乐器	Musical Instruments	102.1	102.1	102.0
音响	Acoustics	97.8	99.1	98.1
可穿戴智能设备	Wearable Smart Devices	98.2	97.0	98.5
其他文娱耐用消费品	Other Recreational and Durable Goods	100.3	100.6	100.1
其他文娱用品	Other Articles	100.7	101.0	100.7
书报杂志及音像制品	Newspapers, Magazines and Audio-visual Products	97.7	98.2	98.6
纸张文具	Paper Stationery	100.6	100.6	100.6

continued

(same month of the preceding year=100)

4 月 April	5 月 May	6 月 June	7 月 July	8 月 August	9 月 September	10 月 October	11 月 November	12 月 December
100.2	100.2	100.2	100.2	100.2	100.0	100.0	100.0	100.0
130.5	111.5	83.8	106.5	114.5	124.5	120.2	105.5	91.6
100.5	99.6	100.0	100.9	100.0	100.8	100.5	100.0	100.5
100.9	100.9	101.2	101.1	101.4	101.4	100.7	100.5	99.9
101.7	100.4	100.4	99.6	99.7	108.0	105.6	106.1	107.2
102.7	103.2	103.5	101.5	103.5	100.2	104.0	103.3	99.6
92.9	92.9	92.9	92.9	92.8	92.9	92.9	92.8	98.3
98.4	98.6	99.0	98.6	98.4	98.5	98.0	98.3	98.6
96.6	97.2	98.2	97.1	96.5	96.0	94.8	95.5	96.3
96.4	97.0	98.1	97.1	96.4	95.9	94.6	95.4	96.3
100.1	101.0	101.8	98.3	98.7	97.9	98.8	97.2	95.9
99.5	99.5	99.5	99.5	99.5	100.0	100.0	100.0	100.0
99.4	99.4	99.4	99.4	99.4	100.0	100.0	100.0	100.0
100.0	100.0	100.0	100.0	100.0	100.0	100.0	100.0	100.0
100.0	100.0	100.0	100.0	100.0	100.0	100.0	100.0	100.0
99.8	99.8	99.8	100.0	100.0	100.0	100.0	100.0	100.0
100.3	**100.4**	**100.0**	**100.8**	**100.9**	**100.5**	**100.1**	**99.6**	**99.9**
99.8	99.8	99.6	99.6	99.6	99.1	99.3	99.2	99.3
103.5	103.2	103.2	103.2	102.9	102.2	102.1	101.9	101.9
100.1	100.0	99.9	99.9	100.1	101.2	101.0	101.1	101.2
100.6	100.6	100.6	100.6	100.6	100.5	100.5	100.5	100.5
108.0	107.2	107.2	107.2	106.5	104.2	104.1	103.4	103.4
101.2	101.6	101.6	101.7	101.1	101.6	101.4	101.5	101.5
99.6	99.6	99.4	99.4	99.4	98.9	99.1	99.1	99.1
93.7	97.2	97.2	99.0	99.0	98.3	98.3	98.3	98.3
100.4	100.4	100.4	100.4	100.4	100.9	100.9	100.9	100.9
96.8	96.8	96.8	96.8	96.8	90.6	90.6	90.6	90.6
100.3	100.3	100.3	100.3	100.3	103.8	103.8	103.8	103.8
100.3	100.3	100.3	100.0	100.0	100.0	100.0	100.0	100.0
100.8	100.1	100.1	100.2	100.2	100.7	101.0	101.0	101.0
101.0	101.0	97.4	97.5	97.4	95.4	97.8	97.8	98.3
100.0	100.0	100.0	100.0	100.0	100.1	100.1	100.1	100.1
101.3	101.6	100.6	103.3	103.5	103.3	101.9	100.3	101.3
100.0	99.8	99.8	98.5	98.3	96.8	97.4	97.8	97.7
99.1	98.5	98.7	97.4	97.4	97.0	97.4	97.1	97.0
101.0	104.8	101.1	103.1	101.9	100.4	102.6	102.1	97.7
97.0	98.3	98.9	98.7	98.5	98.3	98.2	98.4	98.3
100.4	99.3	99.8	97.2	98.1	93.0	94.5	96.9	96.6
105.4	107.7	102.2	100.0	94.5	93.7	92.0	91.8	95.1
102.0	102.0	102.0	102.1	102.0	101.8	103.3	102.0	101.6
98.7	98.8	97.7	97.9	97.7	98.0	97.9	97.5	97.3
100.2	100.6	99.7	100.4	97.8	98.0	97.5	99.5	100.4
100.6	100.6	100.9	100.2	99.9	99.7	99.8	99.9	99.6
100.1	100.9	99.9	100.0	101.0	100.5	100.2	99.8	100.0
98.0	101.7	98.9	100.6	101.9	101.8	101.5	101.1	100.8
99.9	100.2	100.2	100.3	100.1	100.1	100.1	100.1	100.1

3-4 续表 6

(上年同月＝100)

指 标	Item	1 月 January	2 月 February	3 月 March
体育户外用品	Sports Outdoor Products	104.1	103.6	103.0
游戏用品和玩具	Game Supplies and Toys	103.7	104.1	102.9
园艺花卉及用品	Garden Flowers and Supplies	101.2	101.2	100.8
宠物及用品	Pets and Supplies	101.0	101.3	101.0
其他文化娱乐用品	Other Cultural and Recreational Products	100.5	100.5	100.6
文化娱乐服务	Services for Culture and Recreation	100.1	95.8	97.1
电影及演出票	Film and Performance Tickets	118.1	99.0	98.7
景点门票	Scenic Spot Ticket	92.9	86.3	89.6
电视服务	Television Services	100.0	100.0	100.0
健身活动	Fitness Activities	103.3	103.3	102.5
宠物服务	Pet Services	100.0	97.7	99.2
网络文娱服务	Network Entertainment Services	105.9	100.4	101.3
儿童娱乐项目	Children's Entertainment	99.3	100.4	99.3
其他文娱服务	Other Recreational Services	101.1	96.7	101.3
旅游	Touring and Outing	111.4	107.5	108.0
旅行社收费	Travel Service Charges	112.4	108.0	108.7
其他旅游	Other Travel	101.5	102.0	101.5
医疗保健	**Health Care**	**100.9**	**101.1**	**101.2**
药品及医疗器具	Medicine and Medical Instrument	101.3	101.9	102.3
中药	Traditional Chinese Medicine	103.5	105.0	105.1
中药材	Chinese Medicinal Materials	103.7	105.6	105.6
中成药	Chinese Patent Medicine	103.3	104.4	104.8
西药	Western Medicines	101.2	102.0	102.6
抗微生物药	Antimicrobial Agents	114.2	117.4	117.3
消化系统用药	Digestive System Drugs	101.6	102.0	102.2
呼吸系统用药	Respiratory System Durgs	97.2	97.2	98.0
解热镇痛药	Antipyretic Analgesics	104.5	106.2	107.4
抗肿瘤药	Antineoplastic Agents	94.5	94.1	94.1
激素及影响内分泌药	Hormones and Endocrine Drugs	100.6	103.2	102.4
心血管系统用药	Cardiovascular System Drugs	98.6	98.5	100.7
血液系统用药	Blood System Drugs	97.1	97.6	97.6
治疗精神障碍药	PSYCHOTHERAPEUTICAGENTS	100.2	101.4	101.4
神经系统用药	Drugs for Nervous System	100.7	101.5	101.8
泌尿系统用药	Urinary System Drugs	99.5	99.5	99.5
维生素、矿物质类药	Vitamins and Minerals	95.9	95.5	97.7
调节水、电解质及酸碱平衡药	Adjust Water, Electrolyte and Acid-base Balance	99.9	99.6	100.5
其他西药	Other Western Medicines	100.1	101.0	100.9
滋补保健品	Nourishing Health Care Products	99.3	99.2	99.2
医疗卫生器具	Medical Sanitation	100.1	99.5	99.5
保健器具	Health Care Appliance	100.0	99.9	100.3
医疗服务	Medical Services	100.7	100.6	100.6
综合医疗类	Synthetic Medicine	103.5	103.5	103.5
一般医疗服务	General Medical Service	100.0	100.0	100.0
一般治疗操作	General Treatment Procedure	108.0	108.0	108.0
护理	Nursing	100.0	100.0	100.0
其他综合医疗服务	Other Comprehensive Medical Services	99.8	99.8	99.8

continued

(same month of the preceding year=100)

4 月 April	5 月 May	6 月 June	7 月 July	8 月 August	9 月 September	10 月 October	11 月 November	12 月 December
101.2	100.3	103.0	102.3	104.6	108.0	105.5	109.6	105.0
101.7	101.6	99.2	100.4	100.1	99.6	97.5	95.2	98.1
100.7	100.7	100.7	100.5	100.7	100.7	100.5	100.6	100.7
100.3	100.1	100.0	99.7	99.6	99.5	99.8	99.7	99.7
100.6	100.6	100.6	98.4	101.5	99.3	100.6	100.5	99.9
96.9	97.1	98.2	102.2	99.3	100.7	100.4	100.1	101.8
102.4	112.4	107.3	112.6	106.9	103.1	105.7	104.0	104.5
88.9	89.2	93.5	104.5	96.5	99.6	101.3	99.0	104.9
100.0	100.0	100.0	100.0	100.0	100.0	100.0	100.0	100.0
102.5	99.9	99.8	100.0	100.0	99.9	99.9	99.9	100.1
99.2	99.2	99.2	99.2	99.1	99.1	99.1	99.1	99.1
100.8	95.2	94.0	98.5	98.4	109.0	96.9	104.2	102.6
98.9	100.3	101.0	99.0	99.3	100.1	96.7	97.5	97.5
101.4	101.6	101.9	101.9	101.9	100.5	102.2	101.6	101.5
107.9	108.3	104.3	109.9	113.1	112.2	107.5	102.6	103.8
108.5	109.0	104.6	110.6	114.0	113.0	107.9	102.6	104.0
101.6	101.6	101.9	103.0	102.6	103.0	102.8	102.6	102.6
101.1	**100.7**	**100.6**	**100.7**	**100.8**	**101.0**	**101.0**	**101.0**	**101.0**
102.2	102.2	101.9	102.0	102.5	102.9	103.0	103.0	103.0
105.2	105.7	106.2	107.0	109.2	110.6	110.9	110.3	110.2
105.8	107.2	108.3	110.2	115.2	118.5	118.6	116.9	117.1
104.8	104.5	104.5	104.4	104.4	104.3	104.7	105.1	104.6
102.2	102.2	101.4	101.4	101.5	101.7	101.9	101.9	101.8
115.0	114.3	110.3	110.3	109.6	109.2	109.6	109.6	108.4
102.8	102.7	101.6	101.8	101.6	101.9	102.4	103.4	104.2
98.4	98.4	97.0	97.1	97.3	97.2	97.6	97.8	97.7
107.7	107.5	104.2	104.4	104.6	105.3	105.2	105.0	104.7
94.0	93.6	94.1	94.0	99.5	99.7	99.8	99.8	99.8
100.5	100.7	100.3	100.6	99.0	100.0	99.9	99.8	99.8
100.4	100.5	100.5	100.6	100.1	99.9	99.9	100.0	99.4
97.3	97.3	97.3	97.3	97.3	99.3	100.1	99.9	99.9
101.5	100.9	101.7	101.7	101.8	101.8	100.6	100.7	100.7
101.0	101.6	101.6	101.6	101.3	101.2	101.2	101.2	101.2
99.5	100.2	100.5	100.7	101.1	101.3	101.7	101.3	102.0
98.2	99.4	99.3	99.4	99.8	99.7	99.9	100.0	100.8
100.5	100.7	100.7	100.4	100.4	100.4	100.1	99.9	100.7
100.8	100.5	100.5	100.5	100.7	100.8	100.9	101.1	101.1
99.8	99.7	99.6	99.5	99.2	99.5	99.5	99.7	99.6
99.7	99.7	99.6	99.3	99.4	99.5	99.3	99.4	99.9
100.3	100.3	100.2	100.4	100.4	100.4	100.4	100.4	100.0
100.6	100.0	100.0	100.0	100.0	100.0	100.0	100.0	100.0
103.5	100.1	100.1	100.1	100.0	100.0	100.0	100.0	100.0
100.0	100.0	100.0	100.0	100.0	100.0	100.0	100.0	100.0
108.0	100.3	100.3	100.3	100.0	100.0	100.0	100.0	100.0
100.0	100.0	100.0	100.0	100.0	100.0	100.0	100.0	100.0
99.8	99.8	100.0	100.0	100.0	100.0	100.0	100.0	100.0

3-4 续表 7

(上年同月＝100)

指　标	Item	1 月 January	2 月 February	3 月 March
诊断类	Diagnostic Class	100.0	100.0	100.0
病理学诊断	Pathological Diagnosis	100.3	100.0	100.0
实验室诊断	Laboratory Diagnosis	100.0	100.0	100.0
影像学诊断	Imaging Diagnosis	99.9	100.0	100.0
临床诊断	Clinical Diagnosis	100.0	100.0	100.0
治疗类	Therapeutic Category	100.0	99.9	99.9
临床手术治疗	Clinical Surgical Treatment	100.0	100.0	100.0
临床非手术治疗	Clinical Non-surgical Treatment	100.0	99.8	99.8
康复类	Rehabilitation Class	100.1	100.1	100.1
康复医疗	Rehabilitation Medicine	100.1	100.1	100.1
中医医疗服务类	Chinese Medicine Medical Service	100.0	100.0	100.0
中医治疗	Traditional Chinese Medicine	100.0	100.0	100.0
其他医疗保健服务	Other Healthcare Services	100.0	99.7	99.7
其他用品及服务	**Other Articles and Services**	**102.4**	**102.1**	**101.7**
其他用品	Other Articles	102.9	102.0	101.3
首饰手表	Jewellery Watches	102.6	100.7	99.4
金饰品	Gold Jewelry	104.3	101.1	99.5
银饰品	Silver Jewelry	103.8	103.8	101.6
铂金饰品	Platinum Jewelry	98.6	95.6	94.7
手表	Wrist Watch	100.4	101.1	100.9
母婴用品	Mother and Baby Supplies	110.6	111.4	110.3
母婴洗护喂养用品	Mother and Baby Washing and Feeding Supplies	111.1	114.2	114.1
其他母婴用品	Other Mother and Baby Supplies	108.9	102.8	98.8
其他杂项用品	Other Miscellaneous Supplies	99.9	99.5	99.7
箱包	Luggage	102.8	101.7	101.5
眼镜	Glasses	97.2	97.4	97.9
其他服务	Other Services	101.9	102.3	102.3
在外住宿	Outside Accommodation	102.5	105.0	105.5
宾馆住宿	Hotel Accommodation	100.6	103.9	105.6
其他住宿	Other Accommodation	107.2	107.6	105.4
美容美发洗浴	Hairdressing & Beauty and Bath	100.8	102.2	102.4
美容	Hairdressing	100.4	101.7	101.8
美发	Hairdressing	99.4	101.1	101.1
洗浴	Bath	103.2	104.2	104.9
养老服务	Pension Services	112.6	108.8	106.9
金融及保险服务	Financial and Insurance Services	101.3	101.3	101.3
金融服务	Financial Service	100.0	100.0	100.0
车辆保险	Vehicle Insurance	100.0	100.0	100.0
旅行保险	Travel Insurance	100.5	100.5	100.5
其他保险	Other Insurance	102.7	102.7	102.7
中介法律及其他服务	Intermediary Laws and Other Services	99.8	99.8	99.8
中介服务	Intermediary Services	99.4	99.4	99.4
法律服务	Legal Service	100.0	100.0	100.0
其他杂项服务	Other Miscellaneous Services	100.0	100.0	100.0

continued

(same month of the preceding year=100)

4 月 April	5 月 May	6 月 June	7 月 July	8 月 August	9 月 September	10 月 October	11 月 November	12 月 December
100.0	100.0	100.0	100.0	100.0	100.0	100.0	100.0	100.0
100.0	100.0	100.0	100.0	100.0	100.0	100.0	100.0	100.0
100.0	100.0	100.0	100.0	100.0	100.0	100.0	100.0	100.0
100.0	100.0	100.0	100.0	100.0	100.0	100.0	100.0	100.0
100.0	100.0	100.0	100.0	100.0	100.0	100.0	100.0	100.0
99.9	99.9	100.0	100.0	100.0	100.0	100.0	100.0	100.0
100.0	100.0	100.0	100.0	100.0	100.0	100.0	100.0	100.0
99.8	99.8	100.0	100.0	100.0	100.0	100.0	100.0	100.0
100.1	100.1	100.0	100.0	100.0	100.0	100.0	100.0	100.0
100.1	100.1	100.0	100.0	100.0	100.0	100.0	100.0	100.0
100.0	100.0	100.0	100.0	100.0	100.0	100.0	100.0	100.0
100.0	100.0	100.0	100.0	100.0	100.0	100.0	100.0	100.0
99.7	99.7	99.7	99.7	99.7	99.7	99.7	99.7	99.7
102.1	**102.4**	**101.7**	**103.1**	**102.8**	**103.3**	**102.7**	**102.6**	**102.4**
101.6	102.2	101.5	104.1	103.5	104.5	103.3	103.7	103.6
101.6	106.0	106.4	109.5	108.3	110.6	109.1	108.5	109.0
102.4	109.6	110.2	115.4	114.3	118.0	115.5	114.9	115.6
99.8	99.3	99.0	99.3	99.3	99.8	100.4	100.6	100.5
100.9	105.9	106.4	110.5	105.6	106.0	103.0	100.5	101.4
101.3	101.5	101.6	101.4	101.5	102.6	102.9	103.1	102.8
103.8	98.8	94.0	100.1	98.9	100.1	98.9	100.5	101.4
105.9	100.3	93.5	100.7	99.0	99.6	97.8	100.9	101.7
97.4	94.2	95.7	98.1	98.5	101.7	102.7	99.3	100.4
100.5	99.1	99.4	99.6	99.9	99.3	98.6	99.2	98.3
103.2	100.5	101.1	101.3	102.3	100.5	99.3	101.2	99.3
97.9	97.8	97.6	97.9	97.5	98.1	97.8	97.2	97.2
102.7	102.6	101.9	101.9	102.0	101.9	102.0	101.4	101.0
110.0	110.1	106.8	106.2	107.4	106.0	107.0	102.5	101.5
111.0	109.6	106.1	107.3	108.6	108.6	110.4	104.5	102.9
107.8	111.4	108.4	103.5	104.6	100.0	99.2	97.9	98.3
102.3	101.8	101.8	101.9	101.9	101.9	102.2	101.8	100.7
101.4	100.5	100.7	100.9	100.9	100.9	102.2	101.3	99.6
101.2	101.2	101.0	101.0	101.0	101.0	101.0	100.6	100.7
104.9	103.7	104.0	104.0	104.0	104.0	104.0	103.9	101.6
106.9	107.1	100.8	101.0	101.0	101.0	101.0	100.4	100.4
101.3	101.3	101.3	101.3	101.3	101.4	101.3	101.2	101.2
100.0	100.0	100.0	100.0	100.0	100.0	100.0	100.0	100.0
100.0	100.0	100.0	100.0	100.0	100.0	100.0	100.0	100.0
100.5	100.5	100.6	100.5	100.5	100.5	100.5	100.0	100.0
102.7	102.7	102.7	102.7	102.7	102.8	102.5	102.5	102.5
100.0	100.0	100.0	100.0	100.0	100.0	100.0	100.0	100.0
100.1	100.1	100.1	100.1	100.1	100.1	100.1	100.1	100.1
100.0	100.0	100.0	100.0	100.0	100.0	100.0	100.0	100.0
100.0	100.0	100.0	100.0	100.0	100.0	100.0	100.0	100.0

3-5 各市居民消费价格指数(1991-2023年)

(上年=100)

年 份 Year	太原市 Taiyuan	大同市 Datong	阳泉市 Yangquan	长治市 Changzhi	晋城市 Jincheng
1991	107.1	106.5	105.4	103.4	106.3
1992	110.6	108.8	108.3	105.1	108.2
1993	119.3	111.0	120.5	112.2	115.4
1994	128.3	127.4	120.8	126.3	126.5
1995	116.8	117.2	116.5	116.3	116.6
1996	109.6	108.1	108.5	106.4	106.9
1997	102.4	103.8	105.8	103.0	101.7
1998	98.6	99.5	98.9	99.2	98.2
1999	100.2	100.9	102.4	98.6	97.3
2000	103.6	107.3	104.4	101.0	102.2
2001	99.0	98.7	99.5	99.8	99.1
2002	97.4	99.8	98.2	100.8	99.3
2003	101.9	101.3	101.7	102.4	100.9
2004	103.9	102.6	103.8	103.7	103.0
2005	101.1	101.1	102.5	102.3	102.2
2006	101.6	101.5	102.1	102.2	101.5
2007	104.1	104.2	105.1	104.8	104.2
2008	107.4	107.1	105.6	106.3	106.5
2009	99.9	99.4	100.1	100.3	100.3
2010	103.0	102.9	102.8	102.4	102.5
2011	105.4	104.9	104.7	104.8	104.9
2012	102.1	102.3	102.3	102.4	102.4
2013	103.1	102.7	103.0	103.2	103.4
2014	102.2	101.7	101.3	101.5	102.0
2015	100.4	100.6	100.4	100.6	100.8
2016	101.2	101.1	100.7	100.9	100.7
2017	101.8	101.3	101.4	101.5	100.6
2018	101.8	101.7	101.8	102.2	102.2
2019	102.7	102.5	102.8	102.6	102.6
2020	102.6	102.7	103.0	103.0	102.9
2021	101.0	101.1	101.1	101.3	101.0
2022	102.1	101.9	101.8	102.3	102.3
2023	99.7	99.9	100.1	100.3	100.2

Consumer Price Indices by Cities (1991-2023)

(preceding year=100)

朔州市 Shuozhou	晋中市 Jinzhong	运城市 Yuncheng	忻州市 Xinzhou	临汾市 Linfen	吕梁市 Lvliang
103.4	103.8	103.7	103.8	104.6	106.4
106.2	104.2	107.2	105.8	105.1	106.8
114.4	112.6	109.4	112.0	111.8	111.6
124.0	122.1	123.4	122.7	120.5	127.7
117.1	117.3	115.8	115.4	115.0	117.0
106.5	107.2	106.7	105.9	106.4	105.5
101.9	101.7	100.5	103.0	102.1	101.8
99.1	97.8	97.7	98.3	97.9	99.3
99.3	98.2	98.8	97.3	97.4	97.6
106.8	103.1	108.0	102.5	102.1	101.7
101.2	100.0	97.9	99.2	99.7	99.1
100.9	98.0	97.2	98.0	98.3	101.0
101.3	103.4	100.9	100.7	102.0	101.3
104.2	104.0	102.5	102.2	103.6	104.5
101.1	103.1	101.3	102.3	102.6	101.0
101.9	101.4	102.1	102.1	101.9	102.3
104.1	104.2	104.5	104.8	104.5	105.1
106.7	106.3	106.5	106.6	105.5	106.3
98.9	99.1	100.0	99.8	100.2	99.4
103.2	102.8	102.6	102.8	102.2	103.4
104.8	104.7	105.0	104.9	104.7	104.6
102.7	102.2	102.5	102.3	103.0	102.6
102.9	103.0	102.8	103.0	102.4	103.0
101.9	101.6	101.8	101.1	101.7	101.7
101.2	101.1	100.5	100.6	102.5	100.3
100.8	101.2	101.5	100.9	100.5	100.6
101.1	101.7	100.3	100.7	100.4	100.2
101.4	101.4	101.0	102.1	102.0	101.9
102.6	102.4	101.7	102.8	102.7	103.2
103.0	102.6	103.6	102.8	102.4	102.8
100.9	101.2	100.9	100.6	101.2	101.6
101.7	101.5	101.6	101.6	101.9	102.1
99.8	100.0	100.3	100.0	100.1	99.7

3-6 调查市县居民消费价格分类指数(2023年)

(上年=100)

指　标	Item	太原市 Taiyuan	大同市 Datong
居民消费价格指数	**Consumer Price Index**	**99.7**	**99.9**
服务价格指数	**Service Price Index**	**99.8**	**100.3**
工业品价格指数	**Industrial Product Price Index**	**99.7**	**99.1**
消费品价格指数	**Consumer Goods Price Index**	**99.6**	**99.6**
非食品价格指数	**Non-food Price Index**	**99.9**	**99.9**
扣除食品和能源价格指数	**Excluding Food and Energy Price Index**	**100.1**	**100.2**
扣除鲜菜鲜果价格指数	**Excluding Fresh Vegetables and Fruits Price Index**	**99.8**	**99.9**
食品烟酒	**Food, Tobacco and Alcohol**	**99.5**	**100.1**
食品	Food	98.9	99.8
粮食	Grain	101.0	98.7
薯类	Tubers	98.1	105.5
豆类	Beans	101.1	110.3
食用油	Edible Oil and Fats	100.5	101.8
菜及食用菌	Vegetables and Edible Fungi	93.1	95.7
畜肉类	Meat of Livestock	95.8	96.4
禽肉类	Meat of Poultry	105.1	107.6
水产品	Aquatic Products	97.9	99.0
蛋类	Eggs	100.7	99.7
奶类	Milk	98.4	99.4
干鲜瓜果类	Dried and Fresh Melons and Fruits	101.6	102.1
糖果糕点类	Candy and Cake	100.3	103.0
调味品	Flavoring	102.2	101.8
其他食品类	Other Foods	103.1	102.0
茶及饮料	Tea and Beverages	101.0	101.7
烟酒	Tobacco and Liquor	101.2	100.2
卷烟	Cigarette	102.0	100.0
酒类	Liquor	99.8	100.6
在外餐饮	Dinging Out	100.9	101.1
衣着	**Clothing**	**100.1**	**99.6**
服装	Garments Material	98.8	99.7
男式服装	Men's Clothing	99.3	102.0
女式服装	Women's Clothing	98.2	98.3
儿童服装	Children' Clothing	99.9	98.8
衣着材料及配件	Clothing Materials and Accessories	98.8	100.9
衣着服务费	Clothing Services	98.1	102.0
鞋类	Footwear	105.0	99.3
鞋	Shoes	105.0	99.3
鞋类服务	Footwear Services	105.4	100.0

Consumer Price Indices by Category for City and Country Residents (2023)

(preceding year=100)

阳泉市 Yangquan	长治市 Changzhi	晋城市 Jincheng	朔州市 Shuozhou	晋中市 Jinzhong	运城市 Yuncheng	忻州市 Xinzhou
100.1	**100.3**	**100.2**	**99.8**	**100.0**	**100.3**	**100.0**
100.9	**100.4**	**101.3**	**100.1**	**101.4**	**100.4**	**100.4**
98.7	**100.2**	**99.3**	**99.2**	**99.0**	**99.6**	**100.1**
99.6	**100.2**	**99.4**	**99.6**	**99.2**	**100.2**	**99.8**
100.1	**100.4**	**100.4**	**99.8**	**100.4**	**100.2**	**100.2**
100.4	**100.8**	**100.7**	**100.1**	**100.8**	**100.5**	**100.5**
100.1	**100.5**	**100.2**	**99.7**	**100.1**	**100.2**	**100.1**
100.7	**100.2**	**99.6**	**100.2**	**99.4**	**101.1**	**99.4**
99.9	99.7	99.1	99.5	98.3	100.7	99.1
102.2	103.9	100.4	102.7	98.3	103.3	104.5
114.7	104.9	111.7	110.2	106.3	100.5	104.0
99.9	99.6	99.4	100.9	99.0	104.4	96.3
100.7	100.0	100.7	99.8	96.9	110.5	101.9
99.6	95.2	95.2	95.1	100.5	96.7	95.5
92.2	96.6	94.5	93.7	94.4	89.8	91.5
104.0	105.5	103.6	106.4	105.1	100.4	100.1
103.2	101.0	97.8	95.8	95.0	101.9	92.3
99.0	97.5	97.3	96.1	95.1	105.6	99.5
99.8	99.8	97.6	99.7	98.1	105.8	100.8
102.1	100.5	103.5	103.7	98.5	105.2	102.1
101.1	102.0	102.2	100.5	101.1	99.8	107.0
102.4	104.2	96.2	99.0	104.5	100.8	101.0
102.0	104.1	102.0	102.6	97.3	102.0	99.1
104.6	101.3	99.8	100.0	100.3	102.0	100.1
101.4	101.1	101.1	103.5	102.8	103.6	101.2
102.0	102.1	100.7	103.6	103.4	102.4	101.2
100.1	98.9	101.9	103.3	101.7	107.5	101.4
102.6	101.4	100.4	100.7	101.7	101.2	99.6
99.1	**102.8**	**101.6**	**99.0**	**98.2**	**99.8**	**101.1**
99.5	102.0	102.0	99.0	98.3	100.4	101.4
101.4	103.1	101.1	100.9	98.2	97.8	100.7
98.6	101.6	103.1	98.0	98.3	100.5	103.1
98.4	102.0	101.0	97.8	98.8	104.4	98.4
101.0	99.7	100.7	100.5	97.3	100.0	98.6
100.0	100.0	100.0	100.0	99.0	100.0	100.0
97.7	106.1	100.3	99.1	97.5	97.6	99.6
97.6	106.2	100.3	99.1	97.4	97.5	99.6
101.1	100.0	100.0	100.0	100.0	100.0	100.0

3-6 续表 1

(上年＝100)

指　标	Item	太原市 Taiyuan	大同市 Datong
居住	**Residence**	**99.6**	**100.0**
租赁房房租	Rent of Rental Housing	99.2	98.4
住房保养维修及管理	Housing Maintenance and Management	100.1	100.7
住房装潢材料	Housing Decoration Materials	100.1	100.6
住房维修管理费用	Housing Maintenance and Management Expenses	100.1	100.7
水电燃料	Water, Electricity and Fuels	100.1	100.0
水	Water	100.0	100.0
电	Electricity	100.0	100.0
燃气	Gas	100.8	100.0
其他水电燃料类	Other Water, Electricity and Fuels	100.0	100.0
自有住房	Home-ownership	99.3	100.0
生活用品及服务	**Household Facilities, Articles and Services**	**100.8**	**100.1**
家具及室内装饰品	Furniture and Interior Decorations	102.4	100.5
家具	Furniture	102.5	100.4
室内装饰品	Upholstery	101.5	101.5
家用器具	Home Appliances	98.9	98.6
大型家用器具	Large Household Appliances	99.0	98.7
小家电	Small Home Appliances	98.3	98.3
家用纺织品	Home Textiles	100.0	100.0
床上用品	Bedding Article	100.5	100.0
窗帘门帘	Curtain	101.9	100.0
其他家用纺织品	Other Household Textiles	95.6	100.0
家庭日用杂品	Daily Use Household Articles	101.1	100.3
洗涤卫生用品	Washing Sanitary Articles	101.8	100.2
厨具餐具茶具	Kitchenware, Tableware, Tea set	99.4	101.9
其他家庭日用杂品	Other Family Daily Sundry Goods	101.1	99.5
个人护理用品	Personal-care Supplies	102.0	100.7
化妆品	Cosmetics	103.2	100.5
其他护理用品类	Other Types of Care Products	100.2	100.9
家庭服务	Household Services	99.4	100.4
交通通信	**Transport and Communications**	**98.4**	**96.8**
交通	Transport	98.7	96.1
交通工具	Transport Facility	99.5	95.2
交通工具用燃料	Fuels for Transport Facility	94.5	94.5
交通工具使用和维修	Use and Maintenance of Transport Facility	98.4	97.7
交通费	Traffic Fee	106.7	102.0
通信	Communications	97.4	99.3

continued

(preceding year=100)

阳泉市 Yangquan	长治市 Changzhi	晋城市 Jincheng	朔州市 Shuozhou	晋中市 Jinzhong	运城市 Yuncheng	忻州市 Xinzhou
100.6	**99.8**	**100.4**	**100.4**	**100.2**	**99.9**	**99.4**
100.7	100.4	99.5	100.8	100.1	98.5	99.9
98.7	99.0	100.3	99.8	101.0	99.8	101.6
96.7	97.6	100.4	99.5	100.9	99.6	99.1
100.0	100.0	100.2	100.0	101.0	100.0	103.0
100.0	100.0	100.0	100.0	100.0	100.0	100.2
100.0	100.0	100.0	100.0	100.0	100.0	100.0
100.0	100.0	100.0	100.0	100.0	100.0	100.0
100.1	100.1	100.0	100.0	100.3	100.0	101.0
100.0	100.0	100.0	100.0	100.0	100.0	100.0
101.3	99.9	100.7	100.6	100.2	100.0	98.7
99.8	**100.7**	**99.9**	**100.1**	**100.1**	**99.5**	**100.0**
99.6	100.2	99.9	101.0	100.0	99.5	100.4
99.7	100.0	99.7	100.9	100.0	99.5	100.5
99.3	102.0	102.0	101.3	99.6	100.0	98.3
99.0	98.9	98.3	99.3	99.0	99.0	98.4
99.0	99.0	98.2	99.5	99.1	99.5	98.4
99.0	98.7	98.8	98.4	98.4	96.7	98.5
99.9	103.5	100.0	100.0	100.8	99.7	100.2
99.7	104.5	100.0	100.0	100.8	100.1	100.2
100.0	100.9	100.0	100.0	101.5	96.0	100.0
101.1	100.1	100.0	100.0	100.1	99.9	100.0
100.0	100.0	100.5	99.6	98.5	98.6	99.2
100.2	99.5	100.4	99.2	99.1	98.5	98.6
101.1	101.6	101.5	100.6	97.7	99.6	99.9
99.1	99.7	100.1	99.5	98.1	98.2	99.8
100.2	101.5	100.8	100.7	102.7	100.8	100.4
100.2	101.9	100.4	100.5	101.3	100.7	100.4
100.1	100.7	101.6	100.8	104.7	101.0	100.3
101.2	103.9	100.0	100.3	100.0	100.2	105.8
97.4	**97.7**	**96.5**	**98.8**	**98.2**	**98.3**	**97.8**
96.7	97.5	95.8	98.5	98.4	98.3	97.7
94.3	99.8	92.6	99.5	99.4	99.9	99.4
94.5	94.5	94.7	94.5	94.5	94.5	94.4
100.2	92.6	100.4	100.7	97.1	99.5	97.8
105.8	103.2	103.1	105.0	106.3	102.3	101.8
99.7	98.1	98.7	99.5	97.4	98.6	98.2

3-6 续表 2

(上年＝100)

指 标	Item	太原市 Taiyuan	大同市 Datong
通信工具	Communication Tools	95.5	98.1
通信服务	Communication Services	98.7	100.0
邮递服务	Postal Service	100.0	100.0
教育文化娱乐	**Education, Cultural and Recreation**	**99.3**	**100.8**
教育	Education	98.3	99.9
教育用品	Eduction Articles	106.3	100.1
教育服务	Education Services	97.9	99.9
文化娱乐	Culture and Recreation	101.2	102.4
文娱耐用消费品	Durable Consumer Goods for Culture and Recreation	98.2	99.1
其他文娱用品	Other Articles	99.8	101.5
文化娱乐服务	Services for Culture and Recreation	96.9	102.5
旅游	Touring and Outing	108.0	104.5
医疗保健	**Health Care**	**101.1**	**101.4**
药品及医疗器具	Medicine and Medical Instrument	103.0	104.0
中药	Traditional Chinese Medicines	110.3	108.9
西药	Western Medicines	101.9	104.7
滋补保健品	Nourishing Health Care Products	101.1	96.4
医疗卫生器具	Medical Sanitation	99.5	100.8
保健器具	Health Care Appliance	100.9	100.0
医疗服务	Medical Services	100.2	100.3
综合医疗类	Synthetic Medicine	101.2	101.4
诊断类	Diagnostic Class	100.0	100.0
治疗类	Therapeutic Category	100.0	100.0
康复类	Rehabilitation Class	100.0	100.0
中医医疗服务类	Chinese Medicine Medical Services	100.0	100.0
其他医疗保健服务	Other Healthcare Services	99.0	100.0
其他用品及服务	**Other Articles and Services**	**102.1**	**103.2**
其他用品	Other Articles	102.1	103.8
首饰手表	Jewellery Watches	103.9	107.1
母婴用品	Mother and Baby Supplies	105.9	100.8
其他杂项用品	Other Miscellaneous Goods	97.5	100.0
其他服务	Other Services	102.0	102.6
在外住宿	Outside Accommodation	105.9	117.2
美容美发洗浴	Hairdressing & Beauty and Bath	100.9	102.2
养老服务	Pension Services	105.3	101.2
金融及保险服务	Financial and Insurance Services	101.4	100.0
中介法律及其他服务	Intermediary Laws and Other Services	100.0	100.0

continued

(preceding year=100)

阳泉市 Yangquan	长治市 Changzhi	晋城市 Jincheng	朔州市 Shuozhou	晋中市 Jinzhong	运城市 Yuncheng	忻州市 Xinzhou
99.2	94.9	96.5	98.8	93.4	96.3	95.9
100.0	100.0	100.0	100.0	100.0	100.0	100.0
100.0	101.7	99.7	100.0	100.0	101.3	95.3
100.2	**100.6**	**102.9**	**98.7**	**103.8**	**100.6**	**102.2**
98.5	100.6	102.7	98.4	101.3	98.6	101.5
100.1	101.7	100.9	100.3	103.8	99.5	104.1
98.4	100.6	102.8	98.3	101.1	98.5	101.3
102.7	100.6	103.1	99.0	107.9	104.1	103.6
98.6	97.3	97.5	100.2	100.1	98.8	100.2
100.1	100.1	100.0	100.2	100.9	100.1	100.6
99.4	97.4	105.2	99.9	100.5	100.1	102.9
109.9	108.3	106.0	96.5	124.9	114.9	108.7
100.7	**101.6**	**101.6**	**100.2**	**100.4**	**101.3**	**101.7**
101.6	104.0	104.2	100.6	101.0	103.1	104.6
108.2	105.8	109.3	104.3	105.6	105.5	116.0
102.0	106.1	103.5	99.6	99.6	103.3	104.2
95.6	99.8	100.0	100.8	100.0	100.6	100.5
95.7	96.3	103.7	100.0	101.8	100.3	92.9
97.9	100.0	100.0	100.0	100.0	100.2	100.0
100.2	100.3	100.4	100.0	100.0	100.2	100.4
101.1	101.5	102.1	100.0	100.0	101.1	101.5
100.0	100.0	100.0	100.0	100.0	100.0	100.0
100.0	100.0	100.0	100.0	100.0	100.0	100.3
100.0	100.0	100.0	100.0	100.0	100.0	100.0
100.0	100.0	100.0	100.0	100.0	100.0	100.0
100.0	100.0	100.0	100.0	100.0	100.0	100.0
103.1	**104.1**	**102.0**	**100.9**	**101.7**	**102.6**	**102.8**
104.6	104.6	103.4	100.5	101.9	103.3	104.6
109.5	108.6	106.5	100.6	104.6	106.1	108.7
101.4	99.9	99.8	100.9	99.5	100.8	102.3
99.3	101.5	100.1	100.1	99.0	100.0	100.1
101.4	103.5	100.2	101.4	101.5	101.8	100.6
100.8	110.5	98.4	99.6	100.6	96.6	101.7
101.0	98.7	99.6	101.6	105.1	104.1	100.0
100.0	103.3	100.0	100.0	105.3	99.5	106.7
102.0	104.3	100.8	101.8	100.0	102.3	100.0
98.7	100.0	100.6	100.0	100.0	100.0	100.0

3-6 续表 3

(上年=100)

指 标	Item	临汾市 Linfen	吕梁市 Lvliang
居民消费价格指数	**Consumer Price Index**	**100.1**	**99.7**
服务价格指数	**Service Price Index**	**100.6**	**99.7**
工业品价格指数	**Industrial Product Price Index**	**99.4**	**99.9**
消费品价格指数	**Consumer Goods Price Index**	**99.7**	**99.8**
非食品价格指数	**Non-food Price Index**	**100.2**	**99.8**
扣除食品和能源价格指数	**Excluding Food and Energy Price Index**	**100.5**	**99.9**
扣除鲜菜鲜果价格指数	**Excluding Fresh Vegetables and Fruits Price Index**	**100.1**	**99.8**
食品烟酒	**Food, Tobacco and Alcohol**	**100.1**	**99.7**
食品	Food	99.5	99.7
粮食	Grain	101.6	103.6
薯类	Tubers	102.0	111.0
豆类	Beans	98.1	112.2
食用油	Edible Oil and Fats	101.0	98.9
菜及食用菌	Vegetables and Edible Fungi	96.3	90.3
畜肉类	Meat of Livestock	92.8	92.1
禽肉类	Meat of Poultry	105.3	101.8
水产品	Aquatic Products	98.2	94.7
蛋类	Eggs	99.1	104.7
奶类	Milk	102.6	100.4
干鲜瓜果类	Dried and Fresh Melons and Fruits	102.6	107.4
糖果糕点类	Candy and Cake	102.9	102.8
调味品	Flavoring	101.1	99.3
其他食品类	Other Foods	101.4	100.0
茶及饮料	Tea and Beverages	100.2	99.9
烟酒	Tobacco and Liquor	100.5	100.4
卷烟	Cigarette	100.0	100.8
酒类	Liquor	101.7	99.4
在外餐饮	Dinging Out	101.7	99.5
衣着	**Clothing**	**99.9**	**103.4**
服装	Garments Material	100.4	103.2
男式服装	Men's Clothing	99.8	105.6
女式服装	Women's Clothing	100.1	102.9
儿童服装	Children' Clothing	102.2	100.9
衣着材料及配件	Clothing Materials and Accessories	101.1	99.7
衣着服务费	Clothing Services	100.0	100.0
鞋类	Footwear	97.6	104.5
鞋	Shoes	97.6	104.5
鞋类服务	Footwear Services	100.0	100.0

continued

(preceding year=100)

浑源县 Hunyuan	襄垣县 Xiangyuan	太谷区 Taigu	洪洞县 Hongtong	兴　县 Xingxian	汾阳市 Fenyang
100.0	**100.4**	**99.5**	**100.0**	**99.4**	**99.8**
100.2	**100.6**	**100.3**	**100.6**	**100.2**	**101.0**
99.7	**100.3**	**100.1**	**99.5**	**99.6**	**99.5**
99.8	**100.3**	**99.0**	**99.7**	**98.9**	**99.1**
100.1	**100.5**	**100.3**	**100.1**	**100.0**	**100.3**
100.4	**100.9**	**100.6**	**100.4**	**100.3**	**100.6**
99.9	**100.4**	**99.6**	**100.0**	**99.7**	**99.8**
100.0	**100.3**	**97.8**	**100.0**	**98.1**	**98.7**
99.4	99.9	96.7	99.7	97.1	98.1
100.5	97.2	95.1	98.2	99.8	100.0
107.4	111.5	106.0	108.3	87.3	103.2
100.2	99.5	98.9	104.4	107.1	97.6
99.4	100.6	100.5	98.3	102.0	96.9
97.8	98.9	93.0	96.0	87.8	96.7
92.4	93.3	89.8	94.6	91.4	89.2
105.5	101.0	97.0	100.7	97.5	100.0
97.2	100.6	90.6	98.8	94.3	93.3
97.5	100.3	98.5	100.2	98.9	95.1
100.0	99.7	99.6	100.3	100.4	98.2
103.0	103.9	102.6	106.6	99.0	105.5
100.5	105.0	102.2	100.4	106.1	100.2
99.9	104.9	99.5	101.6	100.9	99.5
100.3	103.6	100.1	101.3	100.9	100.4
100.2	101.0	101.4	101.9	99.7	100.5
101.6	102.3	101.1	100.2	99.9	100.4
100.5	102.5	101.0	100.0	99.7	100.0
105.5	101.7	101.6	100.7	100.5	101.3
101.8	100.3	100.6	101.2	102.9	100.2
100.3	**100.8**	**102.2**	**101.2**	**99.2**	**100.7**
100.3	99.8	102.3	100.7	99.2	101.1
100.7	101.0	101.7	99.8	97.4	100.7
100.4	99.2	102.3	102.2	100.8	100.8
99.4	99.5	103.6	98.6	97.6	102.8
100.1	99.2	100.2	99.5	100.2	100.0
100.0	102.2	100.0	99.6	100.0	102.4
100.4	104.4	101.8	102.9	99.3	99.2
100.4	104.4	101.8	102.9	99.3	99.2
100.0	100.0	100.0	100.0	100.0	100.0

3-6 续表 4

(上年＝100)

指 标	Item	临汾市 Linfen	吕梁市 Lvliang
居住	**Residence**	**101.0**	**99.5**
租赁房房租	Rent of Rental Housing	100.8	100.0
住房保养维修及管理	Housing Maintenance and Management	100.0	99.7
住房装潢材料	Housing Decoration Materials	98.5	99.2
住房维修管理费用	Housing Maintenance and Management Expenses	100.9	100.0
水电燃料	Water, Electricity and Fuels	99.9	101.7
水	Water	100.0	100.0
电	Electricity	100.0	100.0
燃气	Gas	99.4	100.2
其他水电燃料类	Other Water, Electricity and Fuels	100.0	104.2
自有住房	Home-ownership	101.6	98.8
生活用品及服务	**Household Facilities, Articles and Services**	**100.4**	**99.5**
家具及室内装饰品	Furniture and Interior Decorations	100.4	99.1
家具	Furniture	100.3	98.9
室内装饰品	Upholstery	101.5	101.5
家用器具	Home Appliances	99.3	99.3
大型家用器具	Large Household Appliances	99.4	99.3
小家电	Small Home Appliances	98.6	99.0
家用纺织品	Home Textiles	103.5	99.9
床上用品	Bedding Article	104.6	100.0
窗帘门帘	Curtain	100.0	99.3
其他家用纺织品	Other Household Textiles	100.0	100.0
家庭日用杂品	Daily Use Household Articles	99.9	98.9
洗涤卫生用品	Washing Sanitary Articles	99.7	97.8
厨具餐具茶具	Kitchenware, Tableware, Tea set	100.6	100.4
其他家庭日用杂品	Other Family Daily Sundry Goods	99.6	99.7
个人护理用品	Personal-care Supplies	100.9	100.4
化妆品	Cosmetics	101.1	100.7
其他护理用品类	Other Types of Care Products	100.6	100.0
家庭服务	Household Services	100.1	100.0
交通通信	**Transport and Communications**	**98.3**	**99.1**
交通	Transport	97.8	99.2
交通工具	Transport Facility	98.0	99.6
交通工具用燃料	Fuels for Transport Facility	94.5	94.5
交通工具使用和维修	Use and Maintenance of Transport Facility	100.4	104.2
交通费	Traffic Fee	102.5	106.0
通信	Communications	99.7	98.9

continued

(preceding year=100)

浑源县 Hunyuan	襄垣县 Xiangyuan	太谷区 Taigu	洪洞县 Hongtong	兴　县 Xingxian	汾阳市 Fenyang
100.3	**100.5**	**100.1**	**100.1**	**100.2**	**101.4**
100.0	100.0	100.0	100.1	100.0	101.8
100.8	102.9	100.4	99.5	101.1	100.5
101.5	98.5	100.9	98.7	102.2	99.8
100.3	106.1	100.0	100.0	100.0	101.0
100.4	100.4	100.4	99.8	100.0	100.2
100.0	100.0	100.0	100.0	100.0	100.0
100.0	100.0	100.0	100.0	100.0	100.0
100.0	103.5	103.2	98.3	100.5	101.8
100.7	100.0	100.0	100.0	100.0	100.0
100.1	100.0	100.0	100.5	100.0	102.1
99.6	**100.1**	**100.1**	**100.1**	**100.6**	**99.4**
98.6	100.0	100.1	100.2	103.5	100.4
98.2	99.9	100.0	100.0	103.7	100.3
101.8	100.8	101.6	101.4	101.3	101.6
98.4	99.9	99.2	98.7	99.1	98.6
98.4	100.0	99.3	98.8	99.1	98.6
98.5	99.0	98.7	98.4	98.9	98.5
101.0	100.0	100.4	100.4	100.8	98.5
100.8	100.0	100.0	100.5	101.1	97.9
101.8	100.0	102.1	100.0	100.0	100.0
100.8	100.0	100.0	100.0	100.0	100.0
100.2	99.9	100.5	99.8	100.6	99.5
100.1	99.3	101.3	99.8	100.9	99.2
100.7	100.3	99.1	100.6	100.4	99.7
100.2	100.5	99.9	99.6	100.3	99.7
100.6	100.3	100.9	101.9	100.4	100.3
100.8	100.4	100.5	103.2	100.4	100.2
100.5	100.1	101.3	100.7	100.4	100.3
100.0	102.4	100.0	104.1	100.0	100.2
98.6	**98.4**	**98.7**	**98.1**	**98.7**	**98.4**
98.6	97.6	97.9	97.5	98.1	97.6
102.1	98.6	98.8	99.5	99.7	99.6
94.4	94.5	94.5	94.4	94.4	94.5
101.0	99.7	101.8	100.0	101.7	99.7
101.1	102.6	102.8	100.4	102.1	101.3
98.6	100.0	100.1	99.2	99.9	100.0

3-6 续表 5

(上年＝100)

指 标	Item	临汾市 Linfen	吕梁市 Lvliang
通信工具	Communication Tools	99.2	97.2
通信服务	Communication Services	100.0	100.0
邮递服务	Postal Service	100.0	100.0
教育文化娱乐	**Education, Cultural and Recreation**	**99.6**	**99.0**
教育	Education	99.2	95.3
教育用品	Eduction Articles	101.9	97.5
教育服务	Education Services	99.0	95.2
文化娱乐	Culture and Recreation	100.2	105.8
文娱耐用消费品	Durable Consumer Goods for Culture and Recreation	99.6	99.7
其他文娱用品	Other Articles	100.6	99.7
文化娱乐服务	Services for Culture and Recreation	99.0	100.6
旅游	Touring and Outing	101.6	119.9
医疗保健	**Health Care**	**100.2**	**98.9**
药品及医疗器具	Medicine and Medical Instrument	100.5	97.8
中药	Traditional Chinese Medicines	101.6	106.9
西药	Western Medicines	100.4	93.4
滋补保健品	Nourishing Health Care Products	100.0	100.9
医疗卫生器具	Medical Sanitation	100.2	99.8
保健器具	Health Care Appliance	100.0	101.9
医疗服务	Medical Services	100.0	99.5
综合医疗类	Synthetic Medicine	100.0	101.8
诊断类	Diagnostic Class	100.0	100.0
治疗类	Therapeutic Category	100.0	97.1
康复类	Rehabilitation Class	100.0	102.3
中医医疗服务类	Chinese Medicine Medical Services	100.0	100.0
其他医疗保健服务	Other Healthcare Services	100.0	100.1
其他用品及服务	**Other Articles and Services**	**103.0**	**101.9**
其他用品	Other Articles	105.1	102.8
首饰手表	Jewellery Watches	109.6	105.4
母婴用品	Mother and Baby Supplies	100.8	100.7
其他杂项用品	Other Miscellaneous Goods	100.0	100.0
其他服务	Other Services	100.8	100.9
在外住宿	Outside Accommodation	102.1	100.0
美容美发洗浴	Hairdressing & Beauty and Bath	100.1	100.0
养老服务	Pension Services	100.0	105.3
金融及保险服务	Financial and Insurance Services	101.1	101.3
中介法律及其他服务	Intermediary Laws and Other Services	100.0	100.0

continued

(preceding year=100)

浑源县 Hunyuan	襄垣县 Xiangyuan	太谷区 Taigu	洪洞县 Hongtong	兴　县 Xingxian	汾阳市 Fenyang
95.5	99.8	100.4	97.4	99.8	100.1
100.0	100.0	100.0	100.0	100.0	100.0
100.0	100.0	100.0	100.0	100.0	100.0
100.3	**100.4**	**100.4**	**101.1**	**100.1**	**100.4**
100.0	100.5	100.7	101.3	100.2	100.2
99.9	105.3	106.1	104.6	103.4	100.6
100.0	100.0	100.2	101.1	100.0	100.2
101.6	100.3	99.4	100.4	99.5	101.0
99.6	96.5	97.0	100.1	96.5	99.5
100.7	101.0	100.1	100.7	100.0	101.4
99.9	97.0	100.1	99.3	96.7	99.9
110.7	109.9	100.2	101.8	109.8	104.7
100.4	**102.4**	**100.4**	**100.0**	**100.4**	**100.1**
101.3	106.4	100.4	99.4	101.3	99.9
107.3	107.8	100.9	105.4	105.1	104.0
99.7	107.2	100.5	97.4	100.3	99.5
100.0	92.8	100.0	99.5	101.0	96.9
100.0	109.6	99.4	98.2	100.0	96.8
100.0	100.1	100.8	100.0	100.0	100.0
100.0	100.5	100.4	100.3	100.0	100.2
100.0	102.2	101.9	101.2	100.0	101.1
100.0	100.0	100.0	100.0	100.0	100.0
100.0	100.0	100.0	100.0	100.0	100.0
100.0	100.0	100.0	100.0	100.0	100.0
100.0	100.0	100.0	100.0	100.0	100.0
100.0	100.0	100.0	100.0	100.0	100.0
101.3	**102.5**	**101.8**	**102.6**	**100.9**	**101.8**
101.5	102.0	102.2	102.3	100.7	101.6
105.1	108.3	107.4	107.9	102.1	105.2
100.8	99.8	100.8	100.6	100.4	100.5
100.0	100.0	100.0	100.2	100.0	100.0
100.9	103.2	101.3	103.0	101.1	102.0
115.7	100.0	100.0	104.8	100.4	100.0
99.6	105.8	100.4	106.5	100.0	103.2
105.3	103.3	101.1	109.0	100.0	100.0
100.0	102.5	102.6	100.0	102.5	102.5
100.0	100.0	100.0	100.0	100.0	100.0

3-7 工业生产者价格指数(1990-2023年)
Industrial Producer Price Indices (1990-2023)

(上年=100) (preceding year=100)

年 份 Year	工业生产者出厂价格指数 Producer Price Index	工业生产者购进价格指数 Industrial Producer Purchase Price Index
1990	106.4	107.4
1991	106.8	108.0
1992	114.2	111.9
1993	132.5	135.9
1994	120.1	115.1
1995	113.5	113.1
1996	106.5	104.8
1997	102.2	102.0
1998	97.5	97.3
1999	95.3	97.0
2000	100.9	101.9
2001	100.3	101.8
2002	103.6	102.6
2003	112.2	107.8
2004	116.1	114.5
2005	110.2	108.2
2006	101.0	102.6

3-7 续表 continued

(上年=100) (preceding year=100)

年 份 Year	工业生产者出厂价格指数 Producer Price Index	工业生产者购进价格指数 Industrial Producer Purchase Price Index
2007	107.4	105.3
2008	122.4	118.3
2009	92.0	96.6
2010	109.5	109.0
2011	107.5	108.1
2012	94.5	98.1
2013	90.7	95.5
2014	91.4	96.2
2015	87.7	93.1
2016	96.8	98.1
2017	119.4	115.2
2018	106.7	105.5
2019	99.7	101.1
2020	96.7	97.2
2021	130.2	116.3
2022	111.4	109.7
2023	91.3	94.7

3-8 按工业部门分工业生产者出厂价格指数(1990-2023年)

(上年=100)

年 份 Year	冶金工业 Metallurgical Industry	电力工业 Power Industry	煤炭及炼焦工业 Coal and Coking Industry	石油工业 Petroleum Industry	化学工业 Chemical Industry	机械工业 Machine Industry
1990	100.4	94.3	121.0		100.8	99.9
1991	107.8	118.4	108.1		102.1	101.0
1992	112.4	109.1	126.4		104.0	107.0
1993	168.0	128.3	138.7		112.3	122.9
1994	99.0	116.8	131.6		111.6	108.2
1995	99.8	103.7	112.2		126.4	105.5
1996	96.9	112.9	114.0		105.7	103.2
1997	97.2	111.4	106.5		93.8	100.1
1998	95.8	105.3	96.4		94.1	100.0
1999	95.8	100.4	92.1		93.4	99.3
2000	106.3	101.4	99.6	113.7	98.5	98.5
2001	100.0	103.2	107.0	117.9	99.7	97.8
2002	96.9	100.2	115.8	106.3	98.8	99.7
2003	116.9	108.0	119.2	100.2	102.3	99.7
2004	125.7	103.3	121.1	103.2	108.7	105.8
2005	104.6	105.3	119.3	102.6	111.2	103.6
2006	98.3	102.6	102.1	106.7	100.3	101.8
2007	112.0	103.3	106.7	100.9	105.9	101.7
2008	120.6	105.3	134.3	107.4	114.8	105.8
2009	78.3	106.7	95.0	105.7	94.2	99.1
2010	114.3	105.7	110.5	101.2	102.8	98.9
2011	108.1	101.9	109	109.1	111.3	101.3
2012	88.1	105.8	93.1	100.8	99.5	99.5
2013	91.7	99.7	85.3	98.3	96.4	98.0
2014	95.8	99.7	85.1	101.6	96.8	97.7
2015	85.9	101.0	81.6	96.4	98.3	98.2
2016	96.1	95.5	97.4	92.3	95.9	97.1
2017	120.4	98.9	134.0	105.4	106.6	101.6
2018	109.1	100.6	109.1	105.9	105.6	100.9
2019	101.3	100.9	98.3	98.3	98.9	99.7
2020	98.6	100.0	93.6	93.0	96.9	98.7
2021	129.2	99.5	154.0	110.8	115.7	100.5
2022	94.0	109.6	120.5	114.8	106.1	102.1
2023	91.4	98.6	84.8	98.4	93.8	99.1

注：2002年起，石油工业纳入工业生产者出厂价格统计调查范围(以下相关表同)。

Producer Price Indices for Industrial Products by Sector (1990-2023)

(preceding year=100)

建筑材料工业 Building Materials Industry	森林工业 Timber Industry	食品工业 Food Industry	纺织工业 Textile Industry	造纸工业 Paper Making Industry	其他工业 Other Industry
100.9	100.1	104.0	98.0	101.3	103.8
105.3	129.6	103.6	105.3	98.8	125.8
108.7	107.2	109.1	103.4	100.7	108.9
140.8	107.5	107.0	105.1	104.1	132.4
104.8	116.3	120.1	142.2	104.7	142.4
107.7	113.9	127.9	124.2	139.4	130.6
105.4	108.8	108.1	95.9	108.5	105.6
102.6	101.9	103.8	92.9	95.4	112.8
98.1	101.3	97.0	95.5	92.7	105.1
102.1	94.5	98.2	94.4	98.5	102.4
102.1	103.2	99.7	103.5	96.7	98.7
99.9	99.6	100.3	97.4	100.5	108.6
98.9	95.8	100.7	88.4	99.7	104.7
103.0	99.1	101.2	113.6	98.9	102.8
105.7	98.4	105.3	115.1	102.1	105.0
103.9	102.7	102.6	90.9	103.0	104.7
102.9	100.1	101.8	105.1	102.3	103.4
102.9	101.9	108.8	99.1	102.2	105.8
109.3	100.2	112.1	99.5	107.7	110.0
106.2	100.9	96.2	97.6	95.4	99.2
98.5	104.8	105.4	116.9	105.5	102.5
101.8	102.7	108.8	115.1	107.6	104.3
97.9	100.2	101.2	92.8	99.6	100.3
95.8	97.8	102.4	100.7	97.1	98.0
94.8	100.2	101.8	99.7	99.1	99.7
97.5	100.1	98.3	94.7	98.1	98.9
97.1	96.9	100.7	97.0	97.5	96.4
116.5	99.6	99.3	99.6	120.7	110.9
108.1	102.8	100.9	100.5	110.9	108.8
108.6	104.0	101.7	102.2	97.3	87.2
100.2	96.3	102.8	94.2	96.1	93.8
101.9	103.0	100.8	102.1	110.1	95.7
108.5	101.9	102.3	111.9	106.1	115.0
92.0	98.3	102.6	88.7	96.0	104.2

Note: From 2002, the petroleum industry has been included in the survey range of producer price of industrial producer.The same applies to the tables following.

3-9 分月工业生产者出厂价格指数(2023年)

(上年同月=100)

类 别	Item	全 年 Annual Year	1 月 January	2 月 February
总指数	**General Index**	**91.3**	**100.2**	**99.8**
#轻工业	# Light Industry	100.2	103.5	103.5
以农产品为原料	Using Farm Produces as Raw Materials	101.7	104.7	105.5
以非农产品为原料	Using Non-farm Produces as Raw Materials	98.0	101.7	100.5
重工业	Heavy Industry	90.7	100.0	99.6
采掘	Mining and Quarrying	85.8	101.5	103.4
原材料	Raw Material	92.1	101.0	98.1
加工	Processing	94.4	96.8	95.8
#生产资料	# Means of Production	90.2	99.6	99.3
采掘	Mining and Quarrying	85.8	101.5	103.4
原材料	Raw Material	92.1	101.0	98.1
加工	Processing	93.0	95.0	94.4
生活资料	Consumer Goods	103.2	107.6	106.1
食品	Food	103.2	104.9	106.4
衣着	Clothing	98.7	100.0	99.4
一般日用品	Articles for Daily Use	101.9	105.8	103.8
耐用消费品	Durable Consumers' Goods	103.9	110.4	106.8
按工业部门分	**Grouped by Department of Industry**			
冶金工业	Metallurgical Industry	91.4	90.8	90.1
电力工业	Power Industry	98.6	106.5	100.1
煤炭及炼焦工业	Coal and Coking Industry	84.8	101.3	102.9
石油工业	Petroleum Industry	98.4	108.9	105.9
化学工业	Chemical Industry	93.8	99.9	97.7
机械工业	Machine Industry	99.1	102.2	100.0
建筑材料工业	Building Materials Industry	92.0	97.9	96.8
森林工业	Timber Industry	98.3	99.0	98.7
食品工业	Food Industry	102.6	105.3	106.6
纺织工业	Textile Industry	88.7	99.2	92.1
缝纫工业	Tailoring Industry	98.7	100.0	99.4
皮革工业	Leather Industry			
造纸工业	Paper Making Industry	96.0	99.7	97.6
文教艺术用品工业	Cultural, Educational and Handicraft Articles	99.1	98.0	98.3
其他工业	Other Industry	104.2	114.8	114.3

Producer Price Indices for Industrial Products by Month (2023)

(same month of the preceding year=100)

3 月 March	4 月 April	5 月 May	6 月 June	7 月 July	8 月 August	9 月 September	10 月 October	11 月 November	12 月 December
97.4	**90.8**	**86.5**	**84.7**	**87.1**	**90.9**	**90.5**	**89.8**	**88.6**	**89.2**
103.8	102.9	101.3	99.8	99.2	100.1	99.1	98.2	96.3	95.1
105.8	104.8	102.4	100.9	100.7	102.5	101.1	98.8	96.8	96.4
100.7	100.0	99.5	98.1	97.0	96.7	96.1	97.2	95.5	93.1
97.0	90.1	85.7	83.8	86.3	90.3	90.0	89.3	88.1	88.8
98.6	89.6	83.7	78.1	79.1	81.2	80.5	79.7	77.5	78.1
96.4	89.2	83.7	83.8	86.1	94.4	93.5	93.9	92.6	93.9
94.8	90.6	89.2	90.1	94.6	95.8	96.8	95.8	96.8	96.8
96.7	89.6	85.0	83.2	85.6	89.8	89.4	88.8	87.7	88.4
98.6	89.6	83.7	78.1	79.1	81.2	80.5	79.7	77.5	78.1
96.4	89.2	83.7	83.8	86.1	94.4	93.5	93.9	92.6	93.9
93.4	88.8	87.1	88.4	92.8	94.5	95.4	94.9	96.3	96.1
106.3	105.8	105.3	102.9	103.7	103.1	102.7	100.4	98.2	97.9
107.1	105.9	104.4	103.0	102.7	104.4	102.6	100.9	98.6	97.9
99.5	99.5	98.3	98.3	98.3	98.3	98.3	98.3	98.3	98.3
103.3	102.9	102.0	100.6	100.6	101.0	101.5	102.0	101.2	98.2
106.8	106.8	107.2	103.7	105.7	103.0	103.4	99.6	97.1	97.8
89.0	83.9	81.9	84.3	91.7	95.7	97.5	97.3	99.9	99.5
102.5	101.5	100.0	96.6	93.3	99.7	95.9	97.8	93.9	95.8
97.5	86.1	78.4	74.7	76.7	81.6	80.8	80.3	78.2	79.1
101.8	98.3	95.7	96.1	96.5	94.8	94.2	94.6	98.4	96.1
95.9	92.9	89.7	88.2	88.8	91.5	96.1	95.7	95.5	94.7
100.8	101.1	100.5	98.9	99.7	98.5	98.3	96.9	95.7	96.4
96.3	90.6	90.4	92.1	93.8	91.4	89.2	88.7	88.4	88.6
98.7	98.7	97.3	98.4	98.9	98.6	98.1	98.0	98.0	97.1
107.1	106.0	103.7	102.0	101.7	103.6	102.1	99.7	97.4	96.9
88.7	87.4	84.8	85.4	86.4	88.1	86.1	85.6	89.0	92.9
99.5	99.5	98.3	98.3	98.3	98.3	98.3	98.3	98.3	98.3
97.9	97.7	96.1	95.1	95.8	95.9	95.7	94.0	93.9	93.4
99.1	99.2	99.3	99.0	98.5	99.5	99.5	99.4	99.7	99.1
110.2	108.7	108.3	104.2	102.4	100.2	98.8	97.7	97.9	95.3

3-10 分行业工业生产者出厂价格指数(2023年)

(上年同月=100)

类别	Item	全年 Annual Year	1月 January
煤炭开采和洗选业	Mining and Washing of Coal	85.3	101.3
石油和天然气开采业	Extraction of Petroleum and Natural Gas	85.4	117.4
黑色金属矿采选业	Mining and Processing of Ferrous Metal Ores	97.0	97.8
有色金属矿采选业	Mining and Processing of Non-Ferrous Metal Ores	110.2	111.5
非金属矿采选业	Mining and Processing of Non-Metal Ores	101.0	102.1
农副食品加工业	Processing of Food from Agricultural Products	99.0	106.7
食品制造业	Manufacture of Foods	101.7	103.7
酒、饮料和精制茶制造业	Manufacture of Liquor, Beverages and Refined Tea	108.4	106.4
烟草制品业	Manufacture of Tobacco	100.0	100.0
纺织业	Manufacture of Textile	88.7	99.2
纺织服装、服饰业	Manufacture of Textile, Wearing Apparel and Accessories	98.7	100.0
木材加工和木、竹、藤、棕、草制品业	Processing of Timber, Manufacture of Wood, Bamboo, Rattan, Palm and Straw Products	96.2	97.8
家具制造业	Manufacture of Furniture	100.0	100.0
造纸和纸制品业	Manufacture of Paper and Paper Products	96.0	99.7
印刷和记录媒介的复制业	Printing and Reproduction of Recording Media	98.8	97.5
文教、工美、体育和娱乐用品制造业	Manufacturing of Culture and Education, Arts and Crafts, Sporting and Entertainment Goods	105.2	109.2
石油、煤炭及其他燃料加工业	Petroleum, Coal & Other Fuel Processing Industry	82.4	101.4
化学原料和化学制品制造业	Manufacture of Raw Chemical Materials and Chemical Products	92.7	99.5
医药制造业	Manufacture of Medicines	101.2	105.5
橡胶和塑料制品业	Manufacture of Rubber and Plastics Products	96.3	97.4
非金属矿物制品业	Manufacture of Non-metallic Mineral Products	94.0	102.0
黑色金属冶炼和压延加工业	Smelting and Pressing of Ferrous Metals	88.7	88.7
有色金属冶炼和压延加工业	Smelting and Pressing of Non-ferrous Metals	98.3	95.2
金属制品业	Manufacture of Metal Products	97.2	98.3
通用设备制造业	Manufacture of General Purpose Machinery	94.0	96.1
专用设备制造业	Manufacture of Special Purpose Machinery	99.1	101.1
汽车制造业	Manufacture of Automobiles	95.0	99.3
铁路、船舶、航空航天和其他运输设备制造业	Manufacture of Railway, Ship, Aerospace and Other Transport Equipments	99.6	100.1
电气机械和器材制造业	Manufacture of Electrical Machinery and Apparatus	95.4	101.6
计算机、通信和其他电子设备制造业	Manufacture of Computers, Communication and Other Electronic Equipment	103.4	106.6
仪器仪表制造业	Manufacture of Measuring Instruments and Machinery	79.0	91.3
废弃资源综合利用业	Utilization of Waste Resources	74.5	70.6
金属制品、机械和设备修理业	Repair Service of Metal Products,Machinery and Equipment	98.9	100.6
电力、热力生产和供应业	Production and Supply of Electric Power and Heat Power	98.6	106.5
燃气生产和供应业	Production and Supply of Gas	104.7	106.0
水的生产和供应业	Production and Supply of Water	102.5	100.6

Producer Price Indices for Industrial Products by Industry (2023)

(same month of the preceding year=100)

2 月 February	3 月 March	4 月 April	5 月 May	6 月 June	7 月 July	8 月 August	9 月 September	10 月 October	11 月 November	12 月 December
103.4	98.7	89.4	83.5	77.7	78.4	80.5	79.7	78.9	76.4	76.8
108.2	90.4	80.3	75.8	76.0	78.6	72.5	73.4	75.9	93.9	90.4
95.0	91.6	91.5	83.7	83.7	92.6	102.3	105.2	107.3	107.2	116.0
112.7	111.0	109.7	109.8	109.5	109.8	114.5	114.5	106.7	107.2	106.4
102.0	102.0	103.9	103.9	101.2	103.9	102.0	100.0	100.5	97.4	93.7
109.0	110.2	106.9	101.8	98.2	95.8	97.5	95.9	92.2	88.5	88.8
103.6	102.7	102.0	101.1	101.2	101.7	102.0	102.3	100.3	100.0	99.8
107.9	108.5	109.3	108.7	107.8	109.6	113.7	110.5	109.0	106.4	103.9
100.0	100.0	100.0	100.0	100.0	100.0	100.0	100.0	100.0	100.0	100.0
92.1	88.7	87.4	84.8	85.4	86.4	88.1	86.1	85.6	89.0	92.9
99.4	99.5	99.5	98.3	98.3	98.3	98.3	98.3	98.3	98.3	98.3
97.1	97.1	97.1	94.0	96.4	97.4	96.8	95.7	95.5	95.5	93.6
100.0	100.0	100.0	100.0	100.0	100.0	100.0	100.0	100.0	100.0	100.0
97.6	97.9	97.7	96.1	95.1	95.8	95.9	95.7	94.0	93.9	93.4
97.8	98.9	99.0	99.2	98.8	98.1	99.4	99.3	99.3	99.7	98.9
109.2	109.2	109.2	109.2	109.2	109.2	100.0	100.0	100.0	100.0	100.0
101.0	93.3	75.7	62.8	64.6	70.8	85.2	84.5	84.9	84.7	87.2
97.2	95.0	91.4	87.5	86.0	86.6	90.0	95.9	95.1	95.0	94.8
102.9	102.4	101.7	101.2	99.6	100.2	100.7	100.9	101.6	101.1	97.5
97.7	97.3	97.6	97.2	96.3	96.8	94.7	94.8	94.8	95.7	95.8
101.2	99.5	94.4	94.2	94.2	94.7	92.2	90.0	88.7	88.5	88.3
88.5	86.9	80.0	77.5	80.3	88.8	93.3	95.2	95.2	98.4	97.9
93.2	93.8	94.8	94.8	96.5	100.0	101.4	102.1	102.8	104.0	102.3
95.7	97.0	96.3	98.3	97.0	97.8	98.4	96.7	97.2	96.7	96.9
95.9	95.7	95.4	94.8	92.8	92.9	93.3	92.9	92.6	92.3	93.3
100.6	100.5	99.0	99.0	98.9	99.6	97.4	97.6	97.9	97.9	99.3
98.5	97.4	99.5	94.6	93.3	93.3	93.5	92.3	92.7	92.5	93.2
100.4	100.2	99.7	99.9	99.7	99.7	99.6	99.4	99.1	99.0	98.9
99.1	99.1	97.6	96.6	92.6	96.9	95.3	93.9	93.7	89.6	88.9
102.7	104.7	105.7	106.2	104.2	106.0	103.7	104.6	100.3	98.3	99.5
91.3	93.7	93.7	92.3	86.9	66.6	66.6	61.4	66.9	66.9	67.6
73.1	70.8	63.6	69.2	68.3	73.8	84.3	110.6	76.0	75.7	72.5
98.9	97.2	96.9	98.4	98.5	98.6	98.8	99.7	99.7	99.7	99.4
100.1	102.5	101.5	100.0	96.6	93.3	99.7	95.9	97.8	93.9	95.8
105.7	106.6	105.8	105.5	105.8	105.3	105.2	104.4	104.2	102.8	100.0
100.6	100.5	100.5	100.0	100.0	100.0	100.0	100.0	109.1	109.1	109.1

3-11 工业生产者购进价格分类指数(1990-2023年)

(上年＝100)

年 份 Year	总指数 General Index	燃料、动力类 Fuel and Power	黑色金属材料类 Ferrous Metals	钢 材 Rolle Steel	有色金属材料及电线类 Nonferrous Metals and Wires
1990	107.4	115.6	104.8		97.8
1991	108.0	108.0	107.7		111.8
1992	111.9	114.1	116.0		113.2
1993	135.9	133.1	174.2	171.5	125.4
1994	115.1	114.8	106.9	106.2	102.7
1995	113.1	108.2	96.8	97.5	127.2
1996	104.8	109.6	100.4	99.4	95.8
1997	102.0	108.0	98.5	97.1	94.8
1998	97.3	100.3	96.7	95.9	89.2
1999	97.0	99.7	96.2	97.9	95.3
2000	101.9	101.2	102.2	103.2	111.9
2001	101.8	103.2	104.2	102.4	94.2
2002	102.6	110.7	98.5	96.5	94.3
2003	107.8	113.5	111.9	107.6	110.8
2004	114.5	115.0	122.7	118.5	130.1
2005	108.2	113.2	105.5	107.0	115.8
2006	102.6	104.5	97.2	100.4	124.5
2007	105.3	105.3	108.4	105.2	109.0
2008	118.3	123.2	127.2	119.2	103.1
2009	96.6	101.8	82.6	88.2	81.2
2010	109.0	104.9	110.1	103.6	119.9
2011	108.1	106.2	108.6	105.3	110.4
2012	98.1	98.2	95.9	96.9	95.3
2013	95.5	94.7	95.0	96.1	90.7
2014	96.2	94.3	96.2	96.3	97.5
2015	93.1	93.2	90.6	94.0	93.0
2016	98.1	100.5	94.4	94.0	94.0
2017	115.2	119.8	113.1	108.3	120.1
2018	105.5	104.6	108.5	108.3	105.8
2019	101.1	99.1	106.6	101.0	97.6
2020	97.2	93.5	103.1	97.9	99.7
2021	116.3	123.5	119.5	116.5	115.8
2022	109.7	118.2	100.5	104.1	112.7
2023	94.7	92.1	94.5	91.7	96.5

注：从2011年起，原材料、燃料、动力购进价格指数改称为工业生产者购进价格指数。

Purchasing Price Indices for Industrial Producers (1990-2023)

(preceding year=100)

化工原料类 Raw Chemical Materials	木材及纸浆类 Timber and Paper Pulp	建筑材料及非金属类 Building Material and Non-metallic	其他工业原材料及半成品类 Other Materials and Semi-finished Category	农副产品类 Agricultural Products	纺织原料类 Textile Materials
103.0	105.6	103.7		98.8	110.8
106.0	115.2	106.6		102.3	112.0
101.5	112.6	121.4	130.5	103.6	104.8
110.1	136.7	161.1	127.8	107.6	99.7
109.1	123.4	102.6	119.3	133.4	152.8
130.0	118.8	102.9	118.8	136.6	124.5
101.9	101.3	100.0	97.8	110.0	96.8
95.3	98.9	101.3	100.8	97.7	93.9
94.5	100.0	96.9	96.8	94.3	91.0
94.8	102.7	99.7	93.6	85.8	82.7
105.1	99.4	99.9	97.4	99.0	98.5
97.9	102.8	100.9	100.5	103.1	98.5
98.2	101.9	101.6	99.3	99.1	95.5
106.1	100.1	99.6	104.4	103.2	109.8
111.4	103.1	106.8	114.0	114.9	109.6
107.8	104.5	105.1	104.6	105.0	101.8
101.4	100.8	101.4	101.8	103.4	102.3
104.2	101.0	101.3	105.5	108.6	115.1
114.9	108.5	118.8	112.6	118.2	104.9
86.2	98.1	107.5	96.5	97.7	99.5
112.2	103.5	98.2	102.5	118.8	111.4
112.6	108.7	102.5	105.3	114.8	119.3
101.9	108.0	111.6	98.3	96.1	94.9
97.5	100.1	100.5	98.4	98.1	98.0
96.5	100.4	98.0	100.0	99.6	96.6
90.0	99.3	94.7	99.6	98.8	93.4
97.7	99.7	98.6	98.6	98.8	97.7
111.6	107.8	104.8	103.8	101.2	102.2
104.6	105.1	111.1	102.6	101.0	100.2
96.6	98.1	100.4	100.6	98.9	100.6
92.6	97.1	90.8	100.2	101.8	98.7
113.5	108.3	107.5	102.5	107.1	98.5
115.6	102.7	108.3	102.5	103.7	107.3
90.5	96.2	98.1	98.7	99.8	88.8

Note: From 2011, the purchasing price index for raw materials, fuel and power changed to the purchasing price index for industrial producers.

3-12 分月工业生产者购进价格指数(2023年)

(上年同月=100)

类 别	Item	全 年 Annual Year	1 月 January
总指数	**General Index**	**94.7**	**101.2**
燃料、动力类	Fuel and Power	92.1	106.3
黑色金属材料类	Material of Black Metal	94.5	96.4
#钢材	#Rolled Steel	91.7	94.4
其他	Other	102.3	102.5
有色金属材料及电线类	Nonferrous Metals and Electric Wire	96.5	97.7
化工原料类	Raw Chemical materials	90.5	96.3
木材及纸浆类	Timber and Paper Pulp	96.2	100.0
建筑材料及非金属类	Building Material and Non-metallic	98.1	102.0
其他工业原材料及半成品类	Other Industrial Raw Material and Semi-finished Category	98.7	98.6
农副产品类	Agricultural and Side-line Produces	99.8	102.8
纺织原料类	Raw Textile Material	88.8	100.8

3-13 太原市商品住宅销售价格指数(2013-2023年)

(上年同月=100)

年 份 Year	新建商品住宅价格指数 Housing Price Indices of Newly Constructed Commercial Residential Buildings											
	1 月 January	2 月 February	3 月 March	4 月 April	5 月 May	6 月 June	7 月 July	8 月 August	9 月 September	10 月 October	11 月 November	12 月 December
2013	101.4	102.5	103.3	104.7	107.0	108.2	109.1	110.0	111.3	112.5	112.5	112.1
2014	112.7	111.8	111.3	109.9	107.8	106.1	103.5	101.4	99.0	97.5	96.9	96.1
2015	95.2	94.6	94.5	94.6	94.6	95.1	96.8	98.0	99.5	100.2	100.9	101.5
2016	101.8	102.2	102.3	102.1	101.8	102.3	101.9	102.1	102.3	102.4	102.3	102.6
2017	103.0	103.4	103.5	105.0	106.0	106.6	107.2	107.1	107.1	107.4	107.6	107.9
2018	107.8	107.5	107.6	107.7	107.5	106.9	107.7	109.5	110.0	109.8	110.8	111.2
2019	111.7	112.6	112.4	111.6	111.2	111.2	110.0	108.9	108.3	107.7	106.4	104.6
2020	102.9	102.1	101.7	101.3	101.4	101.4	101.2	100.1	99.3	99.0	98.5	99.0
2021	99.2	99.2	98.9	98.9	98.7	97.9	98.0	98.0	97.8	97.9	97.7	97.1
2022	97.4	97.1	97.1	96.3	95.7	96.0	95.7	95.5	95.5	95.3	95.1	95.4
2023	95.6	96.5	96.8	97.7	98.6	98.4	98.8	99.5	99.7	99.6	100.1	101.2

Purchasing Price Indices for Industrial Producers by Month (2023)

(same month of the preceding year=100)

2 月 February	3 月 March	4 月 April	5 月 May	6 月 June	7 月 July	8 月 August	9 月 September	10 月 October	11 月 November	12 月 December
101.1	**98.7**	**94.6**	**92.0**	**90.4**	**91.6**	**92.5**	**93.3**	**93.5**	**94.1**	**94.3**
105.3	101.3	92.4	89.9	87.1	86.9	86.7	87.6	87.6	87.3	88.8
98.7	97.7	94.5	88.9	88.5	91.1	93.0	94.4	95.7	98.2	98.3
94.6	93.7	92.5	88.0	87.8	89.4	90.7	91.3	91.5	93.1	93.5
110.9	109.6	100.1	90.7	89.7	95.8	99.4	102.9	107.2	112.5	111.0
97.7	90.6	92.1	91.7	91.4	96.9	98.7	100.8	99.4	103.4	99.0
94.6	90.1	87.4	87.6	85.5	86.0	91.4	91.2	91.7	92.0	93.3
99.9	96.9	97.5	96.2	96.1	95.0	92.5	94.5	94.7	94.6	97.3
99.5	98.0	97.9	95.6	95.7	96.9	96.5	99.6	99.6	98.6	97.6
97.8	99.1	99.6	98.5	97.1	98.7	99.1	99.0	99.4	99.1	98.1
103.4	102.3	103.1	100.4	99.3	98.3	99.6	98.5	97.6	97.5	95.7
97.7	87.9	88.1	87.1	86.4	87.0	86.8	86.0	86.2	85.3	86.5

Price Indices of Commercial Housing Sales of Taiyuan (2013-2023)

(same month of the preceding year=100)

二手住宅价格指数 Housing Price Indices of Second-Hand Residential Buildings											
1 月 January	2 月 February	3 月 March	4 月 April	5 月 May	6 月 June	7 月 July	8 月 August	9 月 September	10 月 October	11 月 November	12 月 December
106.0	106.7	106.9	106.8	106.1	106.2	106.2	105.5	105.1	104.8	104.4	104.1
103.8	103.4	103.1	103.4	103.2	102.7	101.2	100.5	99.0	97.6	97.1	96.5
96.2	95.5	95.4	95.1	95.2	95.6	97.0	97.9	99.0	100.1	100.7	101.2
101.8	101.9	102.3	102.3	101.9	102.1	102.5	102.8	103.0	103.7	104.0	103.9
104.7	105.4	105.4	106.5	107.3	107.4	107.1	106.9	107.0	106.7	106.9	107.9
108.3	107.2	108.3	108.7	109.0	108.8	109.5	110.1	111.0	110.5	110.9	109.9
109.2	109.8	108.2	108.2	107.9	107.6	107.6	107.0	106.5	106.0	104.5	104.0
103.3	102.4	103.8	101.9	100.4	99.1	97.7	97.7	96.6	96.5	96.7	96.9
97.1	97.4	96.0	96.3	96.9	97.9	98.6	97.8	97.9	97.9	97.3	96.2
96.0	95.6	95.1	93.8	94.7	95.2	94.5	94.5	94.5	94.3	94.8	95.3
95.3	96.1	96.9	98.1	97.8	96.8	97.1	97.2	97.0	97.2	97.2	97.1

3-14 太原市商品住宅销售价格指数(2023年)

(上年同月=100)

指　标	Item	1 月 January	2 月 February
新建商品住宅价格指数	**Housing Price Indices of Newly Constructed Commercial Residential Buildings**	**95.6**	**96.5**
90平方米及以下	$90m^2$ and Below	95.4	96.4
90～144平方米	90～$144m^2$	95.4	96.0
144平方米以上	Above $144m^2$	96.2	97.6
二手住宅价格指数	**Housing Price Indices of Second-Hand Residential Buildings**	**95.3**	**96.1**
90平方米及以下	$90m^2$ and Below	95.4	96.1
90～144平方米	90～$144m^2$	95.3	96.2
144平方米以上	Above $144m^2$	94.9	95.6

3-15 太原市商品住宅销售价格环比指数(2023年)

(上月=100)

指　标	Item	1 月 January	2 月 February
新建商品住宅价格指数	**Housing Price Indices of Newly Constructed Commercial Residential Buildings**	**100.2**	**100.5**
90平方米及以下	$90m^2$ and Below	100.2	100.1
90～144平方米	90～$144m^2$	100.1	100.5
144平方米以上	Above $144m^2$	100.3	100.7
二手住宅价格指数	**Housing Price Indices of Second-Hand Residential Buildings**	**99.7**	**100.3**
90平方米及以下	$90m^2$ and Below	99.6	100.1
90～144平方米	90～$144m^2$	99.8	100.4
144平方米以上	Above $144m^2$	99.6	100.3

Price Indices of Commercial Housing Sales of Taiyuan (2023)

(same month of the preceding year=100)

3 月 March	4 月 April	5 月 May	6 月 June	7 月 July	8 月 August	9 月 September	10 月 October	11 月 November	12 月 December
96.8	**97.7**	**98.6**	**98.4**	**98.8**	**99.5**	**99.7**	**99.6**	**100.1**	**101.2**
96.6	97.1	98.1	97.5	98.0	99.6	99.8	99.7	100.5	101.1
96.5	97.7	98.7	98.7	99.1	99.4	99.6	99.5	100.0	101.4
97.5	97.9	98.7	98.4	98.8	99.6	99.9	99.9	100.0	100.8
96.9	**98.1**	**97.8**	**96.8**	**97.1**	**97.2**	**97.0**	**97.2**	**97.2**	**97.1**
97.0	98.5	97.9	96.9	97.4	97.4	97.2	96.9	96.6	96.2
97.1	98.0	98.0	96.9	97.1	97.4	97.1	97.7	97.9	98.0
96.2	97.1	97.1	96.1	96.4	96.1	96.0	96.8	97.2	97.3

Price Chains Indices of Commercial Housing Sales of Taiyuan (2023)

(preceding month=100)

3 月 March	4 月 April	5 月 May	6 月 June	7 月 July	8 月 August	9 月 September	10 月 October	11 月 November	12 月 December
100.1	**100.3**	**100.7**	**99.8**	**100.1**	**100.2**	**99.6**	**99.5**	**99.7**	**100.4**
100.0	100.1	100.9	99.9	100.1	100.5	99.5	99.8	99.7	100.2
100.3	100.4	100.6	99.9	100.0	100.0	99.9	99.6	99.8	100.4
99.8	100.1	100.8	99.8	100.1	100.4	99.2	99.2	99.6	100.6
100.2	**99.6**	**100.3**	**99.5**	**100.1**	**99.7**	**99.3**	**99.6**	**99.6**	**99.2**
100.0	99.8	100.2	99.4	100.0	99.7	99.4	99.5	99.3	99.1
100.5	99.5	100.3	99.6	100.1	99.7	99.3	99.7	99.8	99.2
100.4	99.3	100.5	99.4	100.1	99.5	99.1	99.8	99.9	99.4

3-16 农产品生产者价格指数(2013-2023年)

(上年=100)

指　标	Item	2013	2014	2015
农产品生产者价格指数	**Producer Price Indices for Farm Products**	**106.1**	**101.5**	**95.8**
农业产品	**Agriculture Products**	**105.7**	**101.4**	**94.5**
谷物	Cereal	103.2	100.7	95.0
小麦	Wheat	107.4	105.1	99.6
玉米	Corn	102.0	99.5	94.4
薯类	Tubers	121.1	96.2	93.0
油料	Oil-bearing Crops	101.1	95.5	100.0
花生	Peanut		83.3	100.0
豆类	Beans	107.1	106.7	103.5
大豆	Soybean	107.1	106.7	103.5
蔬菜及食用菌	Vegetables and Edible Fungus	112.6	91.8	100.7
蔬菜	Vegetables	112.6	91.8	100.7
叶菜类蔬菜	Leafy Vegetables	109.0	88.6	100.4
白菜类蔬菜	Chinese Cabbage Group	118.0	88.9	106.5
甘蓝类蔬菜	Brassica Vegetables	114.0		
根茎类蔬菜	Root Vegetables	115.8	99.3	76.6
瓜菜类蔬菜	Melons and Vegetables	107.3	98.5	103.6
豆类蔬菜	Leguminous Vegetables	139.0	69.0	104.6
茄果类蔬菜	Solanaceous Fruit Vegetable	98.6	97.3	97.6
莴苣及菊苣类蔬菜	Lettuce and Chicory Vegetables			
葱蒜类蔬菜	Allium Vegetables	115.7	92.8	108.8
水果及坚果	Fruit and Nuts	102.3	112.3	86.5
水果(园林水果)	Fruit(Garden Fruit)	102.3	112.4	86.4
林业产品	**Forestry Products**	**116.1**	**100.8**	**93.8**
饲养动物及其产品	**Feeding Animals and Their Products**	**107.1**	**101.7**	**98.2**
猪	Pig	99.6	90.8	108.2
牛	Cattle	130.4	104.7	100.2
羊	Sheep	108.0	98.9	88.1
活家禽	Live Poultry	100.0	112.7	97.1
禽蛋	Poultry of Eggs	107.8	111.0	96.4
奶类	Milk	113.0	107.6	88.6
动物毛类	Animal Hair	112.1	101.2	60.9
渔业产品	**Fishery Products**	**88.4**	**97.2**	**95.2**
淡水养殖产品	Fresh Water Farming Products	81.8	96.9	95.2

Producers Price Indices for Farm Products (2013-2023)

(preceding year=100)

2016	2017	2018	2019	2020	2021	2022	2023
95.2	**95.9**	**104.7**	**115.2**	**109.4**	**104.8**	**104.0**	**101.6**
91.2	**97.6**	**107.1**	**107.8**	**105.5**	**111.2**	**105.3**	**104.9**
85.7	93.3	112.7	108.1	108.2	118.3	101.4	101.2
97.5	106.5	102.3	98.5	98.2	103.7	109.2	93.1
84.0	91.4	114.3	109.6	109.6	121.3	100.5	102.6
117.8	82.7	78.3	111.0	115.5	91.9	109.9	134.9
						93.8	90.5
101.6	91.5	95.5	93.2	116.1	121.5	117.5	95.5
101.6	91.5	95.5	93.2	116.1	121.5	117.5	95.5
103.5	98.9	109.9	102.7	117.9	129.4	105.8	98.2
103.5	98.9	109.9	102.7	117.9	129.4	105.8	98.2
119.5	86.7	102.7	105.3	113.6	104.1	104.8	95.4
95.6	76.9	129.5	82.1	108.5	137.2	111.5	101.2
						88.1	129.3
116.7	100.1	96.3	120.2	107.5	122.3	107.8	96.8
106.8	80.9	115.7	120.3	113.8	91.8	99.1	102.1
100.4	160.0	119.9	107.3	123.0	115.4	99.8	89.9
98.6	102.7	100.7	104.9	133.1	103.0	111.6	98.3
						88.2	124.2
110.1	98.6	105.5	103.7	111.6	201.8	105.6	72.3
85.1	104.8	99.3	113.8	87.7	85.1	108.5	110.8
85.1	104.9	99.4	113.9	87.6	85.1	108.9	111.8
84.9	**92.3**	**71.0**	**150.0**	**103.5**	**60.0**	**100.0**	**100.5**
102.1	**92.1**	**100.9**	**128.1**	**116.8**	**94.5**	**101.9**	**95.6**
117.8	85.6	83.7	161.5	157.5	59.0	92.5	85.2
102.0	102.8	107.0	108.7	110.6	106.1	95.8	93.5
89.8	104.9	119.3	118.9	105.3	102.4	91.6	90.8
93.7	90.8	104.8	105.1	92.5	101.0	99.9	108.0
93.1	88.4	112.8	106.0	78.4	126.2	110.4	101.0
93.7	94.1	103.5	114.6	105.5	112.8	103.7	92.2
108.8	121.2	96.4	104.3	94.8	103.4	128.8	105.2
101.7	**110.5**	**110.9**	**106.3**	**95.7**	**96.5**	**101.2**	**100.3**
101.7	110.5	110.9	106.3	95.7	96.5	101.2	100.3

3-17 农产品生产者价格指数(2023年)
Producers Price Indices for Farm Products(2023)

(上年同期=100) (same period of the preceding year=100)

指　标	Item	全　年 Annual Year	一季度 First Quarter	二季度 Second Quarter	三季度 Third Quarter	四季度 Fourth Quarter
农产品生产者价格指数	**Producer Price Indices for Farm Products**	**101.6**	**104.8**	**102.6**	**101.9**	**95.6**
农业产品	**Agriculture Products**	**104.9**	**102.7**	**102.9**	**106.8**	**100.7**
谷物	Cereal	101.2	100.9	101.6	102.6	102.1
小麦	Rice	93.1		79.1	93.0	107.7
硬质小麦	Early Indica Rice	93.1		79.1	93.0	107.7
其他硬质小麦	Late Indica Rice	93.1		79.1	93.0	107.7
玉米	Corn	102.6	101.0	103.6	104.1	101.2
薯类	Tubers	134.9	104.4	200.0	137.0	103.5
油料	Oil-bearing Crops	90.5	91.5		103.6	84.8
花生	Peanut					
豆类	Beans	95.5	94.1	107.7		83.8
大豆	Soybean	95.5	94.1	107.7		83.8
生麻	Raw Hemp					
糖料	Sugar					
甘蔗	Sugar Cane					
未加工烟草	Untreated Tobacco					
蔬菜及食用菌	Vegetables and Edible Fungus	98.2	82.9	99.0	100.6	89.6
蔬菜	Vegetables	98.2	82.9	99.0	100.6	89.6
叶菜类蔬菜	Leafy Vegetables	95.4	83.8	104.1	108.8	89.9
芹菜	Celery	95.0	78.2	103.0	115.7	90.1
油菜	Rape	99.6	121.5	91.3	86.9	83.8
菠菜	Spinach	90.6	86.2	113.1	78.4	95.1
空心菜	Water Spinach					
小白菜	Bok Choy					
白菜类蔬菜	Chinese Cabbage Group	101.2	52.6	74.3	120.3	92.6
大白菜	Napa Cabbage	79.1	52.6	74.3	107.6	90.7
普通白菜	Common Chinese Cabbage	125.7			133.3	94.4
菜心(菜薹)	Chinese Flowering Cabbage					
芥菜类蔬菜	Mustard Vegetables					
叶用芥菜	Leaf Mustard					
甘蓝类蔬菜	Brassica Vegetables	129.3	120.0	220.6	114.0	112.4
青花菜	Broccoli					
芥蓝	Cabbage Mustard					

3-17 续表 1 continued

(上年同期＝100) (same period of the preceding year=100)

指 标	Item	全 年 Annual Year	一季度 First Quarter	二季度 Second Quarter	三季度 Third Quarter	四季度 Fourth Quarter
根茎类蔬菜	Root Vegetables	96.8	103.1	103.8	99.9	77.1
白萝卜	White Radish	97.1	100.7		98.6	89.3
瓜菜类蔬菜	Melons and Vegetables	102.1	99.9	96.5	102.4	109.6
黄瓜	Cucumber	102.1	99.9	96.5	102.4	109.6
冬瓜	Wax Gourd					
西葫芦	Summer Squash					
苦瓜	Balsm Pear					
南瓜	Pumpkin					
丝瓜	Luffa					
豆类蔬菜	Leguminous Vegetables	89.9		112.4	95.6	75.9
豇豆	Cowpea					
四季豆	French Beans	89.9		112.4	95.6	75.9
茄果类蔬菜	Solanaceous Fruit Vegetable	98.3	89.1	110.8	89.5	94.3
茄子	Aubergine	112.4		139.1	92.0	97.5
青椒	Green Pepper	94.0			86.7	101.2
辣椒	Capsicum					
西红柿	Tomato	95.0	89.1	108.8	89.1	92.0
莴苣及菊苣类蔬菜	Lettuce and Chicory Vegetables	124.2	142.9	128.4	96.6	113.1
生菜	Lettuce	124.2	142.9	128.9	96.6	113.1
莴笋	Asparagus Lettuce	95.4	97.2	92.3		
葱蒜类蔬菜	Allium Vegetables	72.3	67.8		88.6	56.2
韭菜	Leek					
水生蔬菜	Aquatic Vegetables					
荸荠	Chufa					
食用菌	Edible Fungus					
平菇	Oyster Mushroon					
黑木耳	Black Fungus					
黄背木耳	Auricularia Polytricha					
水果及坚果	Fruit and Nuts	110.8	125.4	85.6	109.3	110.1
水果(园林水果)	Fruit(Garden Fruit)	111.8	126.3	86.3	109.7	110.5
苹果	Apple	109.3	127.2		96.5	107.9
红富士苹果	Fuji Apple	109.3	127.2		96.5	107.9
梨	Pear	116.8	133.7		104.0	107.7
酥梨	Pear	116.8	133.7		104.0	107.7

3-17 续表 2 continued

(上年同期＝100) (same period of the preceding year=100)

指　标	Item	全　年 Annual Year	一季度 First Quarter	二季度 Second Quarter	三季度 Third Quarter	四季度 Fourth Quarter
葡萄	Grape					
巨峰葡萄	Kyoho Grape					
热带水果	Tropical Fruits					
香蕉	Banana					
龙眼	Longan					
荔枝	Lychee					
芒果	Mango					
瓜类水果	Melon Fruit					
西瓜	Watermelon					
香瓜	Muskmelon					
其他水果	Other Fruit	116.2	103.0	86.3	125.7	114.0
柿子	Persimmon					
茶及饮料原料	Tea and Beverage Raw Materials					
茶叶	Tea					
绿茶	Green Tea					
中草药材	Chinese Medicinal Herbs	199.0	123.8	256.7	251.9	177.7
林业产品	**Forestry Products**	**100.5**	**99.8**	**104.4**	**88.7**	**96.4**
育种和育苗	Breeding and Seedling Raising	100.5	99.8	104.4	88.7	96.4
木材采伐产品	Timber Harvesting Products					
原木	Log					
针叶原木	Coniferous Log					
马尾松原木	Ping Log					
杉木原条	Chinese Fir					
非针叶原木	Non Coniferous Wood					
按树原木	Eucalyptus Log					
竹材采伐产品	Bamboo Cutting Products					
林产品	Forest Product					
饲养动物及其产品	**Feeding Animals and Their Products**	**95.6**	**107.8**	**101.9**	**91.0**	**84.1**
活牲畜	Live Cattle	86.7	106.9	102.4	79.5	69.1
猪	Pig	85.2	112.9	102.4	76.9	66.0
种猪	Boar					
仔猪	Piglet					
其他活猪	Other Pigs	85.2	112.9	102.4	76.9	66.0

3-17 续表 3 continued

(上年同期＝100) (same period of the preceding year=100)

指　标	Item	全　年 Annual Year	一季度 First Quarter	二季度 Second Quarter	三季度 Third Quarter	四季度 Fourth Quarter
牛	Cattle	93.5	106.2	116.9	86.8	70.0
羊	Sheep	90.8	92.8	98.1	91.5	87.9
活家禽	Live Poultry	108.0	112.6	113.6	104.4	101.9
活鸡	Chickens	108.0	112.6	113.6	104.4	101.9
活鸭	Live Ducks					
畜禽产品	Livestock and Poultry Products	100.0	107.7	99.3	98.3	93.6
禽蛋	Poultry of Eggs	101.0	110.0	101.1	98.9	93.6
鸡蛋	Egg	101.0	110.0	101.1	98.9	93.6
鸭蛋	Duck's Egg					
蚕茧	Silkworm Cocoon					
渔业产品	**Fishery Products**	**100.3**	**98.4**	**100.0**	**101.2**	**102.1**
淡水养殖产品	Fresh Water Farming Products	100.3	98.4	100.0	101.2	102.1
养殖淡水鱼	Cultured Freshwater Fish	100.3	98.4	100.0	101.2	102.1
养殖淡水鲤鱼	Cultured Freshwater Carp	105.4		104.3	94.7	114.8
养殖淡水草鱼	Cultured Freshwater Grass Carp	102.4		103.7	100.0	
养殖淡水鳙鱼(胖头鱼)	Cultured Freshwater Bighead					
养殖淡水罗非鱼	Cultured Freshwater Tilapia					
养殖淡水鲢鱼	Cultured Freshwater Silver Carp	102.1				102.1
其他淡水养殖产品	Other Cultured Freshwater Products	105.9	98.7	102.3	112.2	110.2
淡水养殖龟	Cultured Freshwater Turtle					
淡水养殖鳖	Cultured Freshwater Turtles					

3-18 农产品集贸市场价格(2021-2023年)

单位：元/公斤

指 标	Item	1 月 January			2 月 February		
		2021	2022	2023	2021	2022	2023
粮食类	**Grain**						
籼稻	Rice						
小麦	Wheat	2.65	2.80	3.03	2.60	2.80	3.05
玉米	Corn	2.83	2.73	2.86	2.84	2.70	2.87
大豆	Soybean	7.43	7.73	8.76	7.37	7.73	8.77
粳米	Indica	6.43	6.38	6.35	6.43	6.38	6.35
经济作物类	**Economic Crops Category**						
花生仁	Peanuts	13.23	13.24	13.99	13.23	13.26	13.98
畜产品类	**Animal Products**						
活猪	Live Pig	33.70	14.64	15.00	26.92	12.20	15.60
仔猪	Piglets	108.67	27.33	31.07	104.82	26.53	40.67
猪肉	Pork	52.47	23.93	24.97	44.87	20.93	22.97
活牛	Live Cattle	34.00	35.07	35.93	34.00	35.00	35.80
牛肉	Beef	76.83	77.17	78.17	76.83	76.67	78.17
活羊	Live Sheep	31.40	29.70	29.12	32.00	29.00	29.80
羊肉	Mutton	76.80	72.67	70.67	77.47	71.87	71.07
活鸡	Live Chicken	13.56	15.88	15.32	12.35	14.48	15.54
鸡蛋	Eggs	10.65	9.81	10.85	8.26	8.29	9.80
水产品类	**Aquatic Products**						
草鱼	Grass Carp	15.00	19.33	17.67	16.67	18.67	16.67
鲤鱼	Cyprinoid	14.60	18.00	16.20	15.70	16.90	15.10
鲢鱼	Silver Carp	7.00	7.00	7.00	7.00	7.00	7.00
蔬菜类	**Vegetables**						
大白菜	Chinese Cabbage	2.57	3.19	1.51	2.37	3.27	1.55
黄瓜	Cucumber	5.77	11.13	9.33	5.40	6.30	9.23
西红柿	Tomato	5.70	11.83	7.60	5.20	9.67	6.88
菜椒	Green Pepper	10.33	10.53	10.97	11.03	7.80	10.60
四季豆	French Beans	10.91	14.20	18.27	14.77	16.27	16.60
水果类	**Fruit**						
红富士苹果	Fuji Apple	7.88	7.94	8.59	7.63	7.77	8.73
香蕉	Banana	5.47	7.43	7.57	6.31	7.46	7.26
橙子	Orange	6.40	6.60	9.00	6.73	6.60	8.53

Rural Market Fairs Prices of Agricultural Products (2021-2023)

(yuan/kg)

3 月 March			4 月 April			5 月 May			6 月 June		
2021	2022	2023	2021	2022	2023	2021	2022	2023	2021	2022	2023
2.80	2.95	2.95	2.80	3.20	2.65	2.75	3.30	2.62	2.75	3.20	2.67
2.88	2.74	2.84	2.84	2.76	2.80	2.88	2.84	2.82	2.90	2.92	2.82
7.49	7.85	8.76	7.49	7.97	8.76	7.49	8.05	8.83	7.49	8.05	8.88
6.43	6.38	6.35	6.43	6.38	6.35	6.43	6.38	6.38	6.43	6.38	6.35
13.54	13.39	14.20	13.54	13.39	14.20	13.47	13.36	14.52	13.07	13.43	14.80
25.72	11.84	14.80	22.12	13.68	14.30	18.04	14.76	14.12	12.66	16.56	14.16
106.82	25.93	44.67	91.07	36.33	42.80	68.73	45.90	41.27	43.67	47.33	37.67
40.00	18.53	22.10	33.43	21.50	21.87	27.17	22.59	21.87	21.13	26.13	22.20
34.03	35.00	35.33	33.80	35.40	34.00	33.67	35.27	33.53	33.47	34.00	28.67
76.83	77.67	77.33	74.83	77.67	76.83	74.33	77.17	76.50	74.33	76.67	73.50
32.40	28.80	29.20	32.00	28.24	29.08	30.60	26.84	28.64	30.00	26.60	27.40
77.47	72.70	71.07	77.07	72.07	70.93	75.73	69.35	70.20	73.87	67.87	68.27
13.66	14.20	16.26	13.60	14.98	15.96	13.68	14.68	16.04	12.90	15.24	15.72
8.31	9.48	10.55	9.27	10.26	10.50	9.28	10.82	10.04	8.80	9.56	9.22
18.00	18.67	16.83	21.83	20.67	16.17	22.00	19.33	16.33	22.00	19.33	16.00
17.10	17.20	15.20	19.80	19.00	14.80	23.30	16.80	16.20	23.00	16.80	16.20
7.00	7.00	7.00	7.00	7.00	7.00	7.00	7.00	7.00	7.00	7.00	7.00
2.01	4.15	1.89	2.13	3.39	2.29	1.91	2.60	2.47	1.95	2.53	3.25
6.00	8.95	5.79	4.11	4.66	4.50	3.93	3.38	4.27	4.13	3.17	3.82
4.66	9.53	8.39	5.05	7.77	7.28	3.97	5.59	5.41	3.14	4.33	4.56
8.27	11.27	9.23	6.60	8.17	6.30	5.32	5.73	6.00	4.71	4.97	5.10
13.10	20.67	12.27	9.77	11.37	12.03	8.79	9.33	10.47	8.77	8.20	10.00
7.63	7.94	8.92	7.06	7.95	9.45	6.90	8.04	11.67	8.21	10.33	11.83
6.12	7.61	7.95	5.60	9.09	7.81	5.60	8.35	7.51	5.25	7.23	7.19
7.07	6.60	8.87	7.07		10.00	9.00					

3-18 续表

单位: 元/公斤

指　标	Item	7 月 July 2021	7 月 July 2022	7 月 July 2023	8 月 August 2021	8 月 August 2022	8 月 August 2023
粮食类	**Grain**						
籼稻	Rice						
小麦	Wheat	2.75	3.20	2.65	2.75	3.15	2.65
玉米	Corn	2.90	2.93	2.90	2.89	2.92	3.00
大豆	Soybean	7.49	8.10	8.88	7.53	8.10	8.88
粳米	Indica	6.43	6.38	6.43	6.43	6.38	6.35
经济作物类	**Economic Crops Category**						
花生仁	Peanuts	13.11	13.43	14.80	12.84	13.53	15.13
畜产品类	**Animal Products**						
活猪	Live Pig	14.28	21.60	14.16	13.34	22.00	16.66
仔猪	Piglets	39.00	59.60	32.67	34.73	56.40	36.80
猪肉	Pork	23.07	33.40	21.83	22.80	32.80	25.77
活牛	Live Cattle	33.33	34.00	29.50	33.67	34.27	30.60
牛肉	Beef	75.33	76.82	72.50	78.33	77.17	73.17
活羊	Live Sheep	28.00	27.04	26.60	28.40	28.00	26.50
羊肉	Mutton	69.73	68.83	67.00	71.20	69.73	67.27
活鸡	Live Chicken	13.48	17.12	16.02	14.42	16.28	16.16
鸡蛋	Eggs	9.60	10.55	10.03	10.76	11.08	11.41
水产品类	**Aquatic Products**						
草鱼	Grass Carp	23.00	19.00	16.00	22.33	19.00	16.17
鲤鱼	Cyprinoid	21.20	16.60	16.00	17.20	16.60	16.00
鲢鱼	Silver Carp	7.00	7.00	7.00	7.00	7.00	7.00
蔬菜类	**Vegetables**						
大白菜	Chinese Cabbage	2.02	2.43	2.85	2.52	2.92	2.50
黄瓜	Cucumber	4.33	5.97	3.57	3.77	7.27	3.73
西红柿	Tomato	3.19	4.44	3.97	4.30	3.41	3.35
菜椒	Green Pepper	4.63	5.34	3.99	4.26	4.25	3.61
四季豆	French Beans	9.43	9.10	9.50	7.57	11.40	8.57
水果类	**Fruit**						
红富士苹果	Fuji Apple	8.38	10.03	12.53	10.00	11.33	12.00
香蕉	Banana	5.76	6.37	6.77	5.69	6.35	6.54
橙子	Orange						

continued

(yuan/kg)

9 月 September			10 月 October			11 月 November			12 月 December		
2021	2022	2023	2021	2022	2023	2021	2022	2023	2021	2022	2023
2.78	3.13	2.70	2.80	3.00	2.88	2.80	3.10	2.90	2.80	3.03	2.90
2.87	2.90	3.02	2.88	2.93	2.82	2.81	2.87	2.70	2.79	2.89	2.70
7.50	8.30	8.88	7.61	8.64	8.92	7.75	8.89	8.83	7.78	8.71	8.78
6.43	6.38	6.43	6.43	6.38	6.48	6.43	6.38	6.48	6.43	6.48	6.48
13.21	13.53	14.77	13.19	14.50	13.76	13.39	14.67	13.77	13.22	14.12	12.97
11.04	23.74	16.08	16.28	27.70	15.00	18.48	22.50	14.66	17.08	16.90	14.12
26.27	55.73	32.27	31.93	62.08	25.80	38.57	55.42	22.37	33.73	44.93	22.40
19.27	34.93	25.60	24.03	43.54	23.87	27.23	36.67	23.33	26.40	27.17	23.11
34.00	34.40	30.33	33.87	35.80	30.33	34.13	35.80	31.00	34.73	36.47	31.10
78.17	77.17	73.75	78.00	78.89	73.33	78.67	79.11	73.33	78.67	78.33	74.33
28.60	27.96	26.48	28.60	27.50	25.40	29.08	27.40	26.30	29.60	28.20	26.02
71.33	71.69	67.07	71.20	71.00	65.13	71.93	71.17	67.00	72.47	70.53	68.07
15.12	17.04	16.30	15.38	17.65	15.92	15.24	16.40	15.44	14.68	15.02	14.96
10.45	11.63	11.61	10.65	12.88	10.29	10.59	12.18	10.16	10.10	10.69	9.51
19.67	18.00	16.17	18.50	17.00	16.00	18.50	18.50	16.00	18.50	17.83	16.17
17.20	16.40	15.60	16.40	15.50	15.50	16.60	15.50	15.20	16.80	16.10	15.40
7.00	7.00	7.00	7.00	7.00	7.00	7.00	7.00	7.00	7.00	7.00	7.00
2.21	2.46	2.26	2.65	2.27	1.30	2.87	1.32	0.86	2.69	1.38	1.37
4.70	4.57	5.56	10.53	5.88	5.33	10.53	8.96	7.79	8.03	7.27	7.97
4.67	4.52	3.95	6.13	9.33	5.16	6.90	6.25	5.61	7.82	6.60	9.06
4.78	5.80	4.72	8.25	7.96	4.80	9.37	5.75	4.50	8.00	7.93	7.23
8.63	9.70	10.13	12.13	10.50	10.27	12.20	8.34	11.64	10.83	14.27	11.80
10.00	11.00	11.38	7.72	8.70	9.95	7.72	8.40	9.55	7.96	8.37	9.59
5.35	5.57	6.68	5.37	6.46	6.23	5.89	6.71	6.06	6.75	6.82	6.11
							10.33	6.60	6.60	9.67	6.60

3-19 分月农产品集贸市场价格(2023年)

单位：元/公斤

指 标	Item	1 月 January	2 月 February	3 月 March	4 月 April
粮食类	**Grain**				
籼稻	Rice				
小麦	Wheat	3.03	3.05	2.95	2.65
玉米	Corn	2.86	2.87	2.84	2.80
大豆	Soybean	8.76	8.77	8.76	8.76
粳米	Indica	6.35	6.35	6.35	6.35
经济作物类	**Economic Crops Category**				
花生仁	Peanuts	13.99	13.98	14.20	14.20
畜产品类	**Animal Products**				
活猪	Live Pig	15.00	15.60	14.80	14.30
仔猪	Piglets	31.07	40.67	44.67	42.80
猪肉	Pork	24.97	22.97	22.10	21.87
活牛	Live Cattle	35.93	35.80	35.33	34.00
牛肉	Beef	78.17	78.17	77.33	76.83
活羊	Live Sheep	29.12	29.80	29.20	29.08
羊肉	Mutton	70.67	71.07	71.07	70.93
活鸡	Live Chicken	15.32	15.54	16.26	15.96
鸡蛋	Eggs	10.85	9.80	10.55	10.50
水产品类	**Aquatic Products**				
草鱼	Grass Carp	17.67	16.67	16.83	16.17
鲤鱼	Cyprinoid	16.20	15.10	15.20	14.80
鲢鱼	Silver Carp	7.00	7.00	7.00	7.00
蔬菜类	**Vegetables**				
大白菜	Chinese Cabbage	1.51	1.55	1.89	2.29
黄瓜	Cucumber	9.33	9.23	5.79	4.50
西红柿	Tomato	7.60	6.88	8.39	7.28
菜椒	Green Pepper	10.97	10.60	9.23	6.30
四季豆	French Beans	18.27	16.60	12.27	12.03
水果类	**Fruit**				
红富士苹果	Fuji Apple	8.59	8.73	8.92	9.45
香蕉	Banana	7.57	7.26	7.95	7.81
橙子	Orange	9.00	8.53	8.87	10.00

Rural Market Fairs Prices of Agricultural Products by Month (2023)

(yuan/kg)

5 月 May	6 月 June	7 月 July	8 月 August	9 月 September	10 月 October	11 月 November	12 月 December
2.62	2.67	2.65	2.65	2.70	2.88	2.90	2.90
2.82	2.82	2.90	3.00	3.02	2.82	2.70	2.70
8.83	8.88	8.88	8.88	8.88	8.92	8.83	8.78
6.38	6.35	6.43	6.35	6.43	6.48	6.48	6.48
14.52	14.80	14.80	15.13	14.77	13.76	13.77	12.97
14.12	14.16	14.16	16.66	16.08	15.00	14.66	14.12
41.27	37.67	32.67	36.80	32.27	25.80	22.37	22.40
21.87	22.20	21.83	25.77	25.60	23.87	23.33	23.11
33.53	28.67	29.50	30.60	30.33	30.33	31.00	31.10
76.50	73.50	72.50	73.17	73.75	73.33	73.33	74.33
28.64	27.40	26.60	26.50	26.48	25.40	26.30	26.02
70.20	68.27	67.00	67.27	67.07	65.13	67.00	68.07
16.04	15.72	16.02	16.16	16.30	15.92	15.44	14.96
10.04	9.22	10.03	11.41	11.61	10.29	10.16	9.51
16.33	16.00	16.00	16.17	16.17	16.00	16.00	16.17
16.20	16.20	16.00	16.00	15.60	15.50	15.20	15.40
7.00	7.00	7.00	7.00	7.00	7.00	7.00	7.00
2.47	3.25	2.85	2.50	2.26	1.30	0.86	1.37
4.27	3.82	3.57	3.73	5.56	5.33	7.79	7.97
5.41	4.56	3.97	3.35	3.95	5.16	5.61	9.06
6.00	5.10	3.99	3.61	4.72	4.80	4.50	7.23
10.47	10.00	9.50	8.57	10.13	10.27	11.64	11.80
11.67	11.83	12.53	12.00	11.38	9.95	9.55	9.59
7.51	7.19	6.77	6.54	6.68	6.23	6.06	6.11
						6.60	6.60

主要指标解释

居民消费价格指数 是反映一定时期内城乡居民所购买的生活消费品和服务项目价格变动趋势和程度的相对数，是对城市居民消费价格指数和农村居民消费价格指数进行综合汇总计算的结果。通过该指数可以观察和分析消费品的零售价格和服务项目价格变动对城乡居民实际生活费支出的影响程度。

城市居民消费价格指数 是反映一定时期内城市居民家庭所购买的生活消费品价格和服务项目价格变动趋势和程度的相对数。通过该指数可以观察和分析消费品的零售价格和服务项目价格变动对城镇居民收入和消费支出的影响。

农村居民消费价格指数 是反映一定时期内农村居民家庭所购买的生活消费品价格和服务项目价格变动趋势和程度的相对数。该指数可以观察农村消费品的零售价格和服务项目价格变动对农村居民收入和生活消费支出的影响。

工业生产者出厂价格指数 是反映工业企业产品第一次出售时的出厂价格的变化趋势和变动幅度的相对数。

工业生产者购进价格指数 是反映工业企业作为中间投入产品的购进价格的变化趋势和变动幅度的相对数。

同比指数 指以去年同月为对比基期的价格指数。

环比指数 通常为月环比指数，指以上月为对比基期的价格指数。

累计比指数 指以去年同期为对比基期的价格指数。

生产资料分类指数 一般指用于生产的产品，包括采掘工业、原材料工业、加工工业三大类。

生活资料分类指数 一般指用于生活的产品，包括食品、衣着、一般日用品和耐用消费品四大类。

代表企业 填报产品价格的调查企业，称之为代表企业。代表企业是工业生产者价格资料的基层填报单位，地位十分重要。没有高质量的原始价格资料，代表产品选得再好，也无法编制出科学、可靠的工业生产者价格指数。因此，准确选择填报企业是保证价格指数代表性和准确性的重要前提。

代表产品 编制工业生产者价格指数，不可能也不必要包括全部工业产品，只要选定部分产品，用其价格变动加权计算的价格指数，来代表全部产品的价格变动。代表产品应当有充分的代表性，既能够代表该类产品的价格变动，又能够基本上反映全部产品价格变动的平均水平。被选中的代表产品与未被选中的产品之间在性质和功能上、在价格变化趋势和变动幅度上的差异越小越好，即同质度越大越好。

农产品生产者价格 是指农产品生产者第一手（直接）出售其产品时实际获得的单位产品价格。

农产品生产者价格指数 是反映农产品生产者出售农产品价格水平变动趋势及幅度的相对数。

农产品集贸市场价格 是指全国农产品主产区集贸市场主要农产品的成交价格。

Explanatory Notes on Main Statistical Indicators

Consumer Price Index A relative number that reflects the trend and degree of price changes of consumer goods and services purchased by urban and rural residents in a certain period of time, which is the result of the comprehensive calculation of the consumer price index of urban residents and the consumer price index of rural residents. Through this index, we can observe and analyze the impact of the retail prices of consumer goods and the price changes of service items on the actual living expenses of urban and rural residents.

The Consumer Price Index of Urban Residents A relative number that reflects the trend and degree of price changes of consumer goods and service items purchased by urban households in a certain period. Through this index, we can observe and analyze the impact of the retail prices of consumer goods and the price changes of service items on the income and consumption expenditure of urban residents.

The Consumer Price Index of Rural Residents A relative number that reflects the trend and degree of price changes of consumer goods and services purchased by rural households in a certain period. The index can observe the impact of retail prices of rural consumer goods and price changes of service items on rural residents' income and living consumption expenditure.

Industrial Producer Price Index A relative number that reflects the change trend and range of ex-factory prices when the products of industrial enterprises are sold for the first time.

Purchasing Price Index for Industrial Products A relative number that reflects the changing trend and range of the purchasing price of industrial enterprises as intermediate inputs.

Year-on-year Index refers to the price index based on the same month last year.

Chain Index refers to the price index of the previous month for the comparison base period.

The Cumulative Ratio Index refers to the price index based on the same period last year.

Classification Index of Means of Production refers to the products used in production, including the extractive industry, raw material industry and processing industry.

Classification Index of Means of Living refers to the products used for living, including food, clothing, general daily necessities and durable consumer goods.

Representative Enterprises The basic units to fill in and report the price information of industrial producers, and their status is very important. Without high-quality raw price data, no matter how well the products are selected, it is impossible to compile a scientific and reliable industrial producer price index. Therefore, accurate selection of reporting enterprises is an important premise to ensure the representativeness and accuracy of the price index.

Representative Products It is neither possible nor necessary to include all industrial products in the compilation of the producer price index on behalf of products, as long as the price index calculated by weighting the price changes of selected products represents the price changes of all products. Representative products should be fully representative, both to represent the price changes of such products, but also to basically reflect the average level of price changes of all products. The smaller the difference between the selected representative products and the unselected products in nature and function, in the trend of price change and the range of change, the better, that is, the greater the homogeneity, the better.

The Producer Price of Agricultural Products refers to the price per unit of product that agricultural producers actually receive when they sell their products first-hand (directly).

Producer Price Index for Agricultural Products reflects the trend and range of changes in the price level of agricultural products sold by agricultural products producers.

The Market Price of Agricultural Products refers to the transaction price of main agricultural products in the market of main producing areas of agricultural products in China .

四

农业调查

Agricultural Survey

简要说明

一、本篇资料的主要内容及统计范围

本篇资料主要反映山西农林牧渔业生产成果及农业生产条件情况，山西畜牧业生产基本情况。

（一）农林牧渔业生产

1. 农业：指对各种农作物的种植活动。包括谷物、豆类、薯类、棉花、油料、糖料、麻类、烟叶、蔬菜、园艺作物、水果、坚果、饮料和香料作物、中草药及其他作物的种植。

2. 林业：包括林木的栽培（不包括茶园、桑园和果园的栽培、管理和收获等活动），木材和竹材的采运，林产品的采集。

3. 畜牧业：包括牲畜饲养和放牧，家禽饲养。

4. 渔业：包括水生动物和海藻类植物的养殖和捕捞。

5. 农、林、牧、渔专业及辅助性活动：指对农、林、牧、渔业生产活动进行的各种支持性服务。但不包括各种科学技术和专业性技术服务活动。

（二）主要畜禽抽样调查

1. 调查范围和对象

主要畜禽抽样调查的范围是全省 11 个市、117 个县（市、区）所有畜禽养殖场（户），调查对象是辖区内猪牛羊禽所有大型养殖场（户）和所抽中的猪牛羊禽中小型养殖调查场（户）。

生猪调出大县监测调查的范围是享受国家财政奖励的生猪调出大县的生猪养殖场（户），调查对象是生猪调出大县辖区内所有的生猪大型养殖场（户）和所抽中的中小型生猪养殖调查场（户）。

2. 调查内容

全省主要畜禽（猪、牛、羊、禽）存栏、出栏及产品产量等情况。

全省生猪调出大县的生猪生产及价格变化等情况。

（三）非主要畜禽调查

1. 调查范围和对象

非主要畜禽全面调查的范围是全省 11 个市、117 个县（市、区）所有畜禽养殖场（户），调查对象是辖区内马驴骡兔等养殖场（户）。

2. 调查内容

全省非主要畜禽（马、驴、骡、兔）存栏、出栏及产品产量等情况。

二、本篇的资料来源及统计调查方法

农业、畜牧业生产及农业生产条件情况资料，由国家统计局山西调查总队根据《农林牧渔业统计报表制度》的有关资料整理提供。农业的稻谷、小麦、玉米等主要粮食作物生产情况实行抽样调查和遥感测量；畜牧业的猪、牛、羊、家禽等主要畜禽生产情况实行抽样调查。

三、数据使用注意事项

根据第三次全国农业普查结果，按照国际惯例，对 2007 年以后农业、畜牧业、渔业年报数据及农林牧渔业总产值等数据进行了修订。具体修订情况见相关表的标注。

Brief Introduction

I. Main Contents and Statistical Scopes

The data in this chapter show comprehensively the production results in agriculture, forestry, animal husbandry, fishery, as well as the conditions of agricultural production in Shanxi.

1. The production results in agriculture, forestry, animal husbandry, fishery

(1) Agriculture: refers to cultivation of farm crops, including cereals, beans, tuber crops, cotton, oil-bearing crops, sugar crops, hemp, tobacco leaves, vegetables, gardening plants, fruits, nuts, crops for beverages and spices, medicinal herbs and other farm crops.

(2) Forestry: includes the planting of trees (excluding the operations of planting, management and harvesting on tea plantations, mulberry fields and orchards), cutting and transport of timber and bamboo and collection of forest products.

(3) Animal husbandry: includes the raising and grazing of domestic animals and poultry.

(4) Fishery: includes cultivation and catching of aquatic animals and seaweed.

(5) Professional and support activities for agriculture, forestry, animal husbandry and fishery: include supporting services to production activities in agriculture, forestry, animal husbandry and fishery, but do not include activities of science and technology and professional services.

2. Sample survey of major livestock and poultry

(1) Survey scope and object

The scope of the main livestock and poultry sampling survey is the province's 11 cities, 117 counties (cities, districts) all livestock and poultry farms (households), the survey object is within the jurisdiction of the pigs, cattle, sheep and poultry all large-scale farms (households) and sampled pigs, cattle, sheep and poultry small and medium-sized farming survey farms (households).

Pig transfer out of large counties to monitor the scope of the survey is to enjoy the national financial incentives to transfer out of large counties of pig farms (households), the survey object is to transfer out of large counties within the jurisdiction of all large pig farms (households) and sampled small and medium-sized pig farming survey farms (households).

(2) Content of the survey

The province's major livestock and poultry (pigs, cattle, sheep, poultry) inventory, penning and product output.

The province's pig production and price changes in large counties of pig transfer.

3. Non-major livestock and poultry survey

(1) Survey scope and object

Non-major livestock and poultry comprehensive survey of the province's 11 cities, 117 counties (cities, districts) all livestock and poultry farms (households), the survey object is the jurisdiction of the horse donkey, mule, rabbit and other farms (households).

(2) Survey content

The province's non-major livestock and poultry (horses, donkeys, mules, rabbits) stock, penning and product output, etc.

II. Data Sources and Survey Methods

Data on production of agriculture, animal husbandry and the agricultural production conditions are provided by Survey Office of the National Bureau of Statistics in Shanxi using data from the *Statistical Reporting System on Agriculture, Forestry, Animal Husbandry and Fishery*. Data on major farm crops such as rice, wheat, corn are collected through sample surveys and measurement by remote sensing technology. Data on animal husbandry such as hog, cattle, sheep and poultry are collected from sample surveys.

III. Notes on Use of Data

According to the results of the Third National Agricultural Census and in line with international practices, data on gross output value of agriculture, forestry, animal husbandry and fishery after 2007 were revised. Please refer to the footnotes of relevant tables for detail.

4-1 主要粮食作物播种面积(1949-2023年)
Sown Areas of Major Grain Crops (1949-2023)

单位：千公顷 (1 000 ha)

年 份 Year	粮 食 Grain	谷 物 Cereal	豆 类 Beans	薯 类 Tubers
1949	4096.45	3637.35	188.53	270.57
1950	4008.09	3475.45	242.27	290.37
1951	4017.34	3522.59	250.09	244.66
1952	4360.72	3844.48	248.59	267.65
1953	4298.02	3707.36	362.83	227.83
1954	4355.31	3641.20	479.84	234.27
1955	4219.49	3602.92	431.64	184.93
1956	4295.23	3641.20	406.84	247.19
1957	4187.07	3547.83	407.08	232.16
1958	3957.69	3214.47	321.88	421.34
1959	3638.11	3075.98	295.13	267.00
1960	3873.48	3319.08	264.25	290.15
1961	3949.65	3415.24	296.88	237.53
1962	3986.03	3421.58	295.70	268.75
1963	4001.12	3419.02	325.43	256.67
1964	3958.47	3390.23	322.09	246.15
1965	3867.14	3357.05	275.48	234.61
1966	3978.05	3481.97	265.53	230.55
1967	3807.53	3320.14	251.90	235.49
1968	3722.43	3248.00	248.52	225.91
1969	3638.87	3164.57	238.71	235.59
1970	3716.47	3266.21	213.51	236.75
1971	3602.11	3204.83	168.89	228.39
1972	3624.58	3242.61	146.27	235.70
1973	3718.17	3324.96	147.05	246.16
1974	3623.05	3242.45	129.61	250.99
1975	3665.51	3292.31	123.43	249.77
1976	3594.55	3235.53	122.29	236.73
1977	3639.57	3241.89	131.07	266.61
1978	3692.43	3279.15	115.64	297.64
1979	3599.40	3202.38	129.47	267.55
1980	3508.76	3117.22	138.55	252.99
1981	3420.29	3053.50	129.18	237.61
1982	3355.35	2943.01	159.47	252.87
1983	3356.23	2907.00	174.44	274.79
1984	3328.58	2873.74	161.01	293.83
1985	3055.05	2634.17	165.90	254.98
1986	3145.25	2693.06	199.11	253.08

4-1 续表 continued

单位：千公顷 (1 000 ha)

年 份 Year	粮 食 Grain	谷 物 Cereal	豆 类 Beans	薯 类 Tubers
1987	3231.99	2734.97	222.61	274.41
1988	3203.15	2687.49	220.94	294.72
1989	3293.75	2759.86	245.16	288.73
1990	3290.79	2755.55	251.97	283.27
1991	3199.47	2586.18	333.94	279.35
1992	3196.15	2537.67	369.93	288.55
1993	3280.49	2501.82	485.16	293.51
1994	3235.38	2416.79	528.69	289.90
1995	3151.48	2425.09	414.85	311.54
1996	3243.04	2490.87	410.66	341.51
1997	3128.09	2409.81	392.72	325.56
1998	3296.70	2484.67	466.53	345.50
1999	3239.23	2458.37	440.58	340.28
2000	3186.46	2326.74	484.11	375.61
2001	2877.09	2145.87	384.77	346.45
2002	3011.01	2220.46	423.89	366.66
2003	2833.64	2113.96	355.00	364.68
2004	2925.38	2216.26	348.82	360.30
2005	3033.59	2333.37	346.25	353.97
2006	2833.27	2306.81	353.06	173.40
2007	2988.51	2442.70	336.73	209.08
2008	3058.05	2558.80	330.90	168.36
2009	3116.21	2624.19	306.32	185.70
2010	3210.28	2730.81	298.69	180.78
2011	3259.28	2805.28	273.73	180.27
2012	3267.53	2819.77	271.76	176.01
2013	3245.20	2809.56	261.74	173.90
2014	3256.77	2830.51	254.80	171.45
2015	3256.34	2845.88	242.22	168.25
2016	3227.31	2807.45	240.56	179.29
2017	3180.92	2757.88	238.29	184.75
2018	3137.06	2711.80	250.73	174.53
2019	3126.17	2716.54	225.67	183.95
2020	3130.02	2762.88	183.84	183.30
2021	3138.06	2800.10	145.11	192.85
2022	3150.33	2821.09	153.90	175.34
2023	3160.96	2831.29	150.27	179.40

4-2 主要粮食作物产量(1949-2023年)
Output of Major Grain Crops (1949-2023)

单位：吨 (ton)

年 份 Year	粮 食 Grain	谷 物 Cereal	豆 类 Beans	薯 类(折粮) Tubers
1949	2595705	2158825	91910	344970
1950	3008655	2440450	157335	410870
1951	3190925	2739680	133485	317760
1952	3840045	3184480	181505	474060
1953	4321990	3681910	276400	363680
1954	4116970	3554485	329805	232680
1955	3727585	3305175	211455	210955
1956	4337190	3778540	317985	240665
1957	3566690	3073885	221510	271295
1958	4623490	3734360	291260	597870
1959	4074475	3467125	254915	352435
1960	3371565	2929545	173890	268130
1961	3536835	3026580	248100	262155
1962	3746290	3272520	178655	295115
1963	4174350	3569420	277835	327095
1964	4887550	4267235	326935	293380
1965	4629315	4237720	151015	240580
1966	4719910	4147835	266260	305815
1967	4753235	4182885	263560	306790
1968	4341955	3860945	180150	300860
1969	4853245	4329275	196300	327670
1970	5185350	4639415	199005	346930
1971	5987390	5443240	168615	375535
1972	5216970	4803310	91855	321805
1973	6246625	5710105	132765	403755
1974	6910580	6334720	130530	445330
1975	7674160	7030455	144305	499400
1976	7068535	6481595	113380	473560
1977	7134000	6403520	189200	541280
1978	7069560	6363715	137420	568425
1979	8006945	7330665	141930	534350
1980	6857060	6201675	130620	524765
1981	7250000	6663945	122000	464055
1982	8250000	7455005	173530	621465
1983	8060000	7280725	168590	610685
1984	8720000	7794915	182290	742795
1985	8226767	7408051	176898	641818
1986	7324267	6668155	175830	480282

4-2 续表 continued

单位：吨 (ton)

年 份 Year	粮 食 Grain	谷 物 Cereal	豆 类 Beans	薯 类(折粮) Tubers
1987	7124944	6372088	210938	541918
1988	8183000	7183000	266000	734000
1989	8791000	7786000	275900	729100
1990	9690053	8643731	302242	744080
1991	7424000	6731282	238491	454227
1992	8583000	7550166	330179	702655
1993	9902000	8503836	577364	820800
1994	8904000	7592832	547168	764000
1995	9171000	8162190	366840	641970
1996	10771000	9341578	506446	922976
1997	9018730	7971882	378411	668437
1998	10814819	9309509	609899	895411
1999	8217000	7236975	437049	542976
2000	8533500	7029713	577822	925965
2001	6921000	6021097	341845	558058
2002	9255400	7762504	494238	998658
2003	9588700	8070809	487106	1030785
2004	10620000	9357146	487999	774855
2005	9780000	8820582	366750	592668
2006	10245000	9534200	396800	314000
2007	10093339	9206987	385713	500639
2008	10344038	9579728	327806	436504
2009	9549025	9116271	197039	235715
2010	11075424	10616494	214589	244340
2011	12254032	11760406	211596	282030
2012	13094036	12569613	232112	292310
2013	13620056	13044258	249121	326676
2014	13872494	13275335	247711	349448
2015	13140206	12583730	233158	323318
2016	13803322	13105466	274216	423639
2017	13550954	12800561	283065	467329
2018	13803952	12932182	356154	515616
2019	13618048	12667748	342370	607929
2020	14242698	13312462	307232	623003
2021	14212495	13341416	217310	653769
2022	14642515	13803689	243009	595818
2023	14780878	13934054	243107	603717

4-3 主要粮食作物单位面积产量(1949-2023年)
Major Grain Crops Output Per Hectare (1949-2023)

单位：公斤/公顷 (kg/ha)

年份 Year	粮食 Grain	谷物 Cereal	豆类 Beans	薯类(折粮) Tubers
1949	634	594	488	1275
1950	751	702	649	1415
1951	794	778	534	1299
1952	881	828	730	1771
1953	1006	993	762	1596
1954	945	976	687	993
1955	883	917	490	1141
1956	1010	1038	782	974
1957	852	866	544	1169
1958	1168	1162	905	1419
1959	1120	1127	864	1320
1960	870	883	658	924
1961	895	886	836	1104
1962	940	956	604	1098
1963	1043	1044	854	1274
1964	1235	1259	1015	1192
1965	1197	1262	548	1025
1966	1186	1191	1003	1326
1967	1248	1260	1046	1303
1968	1166	1189	725	1332
1969	1334	1368	822	1391
1970	1395	1420	932	1465
1971	1662	1698	998	1644
1972	1439	1481	628	1365
1973	1680	1717	903	1640
1974	1907	1954	1007	1774
1975	2094	2135	1169	1999
1976	1966	2003	927	2000
1977	1960	1975	1444	2030
1978	1915	1941	1188	1910
1979	2225	2289	1096	1997
1980	1954	1989	943	2074
1981	2119	2182	944	1953
1982	2458	2533	1088	2458
1983	2402	2505	966	2222
1984	2620	2712	1132	2528
1985	2693	2812	1066	2517
1986	2329	2476	883	1898

4-3 续表 continued

单位：公斤/公顷 (kg/ha)

年 份 Year	粮 食 Grain	谷 物 Cereal	豆 类 Beans	薯 类(折粮) Tubers
1987	2205	2330	948	1975
1988	2555	2673	1204	2490
1989	2669	2821	1125	2525
1990	2945	3137	1200	2627
1991	2320	2603	714	1626
1992	2685	2975	893	2435
1993	3018	3399	1190	2796
1994	2752	3142	1035	2635
1995	2910	3366	884	2061
1996	3321	3750	1233	2703
1997	2883	3308	964	2053
1998	3280	3747	1307	2592
1999	2537	2944	992	1596
2000	2678	3021	1194	2465
2001	2406	2806	888	1611
2002	3074	3496	1166	2724
2003	3384	3818	1372	2827
2004	3630	4222	1399	2151
2005	3224	3780	1059	1674
2006	3616	4133	1124	1811
2007	3377	3769	1145	2394
2008	3383	3744	991	2593
2009	3064	3474	643	1269
2010	3450	3888	718	1352
2011	3760	4192	773	1565
2012	4007	4458	854	1661
2013	4197	4643	952	1879
2014	4260	4690	972	2038
2015	4035	4422	963	1922
2016	4277	4668	1140	2363
2017	4260	4641	1188	2530
2018	4400	4769	1420	2954
2019	4356	4663	1517	3305
2020	4550	4818	1671	3399
2021	4529	4765	1498	3390
2022	4648	4893	1579	3398
2023	4676	4921	1618	3365

4-4 主要粮食作物播种面积、产量和单位面积产量(2013-2023年)

Basic Statistics on Main Grain Crops (2013-2023)

指 标	Item	2013			2014		
		播种面积(千公顷) Sown Area (1 000 ha)	产量(吨) Output (ton)	单位面积产量(公斤/公顷) Yield per Unit Area (kg/ha)	播种面积(千公顷) Sown Area (1 000 ha)	产量(吨) Output (ton)	单位面积产量(公斤/公顷) Yield per Unit Area (kg/ha)
粮 食	**Grain**	**3245.20**	**13620055.54**	**4196.98**	**3256.77**	**13872494.06**	**4259.59**
一、谷 物	Cereals	2809.56	13044258.24	4642.80	2830.51	13275335.16	4690.08
#稻 谷	Rice	1.06	7270.94	6840.00	0.99	6799.84	6885.00
小 麦	Wheat	598.69	2038926.50	3405.65	585.08	2247070.07	3840.59
玉 米	Corn	1836.30	10494470.48	5715.00	1868.60	10454831.69	5595.00
谷 子	Millet	192.90	298545.42	1547.64	196.24	353240.10	1800.00
高 粱	Sorghum	26.43	64217.46	2430.00	27.54	68166.41	2475.00
其他谷物	Other Cereals	154.18	140827.45	913.40	152.05	145227.05	955.12
#燕 麦	Nakedoats	51.77	38830.54	750.00	52.88	41247.88	780.00
#荞 麦	Buckwheat	15.87	10712.74	675.00	15.32	10568.09	690.00
二、豆 类	Beans	261.74	249121.14	951.79	254.80	247710.79	972.16
#大 豆	Soybean	158.74	160845.29	1013.27	149.51	155714.17	1041.47
杂 豆	Mixed Beans	103.00	88275.85	857.04	105.29	91996.61	873.74
#绿 豆	Mung Bean	38.51	38846.59	1008.76	44.88	40503.25	902.38
#红小豆	Red Bean	7.86	10490.18	1335.00	9.93	10986.14	1105.86
三、薯 类(折粮)	Tubers	173.90	326676.16	1878.54	171.45	349448.12	2038.14
#马铃薯	Potato	155.77	273373.74	1755.00	153.63	290361.74	1890.00
红 薯	Sweet Potato	18.13	53302.42	2940.00	17.82	59086.38	3315.00

4-4 续表 1 continued

指 标	Item	2015			2016		
		播种面积(千公顷) Sown Area (1 000 ha)	产量(吨) Output (ton)	单位面积产量(公斤/公顷) Yield per Unit Area (kg/ha)	播种面积(千公顷) Sown Area (1 000 ha)	产量(吨) Output (ton)	单位面积产量(公斤/公顷) Yield per Unit Area (kg/ha)
粮 食	**Grain**	**3256.34**	**13140205.75**	**4035.26**	**3227.31**	**13803321.61**	**4277.04**
一、谷 物	Cereals	2845.88	12583729.81	4421.74	2807.45	13105466.20	4668.10
#稻 谷	Rice	0.78	5164.04	6645.00	0.79	5503.47	7000.00
小 麦	Wheat	575.88	2315441.53	4020.68	564.00	2291485.72	4062.92
玉 米	Corn	1894.48	9747113.27	5145.00	1860.67	10179584.51	5470.93
谷 子	Millet	203.56	317546.45	1560.00	195.87	378328.00	1931.56
高 粱	Sorghum	20.61	51322.10	2490.00	20.49	56543.20	2760.00
其他谷物	Other Cereals	150.57	147142.43	977.23	165.65	194021.30	1171.30
#燕 麦	Nakedoats	53.81	41166.20	765.00	53.75	57240.20	1065.00
#荞 麦	Buckwheat	15.71	14849.45	945.00	15.97	18681.00	1170.00
二、豆 类	Beans	242.22	233158.44	962.60	240.56	274216.39	1139.91
#大 豆	Soybean	137.40	146332.49	1065.00	134.13	167020.00	1245.24
杂 豆	Mixed Beans	104.82	86825.95	828.37	106.43	107196.39	1007.17
#绿 豆	Mung Bean	48.08	38541.01	801.63	48.09	46163.20	960.00
#红小豆	Red Bean	10.29	10520.28	1022.18	10.55	10915.80	1035.00
三、薯 类(折粮)	Tubers	168.25	323317.50	1921.67	179.29	423639.02	2362.84
#马铃薯	Potato	151.02	269577.78	1785.00	163.33	370492.22	2268.33
红 薯	Sweet Potato	17.22	53739.72	3120.00	15.96	53146.80	3330.00

4-4 续表 2 continued

指 标	Item	2017 播种面积(千公顷) Sown Area (1 000 ha)	2017 产量(吨) Output (ton)	2017 单位面积产量(公斤/公顷) Yield per Unit Area (kg/ha)	2018 播种面积(千公顷) Sown Area (1 000 ha)	2018 产量(吨) Output (ton)	2018 单位面积产量(公斤/公顷) Yield per Unit Area (kg/ha)
粮 食	**Grain**	**3180.92**	**13550954.28**	**4260.08**	**3137.06**	**13803951.95**	**4400.28**
一、谷 物	Cereals	2757.88	12800561.02	4641.44	2711.80	12932182.35	4768.86
#稻 谷	Rice	0.76	5201.12	6810.00	0.80	5568.00	6960.00
小 麦	Wheat	560.53	2323958.42	4146.00	560.27	2285888.00	4080.00
玉 米	Corn	1806.85	9778691.86	5412.00	1747.67	9816206.75	5616.75
谷 子	Millet	199.18	415885.51	2088.00	197.80	472643.10	2389.50
高 粱	Sorghum	22.48	66004.67	2935.50	32.93	115349.00	3502.50
其他谷物	Other Cereals	168.07	210819.43	1254.34	172.33	236527.50	1372.50
#燕 麦	Nakedoats	54.38	60764.47	1117.50	54.93	70353.12	1280.70
#荞 麦	Buckwheat	16.49	20281.88	1230.00	22.60	30916.80	1368.00
二、豆 类	Beans	238.29	283064.62	1187.92	250.73	356153.70	1420.49
#大 豆	Soybean	130.79	170874.52	1306.50	150.53	235961.00	1567.50
杂 豆	Mixed Beans	107.50	112190.10	1043.65	100.19	120192.70	1199.61
#绿 豆	Mung Bean	47.18	46710.81	990.00	41.00	45153.30	1101.30
#红小豆	Red Bean	10.89	11841.11	1087.50	11.81	14282.32	1209.00
三、薯 类(折粮)	Tubers	184.75	467328.64	2529.52	174.53	515615.90	2954.25
#马铃薯	Potato	168.11	408731.84	2431.30	157.00	453337.50	2887.50
红 薯	Sweet Potato	16.64	58596.80	3522.00	17.53	62278.40	3552.00

4-4 续表 3 continued

指 标	Item	2019 播种面积(千公顷) Sown Area (1 000 ha)	2019 产量(吨) Output (ton)	2019 单位面积产量(公斤/公顷) Yield per Unit Area (kg/ha)	2020 播种面积(千公顷) Sown Area (1 000 ha)	2020 产量(吨) Output (ton)	2020 单位面积产量(公斤/公顷) Yield per Unit Area (kg/ha)
粮 食	**Grain**	**3126.17**	**13618047.77**	**4356.15**	**3130.02**	**14242698.06**	**4550.36**
一、谷 物	Cereals	2716.54	12667748.13	4663.19	2762.88	13312462.09	4818.33
#稻 谷	Rice	2.53	17556.00	6930.00	2.45	17088.40	6985.50
小 麦	Wheat	546.80	2262111.60	4137.00	535.88	2364952.95	4413.23
玉 米	Corn	1715.04	9393702.84	5477.25	1742.22	9799464.83	5624.70
谷 子	Millet	211.55	504951.32	2386.95	220.30	542367.59	2461.95
高 粱	Sorghum	66.49	232301.09	3493.95	87.62	317968.60	3628.95
其他谷物	Other Cereals	174.13	257125.28	1476.60	174.41	270619.73	1551.60
#燕 麦	Nakedoats	55.15	77956.48	1413.45	53.55	81307.94	1518.45
#荞 麦	Buckwheat	22.89	34288.49	1497.75	25.79	39782.38	1542.75
二、豆 类	Beans	225.67	342370.18	1517.10	183.84	307232.48	1671.19
#大 豆	Soybean	129.14	214688.98	1662.45	119.61	207810.60	1737.45
杂 豆	Mixed Beans	96.53	127681.20	1322.66	64.23	99421.88	1547.82
#绿 豆	Mung Bean	39.78	48792.16	1226.55	22.35	34793.76	1557.00
#红小豆	Red Bean	10.89	14259.36	1309.80	6.39	9771.60	1530.00
三、薯 类(折粮)	Tubers	183.95	607929.46	3304.80	183.30	623003.48	3398.82
#马铃薯	Potato	162.38	527255.98	3247.05	160.73	537938.43	3346.78
红 薯	Sweet Potato	21.57	80673.48	3739.50	22.57	85065.05	3769.50

4-4 续表 4 continued

指 标	Item	2021 播种面积(千公顷) Sown Area (1 000 ha)	2021 产量(吨) Output (ton)	2021 单位面积产量(公斤/公顷) Yield per Unit Area (kg/ha)	2022 播种面积(千公顷) Sown Area (1 000 ha)	2022 产量(吨) Output (ton)	2022 单位面积产量(公斤/公顷) Yield per Unit Area (kg/ha)
粮 食	**Grain**	**3138.06**	**14212494.68**	**4529.07**	**3150.33**	**14642515.23**	**4647.93**
一、谷 物	Cereals	2800.10	13341416.27	4764.62	2821.09	13803688.61	4893.03
#稻 谷	Rice	2.65	17543.43	6628.50	2.16	14565.53	6750.00
小 麦	Wheat	536.84	2433717.21	4533.40	535.05	2452044.56	4582.83
玉 米	Corn	1772.57	9775688.27	5514.99	1813.88	10210690.97	5629.21
谷 子	Millet	221.01	504690.75	2283.53	219.13	528188.03	2410.35
高 粱	Sorghum	104.76	358859.24	3425.54	103.50	366001.88	3536.25
其他谷物	Other Cereals	162.27	250917.36	1546.26	147.37	232197.65	1575.57
#燕 麦	Nakedoats	54.40	83521.28	1535.32	52.33	80988.45	1547.55
#荞 麦	Buckwheat	21.50	30814.63	1433.24	21.91	31844.63	1453.65
二、豆 类	Beans	145.11	217309.63	1497.52	153.90	243008.62	1579.01
#大 豆	Soybean	92.21	144064.38	1562.29	112.45	189168.36	1682.30
杂 豆	Mixed Beans	52.90	73245.25	1384.60	41.45	53840.27	1298.82
#绿 豆	Mung Bean	12.37	18253.20	1476.00	10.80	13381.20	1239.00
#红小豆	Red Bean	4.65	6136.35	1320.59	3.51	4226.41	1205.25
三、薯 类(折粮)	Tubers	192.85	653768.78	3390.10	175.34	595817.99	3398.07
#马铃薯	Potato	169.90	570355.35	3357.01	153.65	516114.52	3359.10
红 薯	Sweet Potato	22.95	83413.43	3635.10	21.69	79703.48	3674.10

4-4 续表 5 continued

指　标	Item	2023 播种面积(千公顷) Sown Area (1 000 ha)	2023 产量(吨) Output (ton)	2023 单位面积产量(公斤/公顷) Yield per Unit Area (kg/ha)
粮　食	**Grain**	**3160.96**	**14780878.34**	**4676.08**
一、谷　物	Cereals	2831.29	13934053.66	4921.45
#稻　谷	Rice	2.21	14865.98	6720.00
小　麦	Wheat	535.87	2470762.62	4610.73
玉　米	Corn	1842.21	10351375.66	5619.01
谷　子	Millet	208.33	495625.00	2379.00
高　粱	Sorghum	107.67	390507.00	3627.00
其他谷物	Other Cereals	135.00	210917.40	1562.35
#燕　麦	Nakedoats	48.80	73566.00	1507.50
#荞　麦	Buckwheat	20.53	29198.40	1422.00
二、豆　类	Beans	150.27	243107.38	1617.84
#大　豆	Soybean	117.00	200629.78	1714.78
杂　豆	Mixed Beans	33.27	42477.60	1276.88
#绿　豆	Mung Bean	8.53	10713.60	1255.50
#红小豆	Red Bean	3.07	3749.00	1222.50
三、薯　类(折粮)	Tubers	179.40	603717.30	3365.20
#马铃薯	Potato	159.13	528720.50	3322.50
红　薯	Sweet Potato	20.27	74996.80	3700.50

4-5 各市主要粮食作物播种面积(2023年)

Sown Areas of Major Grain Crops by Cities (2023)

单位：公顷 (ha)

城市 City		粮食 Grain	谷物 Cereal	豆类 Beans	薯类 Tubers
全省	**Total**	**3160958**	**2831292**	**150267**	**179400**
太原市	Taiyuan	64206	51967	4592	7647
大同市	Datong	282281	243114	15758	23409
阳泉市	Yangquan	55406	50816	1509	3080
长治市	Changzhi	257472	243052	6769	7651
晋城市	Jincheng	161988	141665	14837	5487
朔州市	Shuozhou	275963	248699	9749	17515
晋中市	Jinzhong	254355	238669	8768	6918
运城市	Yuncheng	541131	526804	9860	4466
忻州市	Xinzhou	430445	350640	28000	51806
临汾市	Linfen	505654	486148	9530	9976
吕梁市	Lvliang	332057	249718	40895	41444

4-6 各市主要粮食作物产量(2023年)
Output of Major Grain Crops by Cities (2023)

单位：吨 (ton)

城市 City		粮食 Grain	谷物 Cereal	豆类 Beans	薯类(折粮) Tubers
全省	**Total**	**14780878**	**13934054**	**243107**	**603717**
太原市	Taiyuan	260663	229068	8668	22927
大同市	Datong	1298237	1204798	24246	69194
阳泉市	Yangquan	238347	228500	2400	7447
长治市	Changzhi	1251936	1206751	16325	28860
晋城市	Jincheng	688490	625918	38266	24306
朔州市	Shuozhou	1289603	1219468	12334	57801
晋中市	Jinzhong	1545558	1504201	17771	23586
运城市	Yuncheng	2904666	2866801	17937	19928
忻州市	Xinzhou	2031368	1756445	48274	226649
临汾市	Linfen	2210006	2156116	16301	37589
吕梁市	Lvliang	1062003	935988	40585	85430

4-7 各市县主要粮食作物播种面积(2023年)

单位：公顷

县(市、区)	Region	粮 食 Grain	#秋 粮 Autumn Grain	谷 物 Cereal	#稻 谷 Rice	#小 麦 Wheat	#玉 米 Corn	#谷 子 Millet
太原市	**Taiyuan**	**64206**	**63997**	**51967**	**284**	**208**	**36805**	**6023**
小店区	Xiaodian	2486	2431	2468		54	2071	
迎泽区	Yingze	103	103	92			64	8
杏花岭区	Xinghualing	497	497	357			173	17
尖草坪区	Jiancaoping	3381	3381	2935	32		2313	173
万柏林区	Wanbailin	277	276	164		0	125	20
晋源区	Jinyuan	1048	1048	993	252		712	1
清徐县	Qingxu	17202	17049	16745		154	12699	13
阳曲县	Yangqu	22300	22300	20055			15216	3411
娄烦县	Loufan	9781	9781	4836			1795	1251
古交市	Gujiao	7130	7130	3321			1637	1129
大同市	**Datong**	**282281**	**282281**	**243114**	**97**		**157724**	**24289**
新荣区	Xinrong	25453	25453	18716			6743	1138
平城区	Pingcheng	2605	2605	2284			1658	79
云冈区	Yungang	9386	9386	9003	9		6785	335
云州区	Yunzhou	29633	29633	27151	56		15559	2684
阳高县	Yanggao	51407	51407	46689			29670	4823
天镇县	Tianzhen	43446	43446	36698			27105	4467
广灵县	Guangling	30039	30039	27171			20384	3514
灵丘县	Lingqiu	32797	32797	27493	32		21096	3671
浑源县	Hunyuan	34351	34351	29166			22286	1732
左云县	Zuoyun	23165	23165	18742			6438	1847
阳泉市	**Yangquan**	**55406**	**55406**	**50816**			**47254**	**3217**
城 区	Chengqu	255	255	214			214	
矿 区	Kuangqu	117	117	98			84	12
郊 区	Jiaoqu	4190	4190	3884			3610	269
平定县	Pingding	20711	20711	19471			17770	1666
盂 县	Yuxian	30133	30133	27149			25577	1271
长治市	**Changzhi**	**257472**	**253348**	**243052**	**6**	**4125**	**215217**	**16536**
潞州区	Luzhou	8064	8053	7795		11	7601	84
上党区	Shangdang	17460	17387	16744		72	16040	382
屯留区	Tunliu	38029	37306	37083		722	35594	569

Sown Areas of Major Grain Crops by Region (2023)

(ha)

#高　粱 Sorghum	#燕　麦 Oats	#荞　麦 Buckwheat	豆　类 Beans	#大　豆 Soybean	#绿　豆 Mung Bean	#红小豆 Red Bean	薯　类 Tubers	#马铃薯 Potato	#红　薯 Sweet Potato
7240	**251**	**528**	**4592**	**4224**	**14**	**37**	**7647**	**7171**	**476**
342			18	18					
7	1	12	5	3	0	1	6	6	0
54		107	95	94	0	0	46	33	13
314		39	369	360	2	1	78	28	50
8	1	4	14	2			99	98	1
26			39	33		0	16	8	7
3878			67	67			391	8	383
963		216	1281	1180	11	14	964	942	23
1419	173	4	833	800	1	20	4111	4111	
231	75	145	1872	1667		0	1937	1937	
22529	**7616**	**6401**	**15758**	**9692**	**2004**	**332**	**23409**	**23399**	**10**
3507	1555	2480	1544	1467			5193	5193	
118		8	135	133			186	186	
904	41	388	288	267	8		95	95	
4275			1707	603	1011	70	775	775	
6552			2369	1482	732	69	2349	2349	
1961	41		2435	1401	249	179	4312	4312	
342	194	484	1335	1335			1533	1533	
166	940	146	2092	1336		5	3212	3202	10
2521	1347	19	2527	668	3	9	2658	2658	
2183	3499	2876	1327	1002			3096	3096	
276		**0**	**1509**	**1421**	**18**	**26**	**3080**	**2302**	**779**
0			4				38	4	34
1			4	0			15	3	12
2		0	102	67	8	12	203	78	126
19			556	549	4	3	684	169	515
254			843	804	6	11	2140	2048	92
6706	**59**	**63**	**6769**	**6680**	**22**	**17**	**7651**	**6668**	**983**
99			234	234			35	33	2
156			535	535			180	156	24
198			534	534			412	375	37

4-7 续表 1

单位：公顷

县(市、区)	Region	粮食 Grain	#秋粮 Autumn Grain	谷物 Cereal	#稻谷 Rice	#小麦 Wheat	#玉米 Corn	#谷子 Millet
潞城区	Lucheng	17340	16789	16702	6	552	14586	422
襄垣县	Xiangyuan	29103	28669	28306		435	25274	1693
平顺县	Pingshun	9843	9404	8521		439	7087	837
黎城县	Licheng	15586	14794	14772		792	13063	539
壶关县	Huguan	17039	17019	16119		20	15439	603
长子县	Zhangzi	34905	34098	33589		807	32297	440
武乡县	Wuxiang	28590	28449	26202		141	18064	6743
沁　县	Qinxian	27425	27291	26393		134	21918	2620
沁源县	Qinyuan	14089	14089	10825			8256	1604
晋城市	**Jincheng**	**161988**	**119799**	**141665**		**42189**	**87324**	**11064**
城　区	Chengqu	1580	507	1327		1073	244	6
沁水县	Qinshui	22994	21673	20963		1321	17517	1604
阳城县	Yangcheng	29689	21783	28393		7906	16635	3758
陵川县	Lingchuan	22618	22575	20494		43	18859	1573
泽州县	Zezhou	49283	18039	40604		31244	6350	2884
高平市	Gaoping	35824	35223	29885		601	27718	1239
朔州市	**Shuozhou**	**275963**	**275963**	**248699**	**250**		**171738**	**14645**
朔城区	Shuocheng	57065	57065	53547	156		43339	1527
平鲁区	Pinglu	35423	35423	27886			4781	4577
山阴县	Shanyin	56818	56818	55295			42144	3525
应　县	Yingxian	53075	53075	46324	94		40452	2393
右玉县	Youyu	30431	30431	24213			7052	1150
怀仁市	Huairen	43151	43151	41433			33970	1473
晋中市	**Jinzhong**	**254355**	**247888**	**238669**	**30**	**6467**	**212887**	**12555**
榆次区	Yuci	26947	26716	26396		231	24754	921
太谷区	Taigu	22614	22278	21385	3	336	19080	1239
榆社县	Yushe	13763	13763	12591			10033	1978
左权县	Zuoquan	11856	11850	10086	9	7	7167	1640
和顺县	Heshun	11652	11652	10013			8682	915
昔阳县	Xiyang	22509	22509	21601			19531	1952
寿阳县	Shouyang	50899	50899	48416	9		46493	1740
祁　县	Qixian	24286	22666	22910		1621	20984	233
平遥县	Pingyao	36533	36142	34779	9	391	32265	1138
灵石县	Lingshi	11571	10590	10634		981	8634	430
介休市	Jiexiu	21724	18823	19857		2901	15266	370

continued

(ha)

#高　粱 Sorghum	#燕　麦 Oats	#荞　麦 Buckwheat	豆　类 Beans	#大　豆 Soybean	#绿　豆 Mung Bean	#红小豆 Red Bean	薯　类 Tubers	#马铃薯 Potato	#红　薯 Sweet Potato
1136			439	435	0	1	199	100	100
890			577	567	2		221	138	83
157			311	302			1010	902	108
377			741	734	3	5	72	57	15
41			469	469			451	444	7
45			468	468			848	629	219
1156	22	31	1009	1001	4	3	1378	1196	182
1722			683	667	10	4	349	216	134
729	37	31	767	734	2	4	2496	2423	73
1070			**14837**	**14777**	**26**	**28**	**5487**	**1849**	**3637**
3			232	232			22	3	18
521			1554	1554	1		476	238	238
94			756	714	22	20	540	147	393
			844	831	0	7	1280	1199	82
125			7636	7633	2	1	1043	133	911
327			3814	3814			2125	129	1995
10957	**27496**	**10540**	**9749**	**7358**	**268**		**17515**	**17514**	**1**
1928	2921	1097	1915	1348	0		1603	1603	
237	12500	3499	2182	1710			5355	5355	
2526	2356	2133	1092	1011			431	431	
1612	287		1200	1078			5551	5550	1
473	9432	3811	2471	1612			3747	3747	
4180			890	600	268		828	828	
5486	**77**	**590**	**8768**	**8477**	**95**	**84**	**6918**	**5150**	**1768**
197		148	256	199	31	9	295	106	189
579		19	681	675	5	0	548	182	367
489	8	7	626	624	1	1	546	422	125
1113	62	83	782	739	10	16	989	930	59
145		220	824	820	0	0	815	815	
17		0	572	549	1	1	336	274	62
83		73	843	776		21	1639	1570	69
65	6		1006	1006			369	82	288
955			826	740	44	34	928	509	419
525		39	744	739	3	2	194	144	49
1317		1	1608	1608	0	0	258	116	142

4-7 续表 2

单位：公顷

县(市、区)	Region	粮 食 Grain	#秋 粮 Autumn Grain	谷 物 Cereal	#稻 谷 Rice	#小 麦 Wheat	#玉 米 Corn	#谷 子 Millet
运城市	**Yuncheng**	**541131**	**259124**	**526804**	**1075**	**282006**	**239213**	**1609**
盐湖区	Yanhu	33748	14415	32019		19334	12313	1
临猗县	Linyi	26435	11767	25227	191	14667	10085	
万荣县	Wanrong	41551	24885	40091	511	16667	22546	119
闻喜县	Wenxi	54707	19373	53716		35334	18131	25
稷山县	Jishan	45452	21451	44990		24000	20989	
新绛县	Xinjiang	44288	20954	43699	41	23334	20306	18
绛　县	Jiangxian	33070	17736	32662		15334	17285	32
垣曲县	Yuanqu	22243	10243	21522		12000	8924	596
夏　县	Xiaxian	44707	24040	43395		20667	22452	275
平陆县	Pinglu	27588	10921	25983		16667	9095	186
芮城县	Ruicheng	63373	30706	61362		32667	28189	346
永济市	Yongji	71639	36305	70730	332	35334	33606	
河津市	Hejin	32330	16329	31409		16001	15293	12
忻州市	**Xinzhou**	**430445**	**430180**	**350640**	**387**	**265**	**233018**	**68973**
忻府区	Xinfu	45781	45780	44510		1	41531	1875
定襄县	Dingxiang	21951	21946	20328	82	5	18158	1297
五台县	Wutai	25417	25417	21635	59		17558	3137
代　县	Daixian	22985	22985	22294	86		19052	2292
繁峙县	Fanshi	36304	36304	31515	67		23805	3218
宁武县	Ningwu	11747	11747	7844			1701	403
静乐县	Jingle	23288	23288	10673			2652	2141
神池县	Shenchi	47389	47389	37905			19010	14521
五寨县	Wuzhai	39603	39603	35672			26003	8070
岢岚县	Kelan	22207	22207	15692			6705	6209
河曲县	Hequ	26236	26236	19079			6339	7537
保德县	Baode	22592	22592	13500			6189	4128
偏关县	Pianguan	28770	28770	21648			4063	9083
五台山风景名胜区	Mount Wutai Scenic Area	601	601	240			235	5
原平市	Yuanping	55575	55315	48102	93	259	40017	5059

continued

(ha)

#高粱 Sorghum	#燕麦 Oats	#荞麦 Buckwheat	豆类 Beans	#大豆 Soybean	#绿豆 Mung Bean	#红小豆 Red Bean	薯类 Tubers	#马铃薯 Potato	#红薯 Sweet Potato
2901			**9860**	**6817**	**2754**	**114**	**4466**	**102**	**4364**
372			1515	355	1131	5	214		214
283			519	414	83	0	689	2	687
249			876	367	442	64	584		584
225			869	636	227	6	121	7	114
			435	427	8		26		26
			547	542	5		42		42
12			147	134	9	4	261	7	254
2			330	281	36	13	391	15	376
1			923	647	271	2	388	29	360
35			1089	1022	29	3	516	27	489
160			1322	871	440	2	689		689
1457			666	594	49	10	243		243
103			621	528	23		300	15	285
11615	**12724**	**2048**	**28000**	**16718**	**764**	**663**	**51806**	**50062**	**1744**
1077			701	701			570	140	430
690			1178	1167			445	282	163
541	92		582	534			3200	2997	202
148	5		226	100	23		464	371	93
921	168	38	2178	2034		12	2611	2572	39
257	4976	40	2504	1000		33	1399	1399	
958	2572	12	3247	1767	76	249	9368	9368	
842	2666	71	5107	1500		12	4377	4377	
1099	27		624	400			3307	3307	
699	954	369	3024	1034		19	3491	3491	
702			1473	1200	172	8	5685	5565	120
537	1	113	2774	1600	485	288	6318	5875	443
1677	524	1405	2808	2667	2	1	4314	4314	
			80	80			281	281	
1468	738		1496	933	6	40	5977	5723	254

4-7 续表 3

单位：公顷

县(市、区)	Region	粮食 Grain	#秋粮 Autumn Grain	谷物 Cereal	#稻谷 Rice	#小麦 Wheat	#玉米 Corn	#谷子 Millet
临汾市	**Linfen**	**505654**	**307088**	**486148**	**56**	**198567**	**259562**	**11481**
尧都区	Yaodu	46441	21120	45812	24	25321	20042	113
曲沃县	Quwo	31796	14635	31553		17160	14360	
翼城县	Yicheng	40236	17720	39218		22516	15668	1010
襄汾县	Xiangfen	81422	35840	81005		45583	35372	41
洪洞县	Hongtong	82335	37077	81346		45257	36037	21
古　县	Guxian	16595	15920	15965		675	14298	472
安泽县	Anze	22855	22855	22165	32		21592	452
浮山县	Fushan	23594	13063	22974		10531	11399	541
吉　县	Jixian	6631	6616	5650		15	5206	287
乡宁县	Xiangning	22937	16668	20040		6269	12239	1306
大宁县	Daning	10026	10026	8083			4030	911
隰　县	Xixian	20812	20812	17926			13487	1970
永和县	Yonghe	21481	21450	20222		31	9760	3304
蒲　县	Puxian	15040	15040	13330			11576	391
汾西县	Fenxi	26178	19620	24296		6558	16926	538
侯马市	Houma	15195	7056	15195		8139	7056	
霍州市	Huozhou	22079	11568	21369		10511	10513	123
吕梁市	**Lvliang**	**332057**	**330011**	**249718**	**27**	**2046**	**181463**	**37941**
离石区	Lishi	12656	12656	8777	16		7378	1128
文水县	Wenshui	30845	30444	28999	1	401	28175	248
交城县	Jiaocheng	7615	7528	6289	7	87	5880	214
兴　县	Xingxian	36136	36136	25807			9811	12983
临　县	Linxian	78635	78635	44279			31361	8923
柳林县	Liulin	21844	21835	13495		9	8774	3151
石楼县	Shilou	28391	28291	25660		100	19749	3966
岚　县	Lanxian	26850	26850	18520			13860	2008
方山县	Fangshan	12722	12722	8803			7705	496
中阳县	Zhongyang	8674	8674	4960			3605	1042
交口县	Jiaokou	9122	9122	8128			7365	536
孝义市	Xiaoyi	18211	16983	16862		1228	13334	980
汾阳市	Fenyang	40356	40136	39139	2	221	24467	2266

continued

(ha)

#高 粱 Sorghum	#燕 麦 Oats	#荞 麦 Buckwheat	豆 类 Beans	#大 豆 Soybean	#绿 豆 Mung Bean	#红小豆 Red Bean	薯 类 Tubers	#马铃薯 Potato	#红 薯 Sweet Potato
15583	**107**	**184**	**9530**	**8150**	**788**	**302**	**9976**	**6614**	**3362**
311			237	214	6	2	393	118	275
33			71	20	35	16	171	1	170
25			748	729	13	6	270	105	165
9			123	73	35	7	294	3	291
24			386	355	22	9	602	19	584
519		1	462	454	0	6	168	143	24
87			410	407	1	1	281	171	110
503			450	427	10	13	170	57	113
99			554	374	159	20	427	270	157
121		23	1789	1610	129	39	1108	1026	82
3113		4	1118	769	261	36	825	569	256
2268		10	1096	1017	18	49	1790	1735	55
7051			315	207	82	20	944	529	415
1124	107	94	586	567		3	1124	1116	8
74		51	918	687	8	17	964	577	387
221			266	241	9	9	444	177	268
23305	**469**	**180**	**40895**	**32686**	**1780**	**1462**	**41444**	**38301**	**3144**
93	1	0	2100	1667	38	68	1779	1678	100
154			512	469	0		1334	1162	172
99	1		465	268	1	61	860	814	46
2199	76	44	6182	3868	827	520	4147	4061	85
2196			18548	16073	373	463	15809	14505	1304
1014			5889	5468	185	62	2459	2125	334
1738			1016	600	240	147	1716	1206	510
2167	199		1506	401	7	15	6825	6825	
372			1297	934	15	52	2622	2604	18
55	47	29	1805	1601	56	56	1909	1817	92
134	8	40	419	268	37	15	575	492	82
957	139	66	688	601	0	2	662	469	193
12126			469	468			748	543	205

4-8 各市县主要粮食作物产量(2023年)

单位：吨

县(市、区)	Region	粮食 Grain	#秋粮 Autumn Grain	谷物 Cereal	#稻谷 Rice	#小麦 Wheat	#玉米 Corn	#谷子 Millet
太原市	**Taiyuan**	**260663**	**259497**	**229068**	**1691**	**1166**	**180539**	**12507**
小店区	Xiaodian	10619	10327	10582		292	8927	
迎泽区	Yingze	200	200	180			121	15
杏花岭区	Xinghualing	1175	1175	913			538	21
尖草坪区	Jiancaoping	14262	14262	13173	141		11200	396
万柏林区	Wanbailin	712	711	433		1	340	47
晋源区	Jinyuan	5008	5008	4874	1550		3206	2
清徐县	Qingxu	82176	81303	80510		873	62387	33
阳曲县	Yangqu	105510	105510	98505			85548	8158
娄烦县	Loufan	25008	25008	12386			3918	1980
古交市	Gujiao	15993	15993	7512			4353	1855
大同市	**Datong**	**1298237**	**1298237**	**1204798**	**500**		**1023304**	**55705**
新荣区	Xinrong	79781	79781	61513			35751	2651
平城区	Pingcheng	16019	16019	15237			13969	242
云冈区	Yungang	56582	56582	55963	13		50811	812
云州区	Yunzhou	111555	111555	106915	288		81750	5806
阳高县	Yanggao	278721	278721	266861			226118	12107
天镇县	Tianzhen	215025	215025	200466			179968	9590
广灵县	Guangling	191462	191462	184772			170834	8704
灵丘县	Lingqiu	114080	114080	101261	199		88960	7756
浑源县	Hunyuan	184824	184824	171800			155032	4153
左云县	Zuoyun	50187	50187	40010			20112	3884
阳泉市	**Yangquan**	**238347**	**238347**	**228500**			**218950**	**8394**
城　区	Chengqu	1012	1012	963			963	
矿　区	Kuangqu	376	376	351			334	13
郊　区	Jiaoqu	15377	15377	14875			14279	576
平定县	Pingding	84576	84576	81617			77830	3667
盂　县	Yuxian	137006	137006	130695			125545	4137
长治市	**Changzhi**	**1251936**	**1232728**	**1206751**	**41**	**19208**	**1109266**	**44876**
潞州区	Luzhou	39314	39261	38833		52	37820	463
上党区	Shangdang	87503	87093	85568		410	82492	1586
屯留区	Tunliu	204001	199976	200627		4025	193459	2040

Output of Major Grain Crop Production by Region (2023)

(ton)

#高 粱 Sorghum	#燕 麦 Oats	#荞 麦 Buckwheat	豆 类 Beans	#大 豆 Soybean	#绿 豆 Mung Bean	#红小豆 Red Bean	薯 类 Tubers	#马铃薯 Potato	#红 薯 Sweet Potato
31280	**323**	**737**	**8668**	**8047**	**16**	**55**	**22927**	**21015**	**1912**
1362			38	38					
26	2	16	8	5	0	2	12	12	0
182		165	152	150	0	0	111	80	31
1296		64	789	780	2	2	299	64	235
30	2	7	20	4			259	258	2
114			76	69		0	57	32	25
17217			133	133			1534	17	1517
4205		288	3316	3150	12	21	3688	3586	102
5953	240	7	1272	1221	1	30	11351	11351	
895	79	191	2865	2498		0	5616	5616	
65014	**11806**	**9382**	**24246**	**17038**	**2842**	**287**	**69194**	**69166**	**28**
9047	2599	4075	2709	2622			15560	15560	
401		11	182	181			601	601	
2712	116	541	352	325	12		267	267	
12585			2530	1040	1401	62	2109	2109	
19342			4639	3420	1053	66	7222	7222	
6317	65		3159	2086	372	148	11399	11399	
1030	298	625	1712	1712			4978	4978	
508	1482	246	3839	2972		5	8980	8952	28
8316	2133	20	3098	1051	5	7	9926	9926	
4755	5114	3862	2026	1630			8151	8151	
1033		**0**	**2400**	**2272**	**18**	**30**	**7447**	**5388**	**2060**
0			8				41	9	33
3			4	0			21	6	15
5		0	121	61	9	17	381	103	278
80			1024	1020	2	2	1935	434	1501
944			1243	1190	7	11	5069	4836	233
32525	**83**	**136**	**16325**	**16170**	**44**	**20**	**28860**	**25010**	**3850**
497			413	413			68	60	8
900			1373	1372			563	500	62
1104			1058	1058			2315	2187	129

4-8 续表 1

单位：吨

县(市、区)	Region	粮食 Grain	#秋粮 Autumn Grain	谷物 Cereal	#稻谷 Rice	#小麦 Wheat	#玉米 Corn	#谷子 Millet
潞城区	Lucheng	89693	87921	87810	41	1772	79711	1289
襄垣县	Xiangyuan	133507	132185	130875		1322	119548	4778
平顺县	Pingshun	48543	45991	44574		2552	39304	2036
黎城县	Licheng	60263	56651	58569		3611	52382	1007
壶关县	Huguan	97505	97412	94545		93	92232	1949
长子县	Zhangzi	188990	184464	182699		4526	176691	1235
武乡县	Wuxiang	90772	90389	85720		383	65598	16040
沁　县	Qinxian	148342	147882	144512		460	126540	8313
沁源县	Qinyuan	63503	63503	52421			43490	4141
晋城市	**Jincheng**	**688490**	**511677**	**625918**		**176813**	**410031**	**32645**
城　区	Chengqu	5822	1852	5262		3970	1245	29
沁水县	Qinshui	114417	109321	109119		5096	94419	6249
阳城县	Yangcheng	104589	70239	100468		34351	55087	10609
陵川县	Lingchuan	83372	83055	76966		318	72796	3826
泽州县	Zezhou	194153	63675	167780		130479	28436	8028
高平市	Gaoping	186136	183536	166323		2600	158049	3904
朔州市	**Shuozhou**	**1289603**	**1289603**	**1219468**	**1746**		**1091672**	**21090**
朔城区	Shuocheng	291771	291771	282285	985		261047	1998
平鲁区	Pinglu	68777	68777	49506			17780	5335
山阴县	Shanyin	299583	299583	296607			273647	5057
应　县	Yingxian	310002	310002	288110	761		273463	4926
右玉县	Youyu	59359	59359	47282			27700	1302
怀仁市	Huairen	260110	260110	255679			238035	2471
晋中市	**Jinzhong**	**1545558**	**1518729**	**1504201**	**191**	**26830**	**1397580**	**40218**
榆次区	Yuci	158927	157691	157726		1236	151273	3235
太谷区	Taigu	173999	172395	170628	22	1604	159954	4644
榆社县	Yushe	58720	58720	56426			47001	5679
左权县	Zuoquan	55934	55905	50798	54	28	38271	4765
和顺县	Heshun	65596	65596	61667			57538	2506
昔阳县	Xiyang	140665	140665	138500			131645	6517
寿阳县	Shouyang	368410	368410	360100	54		352799	6465
祁　县	Qixian	210737	202372	207252		8366	197600	783
平遥县	Pingyao	200335	198655	195266	61	1680	183147	3442
灵石县	Lingshi	32552	31015	30712		1537	25244	1321
介休市	Jiexiu	79683	67304	75127		12379	53109	861

continued

(ton)

#高　粱 Sorghum	#燕　麦 Oats	#荞　麦 Buckwheat	豆　类 Beans	#大　豆 Soybean	#绿　豆 Mung Bean	#红小豆 Red Bean	薯　类 Tubers	#马铃薯 Potato	#红　薯 Sweet Potato
4997			1106	1101	1	1	777	386	391
5204			1583	1558	5		1049	685	364
676			735	715			3234	2848	386
1565			1438	1428	5	5	256	186	70
250			1300	1300			1660	1640	20
247			1346	1346			4945	3772	1173
3527	31	65	2373	2359	8	4	2679	2391	288
9200			1840	1814	20	5	1989	1192	797
4358	52	71	1759	1704	5	6	9323	9162	162
6401			**38266**	**38188**	**36**	**31**	**24306**	**6324**	**17982**
19			495	495			65	10	55
3355			3626	3625	1		1673	827	846
421			1491	1438	32	21	2630	712	1919
			1990	1969	1	10	4416	4018	398
837			21703	21700	3	0	4670	354	4316
1769			8962	8962			10851	403	10448
29687	**40733**	**13034**	**12334**	**9884**	**306**		**57801**	**57800**	**1**
5595	4920	2948	2369	1570	0		7117	7117	
417	18546	5385	3125	2722			16146	16146	
6282	5581	1891	1435	1380			1541	1541	
4609	750		1489	1320			20403	20402	1
1023	10936	2811	2519	1832			9557	9557	
11761			1396	1060	306		3036	3036	
36202	**136**	**1741**	**17771**	**17377**	**142**	**108**	**23586**	**17606**	**5980**
1208		423	475	412	41	11	726	268	458
4100		33	1315	1307	7	0	2057	551	1505
3515	14	23	1080	1078	1	1	1214	918	296
7316	116	236	1608	1562	15	19	3528	3350	179
848		690	1471	1467	1	0	2458	2458	
90		1	1212	1196	1	1	953	802	151
524		212	1529	1405		29	6781	6502	278
495	6		2159	2159			1327	326	1001
6894			1707	1582	72	44	3362	1736	1625
2442		122	1449	1443	4	2	392	286	105
8770		2	3768	3767	1	0	789	408	380

4-8 续表 2

单位：吨

县(市、区)	Region	粮 食 Grain	#秋 粮 Autumn Grain	谷 物 Cereal	#稻 谷 Rice	#小 麦 Wheat	#玉 米 Corn	#谷 子 Millet
运城市	**Yuncheng**	**2904666**	**1531005**	**2866801**	**7891**	**1373661**	**1467011**	**4896**
盐湖区	Yanhu	155013	80205	151632		74809	75132	3
临猗县	Linyi	148025	79044	143142	1442	68981	71402	
万荣县	Wanrong	199032	130861	195294	4729	68171	120933	425
闻喜县	Wenxi	295004	127936	292854		167068	124671	83
稷山县	Jishan	266041	138692	265193		127349	137844	
新绛县	Xinjiang	236101	123835	234723	270	112266	122138	49
绛 县	Jiangxian	155185	95298	153785		59887	93755	95
垣曲县	Yuanqu	87054	38985	85108		48069	35300	1731
夏 县	Xiaxian	261028	147227	257462		113801	142890	764
平陆县	Pinglu	120127	44680	115947		75447	39747	599
芮城县	Ruicheng	347025	177884	341661		169140	170647	1098
永济市	Yongji	437023	234126	434406	1450	202897	223232	
河津市	Hejin	198007	112230	195594		85777	109319	48
忻州市	**Xinzhou**	**2031368**	**2029882**	**1756445**	**2277**	**1486**	**1496347**	**161314**
忻府区	Xinfu	318173	318167	313808		6	305443	4516
定襄县	Dingxiang	160592	160563	155783	445	29	147985	4230
五台县	Wutai	120560	120560	109099	331		100010	6386
代 县	Daixian	106526	106526	104734	410		95936	6638
繁峙县	Fanshi	107526	107526	96568	301		80612	7350
宁武县	Ningwu	27547	27547	18307			10784	652
静乐县	Jingle	71523	71523	29402			14579	5756
神池县	Shenchi	222031	222031	181987			144611	26833
五寨县	Wuzhai	227057	227057	204335			175106	24009
岢岚县	Kelan	84573	84573	60828			39356	16153
河曲县	Hequ	73041	73041	48394			25723	11737
保德县	Baode	66049	66049	38871			25479	6321
偏关县	Pianguan	87022	87022	63306			17390	32521
五台山风景名胜区	Mount Wutai Scenic Area	2587	2587	1482			1475	8
原平市	Yuanping	356560	355109	329542	790	1451	311858	8203

continued

(ton)

#高　粱 Sorghum	#燕　麦 Oats	#荞　麦 Buckwheat	豆　类 Beans	#大　豆 Soybean	#绿　豆 Mung Bean	#红小豆 Red Bean	薯　类 Tubers	#马铃薯 Potato	#红　薯 Sweet Potato
13342			**17937**	**14260**	**3252**	**196**	**19928**	**479**	**19449**
1688			2233	924	1269	9	1148		1148
1318			1173	1034	106	1	3709	8	3701
1036			1339	790	453	92	2398		2398
1033			1637	1328	295	13	513	35	478
			748	736	12		100		100
			1192	1183	9		186		186
47			285	262	14	9	1116	38	1077
9			566	471	69	26	1380	52	1328
5			1618	1283	325	4	1949	149	1800
154			2221	2123	45	17	1959	116	1843
776			2336	1773	545	4	3028		3028
6827			1541	1417	78	20	1077		1077
450			1048	934	33		1365	81	1285
36325	**19343**	**3407**	**48274**	**31887**	**1126**	**1156**	**226649**	**220686**	**5964**
3802			1582	1582			2783	715	2068
2836			3074	3064			1735	1106	629
1850	184		1395	1345			10067	9583	484
616	11		482	194	50		1311	1056	255
3300	336	37	2680	2456		29	8278	8216	62
777	5456	80	3363	2148		46	5877	5877	
2551	3813	15	3871	2398	189	505	38250	38250	
2095	6797	189	11580	3958		6	28464	28464	
3963	28		1425	1014			21298	21298	
2545	1311	608	3542	1188		49	20204	20204	
1579			2294	1955	266	18	22353	22049	304
1537	3	233	4782	3405	606	443	22395	21189	1207
3475	545	2246	5257	5079	3	0	18458	18458	
			214	214			891	891	
5400	857		2733	1888	12	61	24285	23330	955

4-8 续表 3

单位：吨

县(市、区)	Region	粮　食 Grain	#秋　粮 Autumn Grain	谷　物 Cereal	#稻　谷 Rice	#小　麦 Wheat	#玉　米 Corn	#谷　子 Millet
临汾市	**Linfen**	**2210006**	**1345020**	**2156116**	**357**	**864986**	**1203150**	**32871**
尧都区	Yaodu	210345	100395	208297	142	109950	96915	360
曲沃县	Quwo	165030	82626	164093		82405	81545	
翼城县	Yicheng	188698	81505	186246		107193	73655	5316
襄汾县	Xiangfen	454140	229013	452711		225127	227328	203
洪洞县	Hongtong	371639	189620	368202		182019	186025	69
古　县	Guxian	43651	41557	41935		2094	37430	930
安泽县	Anze	121805	121805	119362	215		117551	1370
浮山县	Fushan	86422	53359	84819		33063	48154	1472
吉　县	Jixian	30629	30592	28857		36	27568	758
乡宁县	Xiangning	85158	60359	79788		24800	52451	1952
大宁县	Daning	28190	28190	23975			10297	2080
隰　县	Xixian	65253	65253	55219			41045	7410
永和县	Yonghe	57029	56987	52823		42	20583	8159
蒲　县	Puxian	83515	83515	78428			71970	1457
汾西县	Fenxi	75871	55768	71105		20104	49601	973
侯马市	Houma	86969	40209	86969		46761	40209	
霍州市	Huozhou	55661	24268	53288		31393	20823	361
吕梁市	**Lvliang**	**1062003**	**1055390**	**935988**	**172**	**6613**	**753526**	**81109**
离石区	Lishi	26717	26717	19890	123		16753	2301
文水县	Wenshui	223209	220993	211011	4	2216	206574	1179
交城县	Jiaocheng	42452	41977	36693	32	476	34689	736
兴　县	Xingxian	88314	88314	71895			29640	30348
临　县	Linxian	153299	153299	126238			107538	11529
柳林县	Liulin	46738	46723	35177		15	26728	5039
石楼县	Shilou	74880	74684	70640		196	52691	11609
岚　县	Lanxian	76973	76973	57804			41566	5516
方山县	Fangshan	51296	51296	42785			39230	1321
中阳县	Zhongyang	23747	23747	18716			15840	2334
交口县	Jiaokou	29011	29011	27211			24670	1693
孝义市	Xiaoyi	51965	49113	49648		2851	38842	3508
汾阳市	Fenyang	173402	172543	168279	13	859	118766	3998

continued

(ton)

#高 粱 Sorghum	#燕 麦 Oats	#荞 麦 Buckwheat	豆 类 Beans	#大 豆 Soybean	#绿 豆 Mung Bean	#红小豆 Red Bean	薯 类 Tubers	#马铃薯 Potato	#红 薯 Sweet Potato
52835	**270**	**387**	**16301**	**14564**	**1044**	**366**	**37589**	**25438**	**12151**
930			459	425	10	3	1590	255	1334
143			114	30	58	26	823	3	820
81			1562	1526	25	9	891	344	546
53			192	126	48	7	1237	16	1221
74			657	627	22	9	2780	40	2740
1478		3	949	937	1	11	766	675	92
226			925	920	3	2	1519	1155	364
2129			633	600	13	20	970	402	568
427			767	561	179	26	1005	711	294
365		53	2585	2363	171	38	2785	2662	123
11537		4	2015	1502	390	120	2200	1683	517
6215		23	2293	2216	18	44	7742	7523	219
23877			400	296	82	19	3806	2739	1067
4425	270	224	1028	1009		4	4058	4037	21
162		80	1275	1012	10	17	3491	2325	1166
710			446	413	14	12	1927	869	1057
85863	**872**	**374**	**40585**	**30943**	**1889**	**1499**	**85430**	**79810**	**5620**
306			2498	2052	52	85	4329	4205	124
1031			821	750	0		11376	10400	976
759	2		818	484	2	30	4942	4791	150
9330	257	77	7312	4610	641	470	9107	9007	100
5516			11441	9733	305	521	15621	14356	1264
2110			8111	7474	283	105	3450	2928	521
5725			1441	826	410	183	2798	1802	997
9775	422		2299	550	7	16	16870	16870	
1848			1911	980	9	51	6600	6560	40
182	32	59	1669	1421	104	16	3363	3203	160
696	14	86	564	402	75	20	1236	1060	176
4034	145	152	1090	1051	0	2	1227	816	411
44551			610	609			4512	3812	700

4-9 各市县小麦生产情况(2018-2023年)

县(市、区)	Region	2018		2019	
		播种面积(公顷) Sown Area (hectare)	产量(吨) Output (ton)	播种面积(公顷) Sown Area (hectare)	产量(吨) Output (ton)
太原市	**Taiyuan**	**70**	**368**	**62**	**316**
小店区	Xiaodian	49	260	36	179
迎泽区	Yingze				
杏花岭区	Xinghualing				
尖草坪区	Jiancaoping				
万柏林区	Wanbailin				
晋源区	Jinyuan				
清徐县	Qingxu	20	108	26	138
阳曲县	Yangqu				
娄烦县	Loufan				
古交市	Gujiao				
大同市	**Datong**				
新荣区	Xinrong				
平城区	Pingcheng				
云冈区	Yungang				
云州区	Yunzhou				
阳高县	Yanggao				
天镇县	Tianzhen				
广灵县	Guangling				
灵丘县	Lingqiu				
浑源县	Hunyuan				
左云县	Zuoyun				
阳泉市	**Yangquan**				
城　区	Chengqu				
矿　区	Kuangqu				
郊　区	Jiaoqu				
平定县	Pingding				
盂　县	Yuxian				
长治市	**Changzhi**	**4981**	**21437**	**4240**	**18399**
潞州区	Luzhou	8	38	8	35
上党区	Shangdang	185	1034	215	1205
屯留区	Tunliu	660	3333	574	2911

Basic Statistics on Wheat Production by Region (2018-2023)

2020		2021		2022		2023	
播种面积（公顷）Sown Area (hectare)	产量（吨）Output (ton)	播种面积（公顷）Sown Area (hectare)	产量（吨）Output (ton)	播种面积（公顷）Sown Area (hectare)	产量（吨）Output (ton)	播种面积（公顷）Sown Area (hectare)	产量（吨）Output (ton)
68	**354**	**121**	**649**	**48**	**260**	**208**	**1166**
39	197	48	254	28	147	54	292
		7	27	3	12		
		8	24			0	1
29	157	59	345	17	99	154	873
4064	**18018**	**4072**	**18682**	**4051**	**18774**	**4125**	**19208**
8	29	17	76	10	48	11	52
165	921	106	603	69	396	72	410
490	2896	700	3945	694	3977	722	4025

4-9 续表 1

县(市、区)	Region	2018		2019	
		播种面积(公顷) Sown Area (hectare)	产量(吨) Output (ton)	播种面积(公顷) Sown Area (hectare)	产量(吨) Output (ton)
潞城区	Lucheng	766	2333	666	1905
襄垣县	Xiangyuan	190	545	203	568
平顺县	Pingshun	945	4603	591	2953
黎城县	Licheng	1187	4216	964	3460
壶关县	Huguan	1	4		
长子县	Zhangzi	910	4993	896	5056
武乡县	Wuxiang	116	301	117	284
沁 县	Qinxian	13	38	7	20
沁源县	Qinyuan				
晋城市	**Jincheng**	**43441**	**148789**	**42499**	**160231**
城 区	Chengqu	1236	3943	1206	4137
沁水县	Qinshui	1727	5327	1309	3904
阳城县	Yangcheng	7856	28509	7740	29364
陵川县	Lingchuan	51	232	55	346
泽州县	Zezhou	30613	102760	31342	119317
高平市	Gaoping	1957	8018	847	3163
朔州市	**Shuozhou**				
朔城区	Shuocheng				
平鲁区	Pinglu				
山阴县	Shanyin				
应 县	Yingxian				
右玉县	Youyu				
怀仁市	Huairen				
晋中市	**Jinzhong**	**6454**	**24778**	**6801**	**23937**
榆次区	Yuci	193	1057	148	814
太谷区	Taigu	708	3655	646	3365
榆社县	Yushe				
左权县	Zuoquan	14	52	11	53
和顺县	Heshun				
昔阳县	Xiyang				
寿阳县	Shouyang				
祁 县	Qixian	1184	5977	1275	6794
平遥县	Pingyao	131	531	186	759
灵石县	Lingshi	1705	3446	1700	1060
介休市	Jiexiu	2519	10060	2834	11093

continued

2020		2021		2022		2023	
播种面积(公顷) Sown Area (hectare)	产量(吨) Output (ton)	播种面积(公顷) Sown Area (hectare)	产量(吨) Output (ton)	播种面积(公顷) Sown Area (hectare)	产量(吨) Output (ton)	播种面积(公顷) Sown Area (hectare)	产量(吨) Output (ton)
680	1375	501	1467	526	1628	552	1772
194	605	355	1117	371	1201	435	1322
529	2850	407	2374	414	2439	439	2552
885	3655	734	3120	767	3338	792	3611
						20	93
931	5241	996	5251	915	4887	807	4526
111	214	140	350	135	366	141	383
72	231	117	378	150	494	134	460
41824	**166655**	**41839**	**172123**	**42145**	**175179**	**42189**	**176813**
1130	3703	1125	3925	1073	3966	1073	3970
1270	4539	1284	4766	1315	4905	1321	5096
7691	31338	7694	32201	7893	33384	7906	34351
43	291	44	301	43	308	43	318
31125	124484	31122	128560	31234	130179	31244	130479
566	2302	571	2372	585	2438	601	2600
6617	**25934**	**6525**	**26564**	**5487**	**22595**	**6467**	**26830**
142	795	157	820	117	622	231	1236
555	2755	558	2787	404	2053	336	1604
9	45	7	26	7	30	7	28
1238	6361	1394	7398	1120	6041	1621	8366
157	647	306	1309	262	1139	391	1680
1494	2771	1150	1913	955	1612	981	1537
3022	12559	2954	12309	2622	11098	2901	12379

4-9 续表 2

县(市、区)	Region	2018 播种面积(公顷) Sown Area (hectare)	2018 产量(吨) Output (ton)	2019 播种面积(公顷) Sown Area (hectare)	2019 产量(吨) Output (ton)
运城市	**Yuncheng**	**291915**	**1273497**	**286911**	**1268225**
盐湖区	Yanhu	17812	67492	17676	65312
临猗县	Linyi	11000	48108	10201	44931
万荣县	Wanrong	11684	45379	11880	44949
闻喜县	Wenxi	43214	175511	41443	178067
稷山县	Jishan	25148	116288	25360	119071
新绛县	Xinjiang	26240	115215	26199	117000
绛　县	Jiangxian	20802	68956	19901	67542
垣曲县	Yuanqu	13068	45189	13028	44720
夏　县	Xiaxian	21241	106841	21192	107186
平陆县	Pinglu	17540	67187	17051	66883
芮城县	Ruicheng	33789	155721	33971	153695
永济市	Yongji	34237	180307	32724	174192
河津市	Hejin	16141	81302	16285	84678
忻州市	**Xinzhou**	**477**	**2378**	**239**	**1225**
忻府区	Xinfu				
定襄县	Dingxiang	16	104		
五台县	Wutai				
代　县	Daixian				
繁峙县	Fanshi				
宁武县	Ningwu				
静乐县	Jingle				
神池县	Shenchi				
五寨县	Wuzhai				
岢岚县	Kelan				
河曲县	Hequ				
保德县	Baode				
偏关县	Pianguan				
五台山风景名胜区	Mount Wutai Scenic Area				
原平市	Yuanping	460	2274	239	1225

continued

2020		2021		2022		2023	
播种面积 (公顷) Sown Area (hectare)	产量 (吨) Output (ton)	播种面积 (公顷) Sown Area (hectare)	产量 (吨) Output (ton)	播种面积 (公顷) Sown Area (hectare)	产量 (吨) Output (ton)	播种面积 (公顷) Sown Area (hectare)	产量 (吨) Output (ton)
280465	**1326234**	**281017**	**1351267**	**280787**	**1363995**	**282006**	**1373661**
17556	67433	17421	68811	17494	70339	19334	74809
10811	49302	11019	50713	11304	52702	14667	68981
11720	46038	11587	47354	12037	49697	16667	68171
40091	181846	40539	183892	40225	182916	35334	167068
24911	121805	24870	124535	24800	125606	24000	127349
25319	120616	24981	122271	24426	120107	23334	112266
18563	69829	19116	71983	18942	71988	15334	59887
12843	48802	12855	48988	12822	49382	12000	48069
21137	115505	21074	117499	21042	118934	20667	113801
16970	72278	16956	73666	16909	74340	16667	75447
33496	166215	33235	170002	33218	172269	32667	169140
31196	178874	31521	182246	31727	185309	35334	202897
15851	87690	15844	89306	15841	90404	16001	85777
279	**1591**	**203**	**1156**	**183**	**1032**	**265**	**1486**
						1	6
		15	89	13	76	5	29
279	1591	188	1068	170	957	259	1451

4-9 续表 3

县(市、区)	Region	2018 播种面积(公顷) Sown Area (hectare)	2018 产量(吨) Output (ton)	2019 播种面积(公顷) Sown Area (hectare)	2019 产量(吨) Output (ton)
临汾市	**Linfen**	**210749**	**808106**	**204044**	**786394**
尧都区	Yaodu	24996	96714	25016	98104
曲沃县	Quwo	16741	78844	16859	73571
翼城县	Yicheng	22966	88535	22295	97106
襄汾县	Xiangfen	46580	197148	46458	205259
洪洞县	Hongtong	45763	168654	46507	158490
古　县	Guxian	971	2759	830	2240
安泽县	Anze				
浮山县	Fushan	12414	33213	10981	30276
吉　县	Jixian	15	38	4	10
乡宁县	Xiangning	8585	30550	6363	22793
大宁县	Daning	13	47	2	4
隰　县	Xixian				
永和县	Yonghe	96	98	34	15
蒲　县	Puxian				
汾西县	Fenxi	11995	32946	9959	27215
侯马市	Houma	7970	42998	8183	43479
霍州市	Huozhou	11644	35561	10552	27830
吕梁市	**Lvliang**	**2182**	**6536**	**2004**	**3385**
离石区	Lishi				
文水县	Wenshui	142	730	204	1052
交城县	Jiaocheng	68	395	112	689
兴　县	Xingxian				
临　县	Linxian				
柳林县	Liulin	16	15	13	11
石楼县	Shilou	174	308	21	21
岚　县	Lanxian				
方山县	Fangshan				
中阳县	Zhongyang				
交口县	Jiaokou	3	12	3	5
孝义市	Xiaoyi	1606	4494	1466	1109
汾阳市	Fenyang	173	582	186	498

continued

2020		2021		2022		2023	
播种面积 (公顷) Sown Area (hectare)	产量 (吨) Output (ton)	播种面积 (公顷) Sown Area (hectare)	产量 (吨) Output (ton)	播种面积 (公顷) Sown Area (hectare)	产量 (吨) Output (ton)	播种面积 (公顷) Sown Area (hectare)	产量 (吨) Output (ton)
200651	**820713**	**201112**	**857277**	**200414**	**864169**	**198567**	**864986**
24629	102374	24915	106170	25420	109860	25321	109950
16638	77000	16798	80258	17133	82182	17160	82405
21978	101850	22265	104219	22459	105942	22516	107193
45726	212979	45438	221094	45519	222903	45583	225127
45613	166100	45042	178785	45154	180495	45257	182019
820	2358	601	1816	680	2089	675	2094
		70	199				
10777	31429	10925	33323	10788	33397	10531	33063
4	8	5	11	8	18	15	36
6272	24045	6439	24743	6698	26154	6269	24800
14	18			35	48	31	42
		67	178				
9768	28230	9921	29143	8029	23901	6558	20104
8072	45357	8260	47162	8108	46504	8139	46761
10339	28962	10367	30174	10383	30676	10511	31393
1912	**5453**	**1951**	**5999**	**1936**	**6040**	**2046**	**6613**
268	1506	297	1744	290	1735	401	2216
84	485	86	501	83	495	87	476
11	21	8	16	9	19	9	15
4	7	3	5	43	83	100	196
1	3						
1384	2852	1393	3112	1375	3184	1228	2851
160	579	165	620	136	525	221	859

4-10 各市县玉米生产情况(2018-2023年)

县(市、区)	Region	2018		2019	
		播种面积(公顷) Sown Area (hectare)	产量(吨) Output (ton)	播种面积(公顷) Sown Area (hectare)	产量(吨) Output (ton)
太原市	**Taiyuan**	**32795**	**156780**	**30118**	**141520**
小店区	Xiaodian	359	2593	1168	4663
迎泽区	Yingze	24	42	25	23
杏花岭区	Xinghualing	55	113	13	25
尖草坪区	Jiancaoping	3153	10718	2613	9722
万柏林区	Wanbailin	67	231	80	213
晋源区	Jinyuan	994	7537	692	2376
清徐县	Qingxu	11695	60734	9225	41682
阳曲县	Yangqu	13664	68452	13680	76055
娄烦县	Loufan	1423	3581	1367	3727
古交市	Gujiao	1362	2779	1253	3034
大同市	**Datong**	**142726**	**823142**	**139696**	**927905**
新荣区	Xinrong	4293	19814	5325	30727
平城区	Pingcheng	1836	9997	1578	12931
云冈区	Yungang	6955	37231	6639	46604
云州区	Yunzhou	18512	85356	18485	83596
阳高县	Yanggao	29558	196279	26847	201194
天镇县	Tianzhen	24688	133455	23031	169108
广灵县	Guangling	15792	133980	15277	148865
灵丘县	Lingqiu	18021	65484	18766	78160
浑源县	Hunyuan	20318	133088	19997	140284
左云县	Zuoyun	2519	6954	3512	14769
阳泉市	**Yangquan**	**45474**	**216664**	**44569**	**190317**
城　区	Chengqu	256	1033	246	1075
矿　区	Kuangqu	97	323	80	252
郊　区	Jiaoqu	3779	14327	3454	12843
平定县	Pingding	17240	77144	17087	58925
盂　县	Yuxian	24089	123774	23703	117221
长治市	**Changzhi**	**196895**	**1182192**	**212723**	**971867**
潞州区	Luzhou	8063	44985	7136	34087
上党区	Shangdang	15399	90091	15004	66729
屯留区	Tunliu	30480	196010	37814	177540

Basic Statistics on Corn Production by Region (2018-2023)

2020		2021		2022		2023	
播种面积（公顷）Sown Area (hectare)	产量（吨）Output (ton)	播种面积（公顷）Sown Area (hectare)	产量（吨）Output (ton)	播种面积（公顷）Sown Area (hectare)	产量（吨）Output (ton)	播种面积（公顷）Sown Area (hectare)	产量（吨）Output (ton)
31906	**157067**	**33268**	**161113**	**35400**	**174826**	**36805**	**180539**
1857	7487	1950	8070	2071	8827	2071	8927
50	65	53	109	53	112	64	121
132	379	140	466	149	508	173	538
2213	9997	2153	10362	2292	11097	2313	11200
107	280	112	284	120	326	125	340
639	2904	646	2739	673	2982	712	3206
12847	59562	12742	60560	13386	66193	12699	62387
12216	70401	13026	73520	14033	79278	15216	85548
929	3336	1242	2507	1317	2729	1795	3918
917	2657	1206	2495	1306	2775	1637	4353
138336	**924503**	**140521**	**940494**	**151081**	**992916**	**157724**	**1023304**
4032	22698	4832	27206	5644	32136	6743	35751
1496	13010	1512	13170	1643	13755	1658	13969
5516	46228	5649	47351	5988	48707	6785	50811
13043	72082	13220	73263	14679	79512	15559	81750
27762	207043	27936	209274	29659	220886	29670	226118
24369	166911	24441	168719	26596	177100	27105	179968
18731	160132	18897	161827	19377	166129	20384	170834
19232	81249	19581	82772	20893	88112	21096	88960
19481	139946	19686	141545	21109	149586	22286	155032
4673	15204	4766	15367	5492	16993	6438	20112
46075	**211388**	**47163**	**214401**	**47236**	**218917**	**47254**	**218950**
230	1021	219	973	220	985	214	963
79	289	86	328	86	332	84	334
3565	13416	3598	13919	3627	14127	3610	14279
17611	73430	17732	76738	17741	78237	17770	77830
24590	123231	25528	122443	25562	125235	25577	125545
214670	**1076445**	**217023**	**1089760**	**214861**	**1105357**	**215217**	**1109266**
7807	38091	7714	37934	7702	38089	7601	37820
15919	79696	16087	81309	16065	82297	16040	82492
35784	187694	35714	188456	35406	192294	35594	193459

4-10 续表 1

县(市、区)	Region	2018		2019	
		播种面积(公顷) Sown Area (hectare)	产量(吨) Output (ton)	播种面积(公顷) Sown Area (hectare)	产量(吨) Output (ton)
潞城区	Lucheng	14026	94924	14505	69129
襄垣县	Xiangyuan	23862	137611	25772	103063
平顺县	Pingshun	6526	33969	6557	32660
黎城县	Licheng	11412	51986	12642	39926
壶关县	Huguan	14228	95824	15317	88513
长子县	Zhangzi	27845	178537	32626	155985
武乡县	Wuxiang	16399	70559	16843	54518
沁　县	Qinxian	20923	139641	21219	111263
沁源县	Qinyuan	7732	48054	7289	38455
晋城市	**Jincheng**	**84889**	**493798**	**93765**	**410765**
城　区	Chengqu	272	1573	203	983
沁水县	Qinshui	18856	103341	18638	76924
阳城县	Yangcheng	17250	84612	17228	58016
陵川县	Lingchuan	16896	76651	19150	69751
泽州县	Zezhou	5428	37588	8323	47468
高平市	Gaoping	26188	190033	30223	157624
朔州市	**Shuozhou**	**155734**	**1016108**	**153502**	**997561**
朔城区	Shuocheng	41420	256095	42346	228742
平鲁区	Pinglu	3554	18526	3288	19940
山阴县	Shanyin	35376	226202	35603	245015
应　县	Yingxian	40148	290895	39785	261587
右玉县	Youyu	4293	17847	4956	23226
怀仁市	Huairen	30943	206543	27525	219051
晋中市	**Jinzhong**	**205780**	**1416516**	**203953**	**1330718**
榆次区	Yuci	25006	159012	22628	139233
太谷区	Taigu	20019	165126	19071	150916
榆社县	Yushe	9115	51911	8316	40234
左权县	Zuoquan	7425	41345	6611	38060
和顺县	Heshun	6783	52159	6890	48593
昔阳县	Xiyang	18450	121611	18408	133775
寿阳县	Shouyang	40958	315804	45159	330060
祁　县	Qixian	21080	182217	20842	189090
平遥县	Pingyao	32087	196418	32265	178180
灵石县	Lingshi	8289	43012	8044	25337
介休市	Jiexiu	16568	87902	15720	57241

continued

2020		2021		2022		2023	
播种面积（公顷） Sown Area (hectare)	产量（吨） Output (ton)	播种面积（公顷） Sown Area (hectare)	产量（吨） Output (ton)	播种面积（公顷） Sown Area (hectare)	产量（吨） Output (ton)	播种面积（公顷） Sown Area (hectare)	产量（吨） Output (ton)
14895	78816	14768	78535	14579	79728	14586	79711
25846	119907	25538	119209	25234	119289	25274	119548
6785	36631	7254	38852	7085	39362	7087	39304
12700	50019	13172	51310	13043	52356	13063	52382
15576	90667	15753	91365	15340	91950	15439	92232
32103	167011	32302	170241	32281	175093	32297	176691
17528	63879	18033	63472	17988	64957	18064	65598
21937	122868	22406	126304	21889	126368	21918	126540
7791	41168	8282	42773	8249	43575	8256	43490
84457	**385069**	**86113**	**392872**	**86135**	**401955**	**87324**	**410031**
208	1174	273	1227	206	1036	244	1245
17060	82602	16899	88395	17490	92789	17517	94419
15576	49720	16548	53062	16486	53858	16635	55087
18148	67858	18301	69678	18839	71949	18859	72796
8343	37356	8623	34957	6005	29005	6350	28436
25122	146359	25469	145553	27109	153318	27718	158049
157017	**1027141**	**158769**	**1039251**	**165490**	**1065204**	**171738**	**1091672**
40359	242253	40369	246210	41444	252805	43339	261047
3771	14199	3772	14266	4487	17079	4781	17780
39391	261334	39558	264415	40887	268011	42144	273647
37856	257378	37856	258804	39059	263038	40452	273463
6212	25626	6218	25728	6742	27565	7052	27700
29427	226351	30996	229828	32872	236707	33970	238035
209014	**1368689**	**210063**	**1349171**	**211744**	**1390367**	**212887**	**1397580**
23102	143277	23607	145687	23802	147864	24754	151273
19309	155848	19244	152188	19394	158171	19080	159954
8648	41742	9035	41447	9183	42843	10033	47001
6971	39845	7206	39365	7297	40009	7167	38271
7972	50226	8188	53189	8319	54169	8682	57538
18861	137469	19262	138904	19444	141335	19531	131645
46254	336783	46352	339756	46420	348002	46493	352799
21103	194405	21146	189665	21186	196346	20984	197600
32550	183082	32120	174082	32493	180982	32265	183147
8531	26549	8359	21326	8396	23613	8634	25244
15713	59462	15543	53562	15811	57034	15266	53109

4-10 续表 2

县(市、区)	Region	2018		2019	
		播种面积(公顷) Sown Area (hectare)	产量(吨) Output (ton)	播种面积(公顷) Sown Area (hectare)	产量(吨) Output (ton)
运城市	**Yuncheng**	**247563**	**1171091**	**211279**	**1280990**
盐湖区	Yanhu	15526	63921	10855	61546
临猗县	Linyi	10711	59735	7873	57811
万荣县	Wanrong	22271	79801	16510	72554
闻喜县	Wenxi	21275	115437	18359	115529
稷山县	Jishan	20845	102993	19060	127119
新绛县	Xinjiang	22272	103142	20090	113742
绛　县	Jiangxian	18580	88580	15937	88710
垣曲县	Yuanqu	8697	28113	7539	29680
夏　县	Xiaxian	25501	115966	22471	133007
平陆县	Pinglu	10687	25152	7725	27684
芮城县	Ruicheng	25473	135310	23603	161962
永济市	Yongji	31375	168487	27829	191745
河津市	Hejin	14350	84457	13428	99901
忻州市	**Xinzhou**	**214120**	**1215165**	**221180**	**1352286**
忻府区	Xinfu	40020	269347	41621	288254
定襄县	Dingxiang	19936	140695	18364	145056
五台县	Wutai	16807	82039	15958	89553
代　县	Daixian	18676	77476	18109	90936
繁峙县	Fanshi	17779	59118	18614	69246
宁武县	Ningwu	1435	6078	1621	6810
静乐县	Jingle	2997	15179	3542	17923
神池县	Shenchi	13287	72777	16361	95989
五寨县	Wuzhai	18849	122123	22131	151991
岢岚县	Kelan	4948	25926	5111	27256
河曲县	Hequ	8613	31999	7832	29365
保德县	Baode	5214	17145	5313	19360
偏关县	Pianguan	4290	13367	3962	14751
五台山风景名胜区	Mount Wutai Scenic Area	213	1210	192	1286
原平市	Yuanping	41056	280688	42449	304510

continued

2020		2021		2022		2023	
播种面积(公顷) Sown Area (hectare)	产量(吨) Output (ton)	播种面积(公顷) Sown Area (hectare)	产量(吨) Output (ton)	播种面积(公顷) Sown Area (hectare)	产量(吨) Output (ton)	播种面积(公顷) Sown Area (hectare)	产量(吨) Output (ton)
232586	**1418493**	**237952**	**1375668**	**238374**	**1455256**	**239213**	**1467011**
12396	69503	12837	67278	12846	74709	12313	75132
9873	70961	10104	68281	10183	71053	10085	71402
20182	97694	21619	102866	22058	120090	22546	120933
17518	123905	17753	121483	18038	126349	18131	124671
20971	143371	21133	130214	20940	140272	20989	137844
21639	117025	20039	104815	20169	117120	20306	122138
17371	97891	16983	96542	17206	99021	17285	93755
7823	33572	8399	34386	8493	36835	8924	35300
22706	136016	22939	135266	22793	139075	22452	142890
9138	41763	9492	40905	9340	42758	9095	39747
26724	168217	28242	166029	28262	170530	28189	170647
30968	213874	32774	210611	32818	214050	33606	223232
15278	104703	15639	96992	15229	103391	15293	109319
207601	**1338659**	**214744**	**1387442**	**224739**	**1456187**	**233018**	**1496347**
39257	295753	40994	298365	41267	302523	41531	305443
17948	142763	18023	145103	17824	145824	18158	147985
16944	92535	17063	93994	17487	98534	17558	100010
17860	87932	17934	91073	18449	93958	19052	95936
19827	65460	21233	70221	22557	75982	23805	80612
814	4754	1308	8252	1567	9472	1701	10784
1855	8647	2135	11563	2442	13370	2652	14579
14582	105080	14879	114246	17853	135991	19010	144611
22457	160498	23240	165246	23783	170513	26003	175106
5355	32759	5476	33807	6169	36455	6705	39356
4719	18908	5607	22595	5894	23813	6339	25723
5119	19921	5501	22050	6100	24790	6189	25479
3312	11668	3748	14640	3844	15209	4063	17390
176	1264	210	1565	196	1406	235	1475
37377	290718	37392	294721	39308	308346	40017	311858

4-10 续表 3

县(市、区)	Region	2018 播种面积(公顷) Sown Area (hectare)	2018 产量(吨) Output (ton)	2019 播种面积(公顷) Sown Area (hectare)	2019 产量(吨) Output (ton)
临汾市	**Linfen**	**251734**	**1327638**	**242981**	**1116433**
尧都区	Yaodu	20803	101920	19198	90764
曲沃县	Quwo	15066	87191	13550	82931
翼城县	Yicheng	19549	85536	15966	73014
襄汾县	Xiangfen	37802	236578	32770	209250
洪洞县	Hongtong	33162	163908	34754	184618
古　县	Guxian	10124	55090	12952	29805
安泽县	Anze	21082	134972	20203	106290
浮山县	Fushan	10256	55436	10320	40047
吉　县	Jixian	4303	23524	4037	20898
乡宁县	Xiangning	8393	37452	9297	41011
大宁县	Daning	6469	32855	5800	16507
隰　县	Xixian	15165	74310	14488	40770
永和县	Yonghe	15391	63986	11427	26680
蒲　县	Puxian	10278	61817	10695	58838
汾西县	Fenxi	9661	36913	11511	36058
侯马市	Houma	7256	38445	6926	42662
霍州市	Huozhou	6972	37704	9085	16290
吕梁市	**Lvliang**	**169955**	**797114**	**161273**	**673341**
离石区	Lishi	4117	14747	3939	13925
文水县	Wenshui	28161	212726	28705	196196
交城县	Jiaocheng	5704	35258	5329	30469
兴　县	Xingxian	11501	27800	8314	25567
临　县	Linxian	33151	103732	27485	91728
柳林县	Liulin	6040	22222	6308	17668
石楼县	Shilou	15404	66330	14866	33824
岚　县	Lanxian	8475	30973	9793	39947
方山县	Fangshan	5458	29972	5585	33312
中阳县	Zhongyang	3183	15965	2963	11329
交口县	Jiaokou	5343	22835	5519	14350
孝义市	Xiaoyi	10487	50916	10249	21496
汾阳市	Fenyang	32931	163637	32218	143531

continued

2020		2021		2022		2023	
播种面积 (公顷) Sown Area (hectare)	产量 (吨) Output (ton)	播种面积 (公顷) Sown Area (hectare)	产量 (吨) Output (ton)	播种面积 (公顷) Sown Area (hectare)	产量 (吨) Output (ton)	播种面积 (公顷) Sown Area (hectare)	产量 (吨) Output (ton)
251398	**1161360**	**255694**	**1123345**	**255720**	**1179012**	**259562**	**1203150**
20153	94787	19829	90250	19884	95385	20042	96915
14144	80998	14282	78543	14348	81091	14360	81545
16527	74156	16091	71540	15579	72735	15668	73655
34313	228028	34958	217667	35304	226041	35372	227328
34703	188911	35724	175067	35429	183364	36037	186025
13222	30011	14314	35321	14321	36900	14298	37430
21448	115214	21483	113503	21475	115137	21592	117551
10499	40457	11152	44274	11273	46072	11399	48154
4268	22858	5020	25256	5223	27219	5206	27568
9352	40997	11080	44811	11485	49616	12239	52451
5057	13348	4336	9100	3544	9119	4030	10297
14843	39641	14908	37932	13598	42089	13487	41045
11717	29207	10829	18173	9686	20035	9760	20583
11579	67184	10880	66812	11208	68831	11576	71970
13443	39705	13738	39196	16029	45784	16926	49601
7057	41022	6892	38673	7047	39924	7056	40209
9073	14835	10179	17227	10288	19670	10513	20823
169159	**730651**	**171257**	**702171**	**183096**	**770694**	**181463**	**753526**
5645	15290	5952	15296	7144	18362	7378	16753
28823	206286	28998	196423	28429	209898	28175	206574
5749	29471	5805	34370	5843	35168	5880	34689
7097	27965	8573	33501	10208	35616	9811	29640
27842	90528	27369	89457	32342	106268	31361	107538
7156	24349	7835	22246	8872	24316	8774	26728
17484	51423	17130	41958	17345	48779	19749	52691
9630	40004	11029	40399	12603	46407	13860	41566
5596	35240	7039	39783	7532	40694	7705	39230
2910	13458	3196	15095	3384	16323	3605	15840
6364	19447	6922	20606	6939	24351	7365	24670
13906	40461	12231	34674	12254	39107	13334	38842
30956	136728	29178	118363	30201	125406	24467	118766

4-11 各市县谷子生产情况(2018-2023年)

县(市、区)	Region	2018		2019	
		播种面积(公顷) Sown Area (hectare)	产量(吨) Output (ton)	播种面积(公顷) Sown Area (hectare)	产量(吨) Output (ton)
太原市	**Taiyuan**	**8325**	**16264**	**7956**	**16516**
小店区	Xiaodian				
迎泽区	Yingze	18	28	17	17
杏花岭区	Xinghualing	72	88	52	82
尖草坪区	Jiancaoping	322	615	315	632
万柏林区	Wanbailin	58	124	32	67
晋源区	Jinyuan				
清徐县	Qingxu	18	43	22	33
阳曲县	Yangqu	5555	11789	5228	12505
娄烦县	Loufan	1442	2139	1545	1785
古交市	Gujiao	839	1439	746	1394
大同市	**Datong**	**20829**	**44330**	**22800**	**51831**
新荣区	Xinrong	1270	2528	1169	2866
平城区	Pingcheng	143	275	175	444
云冈区	Yungang	316	700	452	1531
云州区	Yunzhou	1924	4137	2048	3293
阳高县	Yanggao	3642	9664	4851	13853
天镇县	Tianzhen	2656	4519	3231	6062
广灵县	Guangling	3427	8496	3286	8736
灵丘县	Lingqiu	3663	7642	3745	8442
浑源县	Hunyuan	2655	5067	2653	4789
左云县	Zuoyun	1134	1301	1190	1815
阳泉市	**Yangquan**	**4161**	**8328**	**4427**	**7726**
城　区	Chengqu				
矿　区	Kuangqu	5	13	6	10
郊　区	Jiaoqu	280	720	315	720
平定县	Pingding	1611	3110	1749	2476
盂　县	Yuxian	2264	4483	2358	4520
长治市	**Changzhi**	**15038**	**33890**	**16533**	**30035**
潞州区	Luzhou	21	65	114	635
上党区	Shangdang	481	1455	634	1759
屯留区	Tunliu	486	1013	642	1134

Basic Statistics on Millet Production by Region (2018-2023)

2020		2021		2022		2023	
播种面积 (公顷) Sown Area (hectare)	产量 (吨) Output (ton)	播种面积 (公顷) Sown Area (hectare)	产量 (吨) Output (ton)	播种面积 (公顷) Sown Area (hectare)	产量 (吨) Output (ton)	播种面积 (公顷) Sown Area (hectare)	产量 (吨) Output (ton)
7364	**13121**	**6696**	**11507**	**6658**	**15331**	**6023**	**12507**
46	87						
11	11	9	10	8	17	8	15
40	85	34	76	52	71	17	21
287	624	316	550	163	400	173	396
37	72	26	62	19	46	20	47
12	20	10	21	1	4	1	2
53	112	52	99	79	184	13	33
5055	9843	4404	8449	3756	10452	3411	8158
1052	980	923	852	1354	2142	1251	1980
772	1286	920	1389	1227	2015	1129	1855
22666	**54217**	**24217**	**56022**	**24453**	**55577**	**24289**	**55705**
877	2230	928	2239	952	2635	1138	2651
91	206	98	215	98	242	79	242
325	692	341	721	342	811	335	812
2568	5913	2666	6122	2697	5790	2684	5806
4586	11728	4965	12229	4984	12097	4823	12107
4040	9483	4431	9897	4479	9568	4467	9590
3234	8009	3545	8403	3578	8689	3514	8704
3579	8326	3672	8503	3696	7631	3671	7756
1939	4431	2012	4459	2028	4241	1732	4153
1427	3200	1558	3235	1597	3873	1847	3884
4513	**10034**	**4082**	**9503**	**3776**	**9377**	**3217**	**8394**
8	14	6	11	7	14	12	13
257	682	286	566	259	589	269	576
1727	3565	1716	3663	1592	3667	1666	3667
2521	5773	2074	5263	1917	5107	1271	4137
15591	**39972**	**14984**	**40391**	**14386**	**38578**	**16536**	**44876**
66	373	97	446	82	390	84	463
586	2201	483	1939	395	1580	382	1586
598	1649	550	1726	449	1570	569	2040

4-11 续表 1

县(市、区)	Region	2018		2019	
		播种面积(公顷) Sown Area (hectare)	产量(吨) Output (ton)	播种面积(公顷) Sown Area (hectare)	产量(吨) Output (ton)
潞城区	Lucheng	552	1320	591	1090
襄垣县	Xiangyuan	2003	5077	2154	4284
平顺县	Pingshun	980	2222	1096	2254
黎城县	Licheng	506	555	540	532
壶关县	Huguan	416	1050	601	1173
长子县	Zhangzi	261	471	283	523
武乡县	Wuxiang	5949	12311	6119	9848
沁　县	Qinxian	2302	6126	2567	4802
沁源县	Qinyuan	1083	2225	1194	2000
晋城市	**Jincheng**	**9409**	**21797**	**10360**	**25958**
城　区	Chengqu	24	88	11	22
沁水县	Qinshui	1434	4339	1498	3044
阳城县	Yangcheng	3362	1244	3344	7964
陵川县	Lingchuan	1370	3294	1467	3426
泽州县	Zezhou	2063	9387	2560	8241
高平市	Gaoping	1156	3445	1481	3260
朔州市	**Shuozhou**	**8293**	**23226**	**9567**	**23876**
朔城区	Shuocheng	1126	5823	1246	3538
平鲁区	Pinglu	965	1148	994	1471
山阴县	Shanyin	2724	6840	3890	9202
应　县	Yingxian	1955	5854	1939	5437
右玉县	Youyu	395	332	331	574
怀仁市	Huairen	1128	3229	1168	3652
晋中市	**Jinzhong**	**14548**	**39294**	**14662**	**32856**
榆次区	Yuci	1472	3663	1827	3849
太谷区	Taigu	1116	2858	1127	3633
榆社县	Yushe	2562	6613	2458	4606
左权县	Zuoquan	2033	5168	2006	4028
和顺县	Heshun	939	2597	797	2452
昔阳县	Xiyang	2198	6260	2120	3944
寿阳县	Shouyang	2160	6981	2257	5672
祁　县	Qixian	253	678	270	781
平遥县	Pingyao	854	2541	943	2684
灵石县	Lingshi	643	1394	469	674
介休市	Jiexiu	319	542	388	533

continued

2020		2021		2022		2023	
播种面积(公顷) Sown Area (hectare)	产量(吨) Output (ton)	播种面积(公顷) Sown Area (hectare)	产量(吨) Output (ton)	播种面积(公顷) Sown Area (hectare)	产量(吨) Output (ton)	播种面积(公顷) Sown Area (hectare)	产量(吨) Output (ton)
561	1460	357	1017	356	1009	422	1289
2003	5626	2110	6029	1842	5060	1693	4778
1000	2567	805	2168	804	1955	837	2036
526	831	469	816	403	708	539	1007
523	1430	457	1482	390	1259	603	1949
274	639	255	727	267	719	440	1235
5893	13833	5850	14199	5809	13819	6743	16040
2437	6852	2434	7108	2420	7479	2620	8313
1126	2511	1119	2733	1171	3030	1604	4141
11834	**40831**	**11517**	**35017**	**11365**	**34841**	**11064**	**32645**
5	16	16	62	6	29	6	29
1737	8159	1744	8835	1646	6655	1604	6249
3977	12900	3872	10847	3819	11587	3758	10609
1638	5242	1569	3828	1576	3960	1573	3826
2576	8979	3011	6852	3000	8898	2884	8028
1900	5535	1306	4592	1318	3712	1239	3904
13129	**25515**	**14341**	**23166**	**14673**	**22962**	**14645**	**21090**
1313	2114	1500	2019	1533	1998	1527	1998
3851	5796	4273	5263	4447	5704	4577	5335
3225	5192	3523	4714	3531	5129	3525	5057
2393	8461	2393	7283	2398	6152	2393	4926
1050	1187	1120	1178	1155	1285	1150	1302
1298	2765	1531	2711	1610	2693	1473	2471
13680	**37164**	**13142**	**36628**	**13116**	**42383**	**12555**	**40218**
1702	4301	1408	2895	1400	4110	921	3235
1041	3264	1026	3644	991	4376	1239	4644
2290	5344	2365	6046	2360	6038	1978	5679
1876	3790	1764	3833	1773	3956	1640	4765
750	2664	901	2689	992	3322	915	2506
1986	4543	1789	5344	1787	6481	1952	6517
2109	7914	1786	6583	1496	6569	1740	6465
252	867	326	1038	205	820	233	783
873	3025	1047	3035	1176	3864	1138	3442
441	826	442	956	507	1905	430	1321
362	625	290	566	430	941	370	861

4-11 续表 2

县(市、区)	Region	2018		2019	
		播种面积(公顷) Sown Area (hectare)	产量(吨) Output (ton)	播种面积(公顷) Sown Area (hectare)	产量(吨) Output (ton)
运城市	**Yuncheng**	**2135**	**4642**	**1671**	**4121**
盐湖区	Yanhu	10	13	1	1
临猗县	Linyi	10	28		
万荣县	Wanrong	93	109	180	201
闻喜县	Wenxi	208	577	71	234
稷山县	Jishan	29	46	4	4
新绛县	Xinjiang	15	38	12	36
绛　县	Jiangxian	62	103	43	67
垣曲县	Yuanqu	601	1103	673	1418
夏　县	Xiaxian	311	649	278	698
平陆县	Pinglu	68	69	39	39
芮城县	Ruicheng	402	1290	325	1293
永济市	Yongji	291	527	2	4
河津市	Hejin	35	87	44	125
忻州市	**Xinzhou**	**58809**	**176394**	**67597**	**221216**
忻府区	Xinfu	2212	5138	2373	6404
定襄县	Dingxiang	1568	4181	1651	5554
五台县	Wutai	3499	8426	3744	9323
代　县	Daixian	1951	3831	2618	6231
繁峙县	Fanshi	4413	8498	4946	10301
宁武县	Ningwu	367	742	385	793
静乐县	Jingle	2448	5249	2276	5938
神池县	Shenchi	7743	32630	10415	45862
五寨县	Wuzhai	9410	43627	11291	50092
岢岚县	Kelan	3387	12308	4283	18147
河曲县	Hequ	5269	9988	6169	12308
保德县	Baode	4144	7835	3863	8118
偏关县	Pianguan	8078	23401	8830	30081
五台山风景名胜区	Mount Wutai Scenic Area	18	25		
原平市	Yuanping	4305	10513	4754	12064

continued

2020		2021		2022		2023	
播种面积 (公顷) Sown Area (hectare)	产量 (吨) Output (ton)	播种面积 (公顷) Sown Area (hectare)	产量 (吨) Output (ton)	播种面积 (公顷) Sown Area (hectare)	产量 (吨) Output (ton)	播种面积 (公顷) Sown Area (hectare)	产量 (吨) Output (ton)
2051	**5325**	**1674**	**4369**	**1668**	**5051**	**1609**	**4896**
		1	1			1	3
2	4	3	7				
351	1235	294	731	215	671	119	425
61	149	54	130	82	216	25	83
12	32	9	25	45	117	18	49
69	184	50	129	38	145	32	95
715	1253	593	1574	567	1500	596	1731
360	767	286	801	300	909	275	764
87	160	73	183	110	345	186	599
323	1339	261	641	270	998	346	1098
3	7	3	7	1	3		
67	195	48	139	39	145	12	48
76033	**214753**	**77376**	**186447**	**76623**	**182965**	**68973**	**161314**
2637	7238	2596	6046	2089	5473	1875	4516
1905	6333	1904	6336	1531	5248	1297	4230
3394	8418	3363	8488	3160	7110	3137	6386
3326	9373	3293	7829	2830	7926	2292	6638
4395	9405	4365	9455	3926	8712	3218	7350
232	502	345	645	403	711	403	652
1473	5013	1981	5533	2375	6548	2141	5756
16192	41364	15633	32865	14553	31518	14521	26833
12031	41505	10357	33515	9946	27034	8070	24009
5409	19583	5611	15813	6507	17760	6209	16153
6543	10425	7222	9264	8018	13490	7537	11737
3585	5677	4598	5840	4733	6891	4128	6321
8630	35546	10040	33163	10723	34752	9083	32521
110	352					5	8
6171	14018	6066	11653	5830	9791	5059	8203

4-11 续表 3

县(市、区)	Region	2018 播种面积(公顷) Sown Area (hectare)	2018 产量(吨) Output (ton)	2019 播种面积(公顷) Sown Area (hectare)	2019 产量(吨) Output (ton)
临汾市	**Linfen**	**14829**	**33711**	**14804**	**22173**
尧都区	Yaodu	187	375	119	166
曲沃县	Quwo			1	2
翼城县	Yicheng	867	2361	691	1759
襄汾县	Xiangfen	178	379	74	149
洪洞县	Hongtong	158	430	101	214
古　县	Guxian	633	1462	728	1252
安泽县	Anze	475	874	521	911
浮山县	Fushan	906	2022	757	1898
吉　县	Jixian	754	2076	692	1779
乡宁县	Xiangning	985	2072	901	1669
大宁县	Daning	1359	2752	1404	2182
隰　县	Xixian	2232	6172	2140	3406
永和县	Yonghe	4133	8096	4653	2700
蒲　县	Puxian	844	2968	862	2531
汾西县	Fenxi	831	1087	815	1176
侯马市	Houma				
霍州市	Huozhou	288	585	345	378
吕梁市	**Lvliang**	**41423**	**70768**	**41168**	**68644**
离石区	Lishi	1537	2318	1551	2369
文水县	Wenshui	185	421	202	275
交城县	Jiaocheng	255	586	221	578
兴　县	Xingxian	10828	18245	9014	21872
临　县	Linxian	10609	13148	10787	14436
柳林县	Liulin	3448	7986	3597	6929
石楼县	Shilou	4974	11688	5323	6861
岚　县	Lanxian	3034	4163	3433	5470
方山县	Fangshan	661	936	714	1203
中阳县	Zhongyang	1222	2492	1333	1941
交口县	Jiaokou	1135	1750	1143	1643
孝义市	Xiaoyi	1541	2967	1480	2136
汾阳市	Fenyang	1994	4067	2370	2932

continued

2020		2021		2022		2023	
播种面积 (公顷) Sown Area (hectare)	产量 (吨) Output (ton)	播种面积 (公顷) Sown Area (hectare)	产量 (吨) Output (ton)	播种面积 (公顷) Sown Area (hectare)	产量 (吨) Output (ton)	播种面积 (公顷) Sown Area (hectare)	产量 (吨) Output (ton)
14229	**38006**	**13231**	**35284**	**12526**	**35040**	**11481**	**32871**
121	368	144	447	133	423	113	360
752	4175	1104	4122	1031	5535	1010	5316
62	269	49	183	46	227	41	203
64	271	22	67	20	66	21	69
720	3312	496	934	478	956	472	930
460	1262	488	1334	472	1331	452	1370
682	3367	553	1858	492	1740	541	1472
655	2478	395	897	374	893	287	758
1316	4323	1642	3292	1572	1972	1306	1952
1729	4135	1395	2870	1275	2758	911	2080
1915	4245	1821	6436	1729	6445	1970	7410
4218	4449	3835	9628	3669	9667	3304	8159
720	2820	565	1642	545	1646	391	1457
564	1426	575	1251	551	1053	538	973
250	1105	147	324	138	328	123	361
39209	**63430**	**39753**	**66356**	**39888**	**86082**	**37941**	**81109**
1366	2087	1378	2412	1235	2830	1128	2301
238	1396	255	1205	242	1458	248	1179
224	887	216	782	210	810	214	736
8108	17126	9322	19697	12875	27223	12983	30348
10645	11368	10790	9869	8889	11505	8923	11529
3857	6128	3583	4942	2878	5450	3151	5039
5146	8814	5238	10547	4669	14250	3966	11609
3117	3833	2750	4323	2584	5548	2008	5516
651	924	640	1067	576	1162	496	1321
1309	1772	1336	2049	1290	2581	1042	2334
814	1626	658	1841	746	2031	536	1693
1354	2499	1594	2969	1707	3911	980	3508
2380	4971	1991	4654	1986	7322	2266	3998

4-12 各市县豆类生产情况(2018-2023年)

县(市、区)	Region	2018		2019	
		播种面积(公顷) Sown Area (hectare)	产量(吨) Output (ton)	播种面积(公顷) Sown Area (hectare)	产量(吨) Output (ton)
太原市	**Taiyuan**	**6469**	**11838**	**5258**	**8681**
小店区	Xiaodian	1872	3406	254	449
迎泽区	Yingze	19	32	24	34
杏花岭区	Xinghualing	100	150	73	176
尖草坪区	Jiancaoping	372	825	274	706
万柏林区	Wanbailin	67	121	55	87
晋源区	Jinyuan	115	459	136	356
清徐县	Qingxu	35	59	317	424
阳曲县	Yangqu	1023	1936	1189	1842
娄烦县	Loufan	1201	2379	1312	1946
古交市	Gujiao	1665	2472	1624	2662
大同市	**Datong**	**29627**	**38968**	**33557**	**48631**
新荣区	Xinrong	3035	3712	3143	5721
平城区	Pingcheng	110	263	100	222
云冈区	Yungang	366	616	346	619
云州区	Yunzhou	4721	6051	4108	3959
阳高县	Yanggao	3067	5180	4108	7095
天镇县	Tianzhen	4925	4476	6565	7026
广灵县	Guangling	1765	2708	2915	4916
灵丘县	Lingqiu	3808	5891	4309	7512
浑源县	Hunyuan	3875	5678	4322	6981
左云县	Zuoyun	3953	4392	3641	4579
阳泉市	**Yangquan**	**1216**	**1544**	**1149**	**1393**
城　区	Chengqu	7	20	11	26
矿　区	Kuangqu	11	12	10	16
郊　区	Jiaoqu	119	154	123	160
平定县	Pingding	412	576	330	349
盂　县	Yuxian	667	782	676	842
长治市	**Changzhi**	**5187**	**9646**	**4029**	**7068**
潞州区	Luzhou	64	80	77	38
上党区	Shangdang	301	723	217	588
屯留区	Tunliu	111	120	16	43

Basic Statistics on Beans Production by Region (2018-2023)

2020		2021		2022		2023	
播种面积(公顷) Sown Area (hectare)	产量(吨) Output (ton)	播种面积(公顷) Sown Area (hectare)	产量(吨) Output (ton)	播种面积(公顷) Sown Area (hectare)	产量(吨) Output (ton)	播种面积(公顷) Sown Area (hectare)	产量(吨) Output (ton)
6495	**12452**	**4273**	**7623**	**4867**	**8860**	**4592**	**8668**
24	62	17	46	18	36	18	38
8	8	5	4	13	18	5	8
105	158	97	121	106	154	95	152
370	830	354	603	373	792	369	789
23	37	13	25	11	10	14	20
104	229	35	88	38	71	39	76
323	862	54	154	67	131	67	133
1622	5029	1204	2969	1360	3398	1281	3316
1792	3373	1103	2290	936	1384	833	1272
2124	1864	1391	1323	1946	2866	1872	2865
22520	**36997**	**17227**	**27852**	**16465**	**26546**	**15758**	**24246**
1910	3705	1402	2446	1459	2732	1544	2709
143	201	87	120	87	140	135	182
272	334	182	225	231	295	288	352
3353	5545	2518	4554	2163	3006	1707	2530
3051	6286	2020	4204	2186	4757	2369	4639
3529	4820	2805	3702	2447	3398	2435	3159
2023	3020	1862	2796	2276	3070	1335	1712
2980	5926	2131	3982	1968	3979	2092	3839
3243	4324	2977	4104	2378	3151	2527	3098
2018	2834	1242	1718	1271	2017	1327	2026
944	**1718**	**634**	**1219**	**1535**	**2473**	**1509**	**2400**
1	1	4	8	3	6	4	8
6	9	7	9	6	8	4	4
94	186	78	161	95	177	102	121
290	431	204	318	816	1175	556	1024
554	1092	343	723	614	1107	843	1243
4001	**9434**	**3231**	**7896**	**6154**	**14975**	**6769**	**16325**
67	94	57	82	107	203	234	413
217	697	192	503	268	711	535	1373
50	83	26	53	873	1814	534	1058

4-12 续表 1

县(市、区)	Region	2018 播种面积(公顷) Sown Area (hectare)	2018 产量(吨) Output (ton)	2019 播种面积(公顷) Sown Area (hectare)	2019 产量(吨) Output (ton)
潞城区	Lucheng	146	391	184	355
襄垣县	Xiangyuan	196	375	122	258
平顺县	Pingshun	204	654	228	650
黎城县	Licheng	1335	1630	564	618
壶关县	Huguan	206	518	77	86
长子县	Zhangzi	355	956	38	48
武乡县	Wuxiang	975	1316	947	772
沁　县	Qinxian	468	1296	549	1201
沁源县	Qinyuan	826	1586	1012	2412
晋城市	**Jincheng**	**22642**	**37317**	**7392**	**11259**
城　区	Chengqu	184	358	209	284
沁水县	Qinshui	1140	1620	353	536
阳城县	Yangcheng	1087	1759	505	873
陵川县	Lingchuan	257	416	258	397
泽州县	Zezhou	17417	28563	4682	7151
高平市	Gaoping	2557	4601	1384	2018
朔州市	**Shuozhou**	**28655**	**39336**	**29290**	**44589**
朔城区	Shuocheng	2948	5705	2460	4657
平鲁区	Pinglu	10248	15280	12131	21057
山阴县	Shanyin	3895	4452	3356	4518
应　县	Yingxian	2814	3535	2985	3323
右玉县	Youyu	3789	3925	3555	5521
怀仁市	Huairen	4961	6438	4804	5514
晋中市	**Jinzhong**	**10273**	**23834**	**9846**	**21875**
榆次区	Yuci	1040	2359	1116	1985
太谷区	Taigu	863	2178	583	1920
榆社县	Yushe	1419	3921	1138	2142
左权县	Zuoquan	816	1921	960	2258
和顺县	Heshun	1031	2416	927	2262
昔阳县	Xiyang	810	1855	834	1719
寿阳县	Shouyang	221	751	236	457
祁　县	Qixian	791	2001	919	2927
平遥县	Pingyao	1004	2311	1186	2391
灵石县	Lingshi	383	883	357	570
介休市	Jiexiu	1896	3238	1590	3247

continued

2020		2021		2022		2023	
播种面积 (公顷) Sown Area (hectare)	产量 (吨) Output (ton)	播种面积 (公顷) Sown Area (hectare)	产量 (吨) Output (ton)	播种面积 (公顷) Sown Area (hectare)	产量 (吨) Output (ton)	播种面积 (公顷) Sown Area (hectare)	产量 (吨) Output (ton)
143	417	143	382	168	453	439	1106
132	344	122	321	185	496	577	1583
219	830	234	516	248	611	311	735
813	1303	553	1180	726	1496	741	1438
113	310	57	157	743	2144	469	1300
153	490	63	185	104	306	468	1346
847	1272	817	2045	1414	3464	1009	2373
459	1461	368	1043	354	947	683	1840
787	2132	597	1430	962	2329	767	1759
16114	**41992**	**13962**	**36441**	**14848**	**38815**	**14837**	**38266**
208	574	134	340	263	582	232	495
1842	9214	1942	4205	1552	4338	1554	3626
1633	3395	748	1578	754	1673	756	1491
1471	2972	1226	2905	844	2334	844	1990
5372	11145	4801	12687	7624	19059	7636	21703
5588	14693	5110	14727	3812	10829	3814	8962
15965	**21045**	**12073**	**14327**	**12361**	**15948**	**9749**	**12334**
2765	4648	2620	3370	2738	3683	1915	2369
3954	5466	3609	4533	2910	4305	2182	3125
1326	1004	1281	874	1306	1610	1092	1435
910	353	790	451	1590	1565	1200	1489
2425	3209	2398	2882	2736	3281	2471	2519
4585	6365	1375	2217	1081	1503	890	1396
8747	**21003**	**7106**	**14281**	**8526**	**17365**	**8768**	**17771**
1027	1979	701	1328	741	1432	256	475
540	1883	611	1151	675	1292	681	1315
967	1993	513	1011	543	1078	626	1080
917	2232	863	1576	701	1284	782	1608
760	1926	690	1304	701	1329	824	1471
764	1697	521	1126	543	1197	572	1212
128	329	152	305	757	1531	843	1529
866	2883	359	756	1002	2143	1006	2159
1127	2493	910	1772	839	1617	826	1707
241	457	114	229	687	1454	744	1449
1411	3131	1672	3722	1337	3005	1608	3768

4-12 续表 2

县(市、区)	Region	2018 播种面积(公顷) Sown Area (hectare)	2018 产量(吨) Output (ton)	2019 播种面积(公顷) Sown Area (hectare)	2019 产量(吨) Output (ton)
运城市	**Yuncheng**	**28367**	**37325**	**21225**	**35453**
盐湖区	Yanhu	6625	4893	3943	3638
临猗县	Linyi	2899	5774	1459	3162
万荣县	Wanrong	6935	8939	5089	7655
闻喜县	Wenxi	2918	3555	2105	3167
稷山县	Jishan	311	461	184	203
新绛县	Xinjiang	469	734	530	943
绛　县	Jiangxian	365	882	232	599
垣曲县	Yuanqu	441	797	545	1233
夏　县	Xiaxian	916	916	376	627
平陆县	Pinglu	1199	2114	1241	2280
芮城县	Ruicheng	3059	3298	3452	4964
永济市	Yongji	1571	3966	1530	5839
河津市	Hejin	659	996	539	1143
忻州市	**Xinzhou**	**40321**	**61953**	**39737**	**70843**
忻府区	Xinfu	269	383	215	303
定襄县	Dingxiang	459	813	404	883
五台县	Wutai	1300	2096	1209	2821
代　县	Daixian	425	567	315	594
繁峙县	Fanshi	3378	3523	3707	4686
宁武县	Ningwu	3019	3317	2541	3270
静乐县	Jingle	4973	6200	4734	7365
神池县	Shenchi	6989	13841	6650	14794
五寨县	Wuzhai	1305	3178	862	1854
岢岚县	Kelan	4242	6998	4670	7551
河曲县	Hequ	3117	3419	2954	3580
保德县	Baode	4725	8157	5404	11429
偏关县	Pianguan	3647	6053	3767	8136
五台山风景名胜区	Mount Wutai Scenic Area	18	30		
原平市	Yuanping	2455	3376	2305	3577

continued

2020		2021		2022		2023	
播种面积（公顷）Sown Area (hectare)	产量（吨）Output (ton)	播种面积（公顷）Sown Area (hectare)	产量（吨）Output (ton)	播种面积（公顷）Sown Area (hectare)	产量（吨）Output (ton)	播种面积（公顷）Sown Area (hectare)	产量（吨）Output (ton)
9542	**16510**	**6034**	**9453**	**9616**	**16514**	**9860**	**17937**
633	896	885	1146	1021	1347	1515	2233
381	588	241	362	559	1074	519	1173
1817	2634	907	1324	974	1131	876	1339
618	1270	526	685	884	1338	869	1637
45	75	23	34	371	736	435	748
346	584	83	124	488	1136	547	1192
150	368	139	258	187	390	147	285
834	1319	506	890	673	1179	330	566
230	479	228	375	607	1082	923	1618
904	1349	614	1123	946	1629	1089	2221
2286	3302	1204	1683	1495	2492	1322	2336
1117	3219	572	1271	741	1686	666	1541
180	428	106	179	670	1293	621	1048
37955	**69614**	**28916**	**48074**	**28905**	**49292**	**28000**	**48274**
242	322	131	160	672	1442	701	1582
330	1137	246	697	1166	3089	1178	3074
1020	2237	583	1160	601	1366	582	1395
271	699	199	461	218	509	226	482
3126	4439	1829	2374	2170	2603	2178	2680
2592	3554	3134	3491	2714	3456	2504	3363
4944	6359	3302	3623	3322	3655	3247	3871
8002	22429	7001	15692	5894	13221	5107	11580
752	1522	674	1399	626	1422	624	1425
4333	6372	4156	5558	3177	4010	3024	3542
2081	2511	1406	1964	1403	2110	1473	2294
4766	8447	2401	4203	2501	4263	2774	4782
3038	5623	2138	4584	2747	5095	2808	5257
68	206	81	200	149	336	80	214
2389	3757	1635	2510	1546	2716	1496	2733

4-12 续表 3

县(市、区)	Region	2018		2019	
		播种面积(公顷) Sown Area (hectare)	产量(吨) Output (ton)	播种面积(公顷) Sown Area (hectare)	产量(吨) Output (ton)
临汾市	**Linfen**	**13559**	**23248**	**13098**	**21983**
尧都区	Yaodu	528	1065	481	1405
曲沃县	Quwo	309	363	242	380
翼城县	Yicheng	198	338	104	216
襄汾县	Xiangfen	1025	2215	646	1599
洪洞县	Hongtong	1006	2253	552	1436
古　县	Guxian	311	767	249	323
安泽县	Anze	106	348	132	472
浮山县	Fushan	684	850	348	431
吉　县	Jixian	988	2021	1148	2263
乡宁县	Xiangning	2817	4183	3392	5771
大宁县	Daning	1097	1756	1336	1420
隰　县	Xixian	983	1917	1375	1586
永和县	Yonghe	1549	1433	741	43
蒲　县	Puxian	320	737	395	1054
汾西县	Fenxi	652	1047	834	1535
侯马市	Houma				
霍州市	Huozhou	985	1954	1121	2048
吕梁市	**Lvliang**	**64410**	**71145**	**61092**	**70594**
离石区	Lishi	6115	6831	4917	5129
文水县	Wenshui	377	708	241	526
交城县	Jiaocheng	629	1206	605	1581
兴　县	Xingxian	12561	14245	9844	13175
临　县	Linxian	21050	15429	21348	18426
柳林县	Liulin	8557	13267	9706	16687
石楼县	Shilou	2595	4365	3568	3383
岚　县	Lanxian	3006	3274	2683	2814
方山县	Fangshan	2070	2488	2133	2485
中阳县	Zhongyang	2208	2008	2486	2878
交口县	Jiaokou	982	1164	976	992
孝义市	Xiaoyi	2768	4060	1312	1273
汾阳市	Fenyang	1492	2101	1272	1246

continued

2020		2021		2022		2023	
播种面积 (公顷) Sown Area (hectare)	产量 (吨) Output (ton)	播种面积 (公顷) Sown Area (hectare)	产量 (吨) Output (ton)	播种面积 (公顷) Sown Area (hectare)	产量 (吨) Output (ton)	播种面积 (公顷) Sown Area (hectare)	产量 (吨) Output (ton)
10611	**24521**	**6418**	**13168**	**9010**	**15480**	**9530**	**16301**
214	774	231	579	197	364	237	459
160	233	98	187	75	123	71	114
166	333	196	465	841	1715	748	1562
286	554	141	296	112	170	123	192
260	717	282	539	924	1569	386	657
179	430	112	279	91	180	462	949
111	398	60	157	377	815	410	925
287	581	134	275	98	142	450	633
1030	2070	527	917	438	599	554	767
3127	6236	1867	3870	1699	2377	1789	2585
1208	3052	749	1356	1121	1916	1118	2015
1149	3496	659	1673	1819	3708	1096	2293
383	390	184	267	160	175	315	400
252	844	248	620	217	355	586	1028
696	1546	634	1071	559	815	918	1275
1101	2869	297	619	281	458	266	446
50945	**51945**	**45240**	**36974**	**41615**	**36742**	**40895**	**40585**
3750	4220	2249	1991	2079	1990	2100	2498
211	617	200	315	508	952	512	821
602	1461	497	738	510	805	465	818
8901	12056	6719	7949	6249	6823	6182	7312
19344	11230	19411	10156	18393	10854	18548	11441
6732	8531	6262	6819	5881	7046	5889	8111
1585	2055	1249	1175	1105	1242	1016	1441
3207	4064	3087	3101	1811	2083	1506	2299
1703	3129	1594	1457	1361	1544	1297	1911
2260	1968	1885	1054	1826	1087	1805	1669
696	734	418	650	389	632	419	564
1267	1016	992	1057	885	1042	688	1090
686	864	677	512	618	642	469	610

4-13 各市县薯类生产情况(2018-2023年)

县(市、区)	Region	2018 播种面积(公顷) Sown Area (hectare)	2018 产量(折粮)(吨) Output (ton)	2019 播种面积(公顷) Sown Area (hectare)	2019 产量(折粮)(吨) Output (ton)
太原市	**Taiyuan**	**6843**	**16848**	**7755**	**21151**
小店区	Xiaodian			8	36
迎泽区	Yingze	25	33	22	19
杏花岭区	Xinghualing	60	231	51	224
尖草坪区	Jiancaoping	116	116	130	135
万柏林区	Wanbailin	66	141	69	143
晋源区	Jinyuan	28	173	42	227
清徐县	Qingxu	391	1814	738	3557
阳曲县	Yangqu	599	1622	613	1511
娄烦县	Loufan	3497	9122	4036	10263
古交市	Gujiao	2060	3596	2046	5036
大同市	**Datong**	**22251**	**62074**	**22065**	**68877**
新荣区	Xinrong	3507	8757	2992	8476
平城区	Pingcheng	63	109	97	110
云冈区	Yungang	130	260	111	358
云州区	Yunzhou	802	2384	706	1810
阳高县	Yanggao	1867	6563	2502	9129
天镇县	Tianzhen	5256	10560	4338	10249
广灵县	Guangling	2020	6752	2144	8310
灵丘县	Lingqiu	3040	7644	3550	7458
浑源县	Hunyuan	3063	12819	2992	14962
左云县	Zuoyun	2501	6222	2633	8001
阳泉市	**Yangquan**	**2399**	**7106**	**2667**	**7824**
城　区	Chengqu	30	33	35	38
矿　区	Kuangqu	9	22	10	22
郊　区	Jiaoqu	125	232	203	254
平定县	Pingding	633	1878	691	1971
盂　县	Yuxian	1602	4941	1729	5538
长治市	**Changzhi**	**9451**	**35159**	**10358**	**35527**
潞州区	Luzhou	13	71	49	64
上党区	Shangdang	238	848	315	737
屯留区	Tunliu	296	2047	385	2082

Basic Statistics on Tubers Production by Region (2018-2023)

2020		2021		2022		2023	
播种面积 (公顷) Sown Area (hectare)	产量(折粮) (吨) Output (ton)	播种面积 (公顷) Sown Area (hectare)	产量(折粮) (吨) Output (ton)	播种面积 (公顷) Sown Area (hectare)	产量(折粮) (吨) Output (ton)	播种面积 (公顷) Sown Area (hectare)	产量(折粮) (吨) Output (ton)
9206	**34562**	**10663**	**40360**	**8766**	**30640**	**7647**	**22927**
		7	27				
17	13	18	14	7	15	6	12
50	109	61	130	53	128	46	111
133	132	163	162	134	419	78	299
86	234	104	268	112	301	99	259
37	182	49	242	15	55	16	57
535	2120	1050	4523	651	2192	391	1534
1736	12243	2198	13736	1358	5429	964	3688
4618	12243	4913	14204	4271	14679	4111	11351
1994	7286	2100	7055	2165	7422	1937	5616
20289	**71004**	**25013**	**88089**	**22346**	**69752**	**23409**	**69194**
3286	11568	4515	15904	4381	14935	5193	15560
172	615	201	723	184	585	186	601
83	253	107	329	91	269	95	267
689	1985	815	2367	767	2091	775	2109
2109	7834	2623	9836	2330	7093	2349	7222
4415	12620	4992	14411	4215	11103	4312	11399
1445	5723	1719	6845	1509	4809	1533	4978
3155	9822	3839	11984	3204	8906	3212	8980
2431	12028	2883	14339	2653	10734	2658	9926
2504	8555	3319	11350	3011	9229	3096	8151
3030	**7298**	**2852**	**6990**	**2277**	**5306**	**3080**	**7447**
28	25	31	29	33	34	38	41
22	30	15	23	17	24	15	21
252	510	203	402	187	390	203	381
694	1939	744	2088	411	1104	684	1935
2034	4795	1859	4448	1630	3754	2140	5069
10363	**42290**	**8955**	**37015**	**8465**	**30119**	**7651**	**28860**
31	64	49	100	41	69	35	68
305	1005	320	1040	285	727	180	563
393	2854	380	2617	312	1727	412	2315

4-13 续表 1

县(市、区)	Region	2018		2019	
		播种面积(公顷) Sown Area (hectare)	产量(折粮)(吨) Output (ton)	播种面积(公顷) Sown Area (hectare)	产量(折粮)(吨) Output (ton)
潞城区	Lucheng	86	412	107	195
襄垣县	Xiangyuan	532	2185	224	953
平顺县	Pingshun	960	3146	1236	4105
黎城县	Licheng	100	471	115	221
壶关县	Huguan	490	2048	467	1333
长子县	Zhangzi	827	6461	968	6415
武乡县	Wuxiang	2341	3986	2440	3634
沁　县	Qinxian	449	2509	505	2040
沁源县	Qinyuan	3118	10976	3546	13748
晋城市	**Jincheng**	**2698**	**9938**	**3635**	**11952**
城　区	Chengqu	19	77	19	67
沁水县	Qinshui	360	1080	416	1215
阳城县	Yangcheng	157	729	275	1029
陵川县	Lingchuan	1067	3741	1215	3507
泽州县	Zezhou	541	2299	716	2873
高平市	Gaoping	555	2013	995	3260
朔州市	**Shuozhou**	**21606**	**75715**	**21173**	**89714**
朔城区	Shuocheng	2104	8147	1855	7817
平鲁区	Pinglu	10415	40785	11293	51390
山阴县	Shanyin	1194	2799	1198	4052
应　县	Yingxian	1688	8223	1481	7773
右玉县	Youyu	6004	15031	5125	17808
怀仁市	Huairen	200	731	223	875
晋中市	**Jinzhong**	**6878**	**25850**	**8209**	**27494**
榆次区	Yuci	143	523	259	618
太谷区	Taigu	473	3593	548	3806
榆社县	Yushe	510	1997	700	1358
左权县	Zuoquan	844	3563	988	3233
和顺县	Heshun	1172	4441	1161	4372
昔阳县	Xiyang	352	1050	434	1249
寿阳县	Shouyang	1599	5540	1808	5940
祁　县	Qixian	455	971	512	1322
平遥县	Pingyao	826	2747	1096	4351
灵石县	Lingshi	258	765	306	690
介休市	Jiexiu	247	662	398	555

continued

2020		2021		2022		2023	
播种面积(公顷) Sown Area (hectare)	产量(折粮)(吨) Output (ton)	播种面积(公顷) Sown Area (hectare)	产量(折粮)(吨) Output (ton)	播种面积(公顷) Sown Area (hectare)	产量(折粮)(吨) Output (ton)	播种面积(公顷) Sown Area (hectare)	产量(折粮)(吨) Output (ton)
108	435	103	423	121	458	199	777
358	1697	356	1753	274	1137	221	1049
1130	4153	941	3466	1090	3358	1010	3234
114	441	121	467	126	424	72	256
501	2041	459	1874	404	1425	451	1660
979	7636	882	6422	1034	5575	848	4945
2436	4871	1933	4352	1685	3138	1378	2679
522	2776	484	2541	423	2122	349	1989
3486	14317	2930	11959	2669	9959	2496	9323
5547	**24957**	**6066**	**27338**	**5769**	**26017**	**5487**	**24306**
20	76	24	65	24	85	22	65
449	2741	456	1536	470	1576	476	1673
605	2991	524	2844	527	2670	540	2630
1148	3993	1291	4328	1243	4242	1280	4416
1208	4726	1117	5531	1083	4793	1043	4670
2117	10430	2654	13034	2423	12651	2125	10851
17231	**59844**	**19122**	**68162**	**17270**	**55748**	**17515**	**57801**
2004	6629	2157	8869	1846	7112	1603	7117
4844	17427	5342	18028	5340	15108	5355	16146
566	2022	622	2403	502	1924	431	1541
5703	22392	6657	24829	5553	20257	5551	20403
3357	8639	3378	10998	3201	8800	3747	9557
757	2735	966	3035	827	2546	828	3036
6510	**23029**	**6727**	**24100**	**6839**	**24918**	**6918**	**23586**
193	382	224	557	229	580	295	726
483	3664	521	2290	525	2366	548	2057
527	896	550	1170	518	1165	546	1214
607	2204	815	3227	813	3295	989	3528
904	3571	683	2970	753	3361	815	2458
292	893	360	926	354	945	336	953
1458	5029	1525	6405	1529	6339	1639	6781
452	1165	481	1715	489	1757	369	1327
987	4190	921	3618	862	3561	928	3362
266	606	295	601	263	627	194	392
340	428	350	622	504	921	258	789

4-13 续表 2

县(市、区)	Region	2018 播种面积(公顷) Sown Area (hectare)	2018 产量(折粮)(吨) Output (ton)	2019 播种面积(公顷) Sown Area (hectare)	2019 产量(折粮)(吨) Output (ton)
运城市	**Yuncheng**	**6160**	**31808**	**6804**	**38492**
盐湖区	Yanhu	399	1280	425	1564
临猗县	Linyi	1135	5860	1108	6576
万荣县	Wanrong	957	6404	953	5428
闻喜县	Wenxi	448	3785	432	4196
稷山县	Jishan	106	604	122	325
新绛县	Xinjiang	45	136	57	192
绛　县	Jiangxian	319	1487	379	2070
垣曲县	Yuanqu	495	3727	573	5249
夏　县	Xiaxian	407	1889	464	2473
平陆县	Pinglu	744	1914	827	2504
芮城县	Ruicheng	577	2154	714	3442
永济市	Yongji	302	1513	368	2264
河津市	Hejin	225	1055	381	2209
忻州市	**Xinzhou**	**43553**	**136824**	**46563**	**173287**
忻府区	Xinfu	398	1873	477	2672
定襄县	Dingxiang	402	1472	493	2091
五台县	Wutai	2510	7270	3023	9701
代　县	Daixian	525	1381	573	1840
繁峙县	Fanshi	1947	3563	2327	4930
宁武县	Ningwu	2184	6767	1787	6345
静乐县	Jingle	5741	22532	5781	25822
神池县	Shenchi	5604	22215	6503	30120
五寨县	Wuzhai	2920	11555	2511	12919
岢岚县	Kelan	5290	16636	5387	21580
河曲县	Hequ	3785	6424	4407	8723
保德县	Baode	5122	13737	5608	16787
偏关县	Pianguan	4712	12887	5081	17656
五台山风景名胜区	Mount Wutai Scenic Area	228	611	224	877
原平市	Yuanping	2184	7901	2380	11225

continued

2020		2021		2022		2023	
播种面积(公顷) Sown Area (hectare)	产量(折粮)(吨) Output (ton)	播种面积(公顷) Sown Area (hectare)	产量(折粮)(吨) Output (ton)	播种面积(公顷) Sown Area (hectare)	产量(折粮)(吨) Output (ton)	播种面积(公顷) Sown Area (hectare)	产量(折粮)(吨) Output (ton)
5660	**25684**	**5087**	**21254**	**4375**	**18636**	**4466**	**19928**
351	1217	251	974	202	1073	214	1148
1256	5180	878	4051	622	3329	689	3709
550	2880	437	1963	581	2124	584	2398
139	674	124	531	157	570	121	513
60	210	68	245	24	79	26	100
44	142	50	204	39	158	42	186
337	1367	327	1276	266	1050	261	1116
593	3022	603	2071	481	1583	391	1380
406	2793	395	1737	296	1384	388	1949
550	1787	591	1988	495	1762	516	1959
714	3064	677	3254	590	2652	689	3028
331	1789	386	1841	343	1493	243	1077
330	1559	299	1117	280	1381	300	1365
50297	**199063**	**52927**	**217067**	**49549**	**218760**	**51806**	**226649**
524	2604	533	2526	581	2743	570	2783
434	1856	434	1835	426	1678	445	1735
2824	10415	3127	11481	3180	9710	3200	10067
453	1628	460	1420	458	1253	464	1311
2839	9117	2837	9518	2560	7939	2611	8278
839	4015	1180	4699	1393	5609	1399	5877
9322	39621	9696	39107	8932	37078	9368	38250
4882	19787	4530	27054	4036	27778	4377	28464
2769	14013	2953	17216	3298	20591	3307	21298
3980	14283	3690	18302	3351	19759	3491	20204
6060	22002	5954	22460	5540	21357	5685	22353
5924	18232	5960	19257	5884	21173	6318	22395
4646	16567	4583	17320	4122	17893	4314	18458
243	804	290	960	257	831	281	891
4557	24120	6700	23912	5531	23368	5977	24285

4-13 续表 3

县(市、区)	Region	2018 播种面积(公顷) Sown Area (hectare)	2018 产量(折粮)(吨) Output (ton)	2019 播种面积(公顷) Sown Area (hectare)	2019 产量(折粮)(吨) Output (ton)
临汾市	**Linfen**	**9612**	**30689**	**10689**	**29226**
尧都区	Yaodu	363	1252	413	1004
曲沃县	Quwo	328	1403	365	1839
翼城县	Yicheng	151	349	294	1258
襄汾县	Xiangfen	372	1533	481	2199
洪洞县	Hongtong	879	2921	1024	3169
古　县	Guxian	209	697	142	265
安泽县	Anze	270	1434	293	1523
浮山县	Fushan	186	1098	261	1727
吉　县	Jixian	469	903	497	954
乡宁县	Xiangning	1297	3077	1462	3265
大宁县	Daning	313	564	329	296
隰　县	Xixian	1333	6996	1521	4379
永和县	Yonghe	737	1352	682	143
蒲　县	Puxian	1339	4853	1392	4872
汾西县	Fenxi	894	1229	1010	1483
侯马市	Houma				
霍州市	Huozhou	472	1027	524	849
吕梁市	**Lvliang**	**43082**	**83605**	**44036**	**104386**
离石区	Lishi	2090	4098	2160	3782
文水县	Wenshui	928	5811	1116	8614
交城县	Jiaocheng	739	2858	822	3221
兴　县	Xingxian	5926	8081	5000	23085
临　县	Linxian	14097	21567	14823	21350
柳林县	Liulin	2069	3719	2394	3342
石楼县	Shilou	1767	2417	2036	1386
岚　县	Lanxian	7963	14981	7640	16442
方山县	Fangshan	3583	10820	3649	13933
中阳县	Zhongyang	1399	2959	1648	3174
交口县	Jiaokou	786	1111	1000	1130
孝义市	Xiaoyi	861	1782	706	809
汾阳市	Fenyang	874	3400	1042	4119

continued

2020		2021		2022		2023	
播种面积(公顷) Sown Area (hectare)	产量(折粮)(吨) Output (ton)	播种面积(公顷) Sown Area (hectare)	产量(折粮)(吨) Output (ton)	播种面积(公顷) Sown Area (hectare)	产量(折粮)(吨) Output (ton)	播种面积(公顷) Sown Area (hectare)	产量(折粮)(吨) Output (ton)
10285	**37443**	**11131**	**37901**	**9913**	**38073**	**9976**	**37589**
347	1026	429	1774	397	1729	393	1590
284	1358	196	842	181	863	171	823
264	1193	256	1122	232	1035	270	891
439	1882	362	1672	338	1589	294	1237
895	4391	655	3124	606	2936	602	2780
111	466	126	549	117	555	168	766
274	1158	277	1260	252	1247	281	1519
210	1188	188	1161	170	1075	170	970
465	1274	460	873	411	931	427	1005
1709	3819	1316	2949	1175	3244	1108	2785
280	643	981	1758	883	2262	825	2200
1467	6127	1542	5803	1358	6193	1790	7742
603	1252	1130	3048	1019	3560	944	3806
1227	5181	1808	6341	1524	5545	1124	4058
908	3500	819	3297	738	3280	964	3491
803	2985	586	2327	513	2028	444	1927
44883	**97830**	**44304**	**85493**	**39771**	**77848**	**41444**	**85430**
2184	3520	2189	2893	1790	2740	1779	4329
1583	8110	1378	9874	1214	8138	1334	11376
787	4721	827	4114	730	3541	860	4942
5079	7572	5365	8631	4442	7955	4147	9107
15898	30531	16217	18266	14376	17837	15809	15621
2465	7012	2636	5874	2506	5255	2459	3450
1945	4390	1926	3141	1661	3430	1716	2798
7169	14194	6627	15245	6387	13104	6825	16870
3282	6767	2984	6078	2762	5794	2622	6600
1710	3475	1808	3636	1645	3204	1909	3363
842	1315	714	1273	687	1125	575	1236
886	1683	724	1409	682	1322	662	1227
1054	4539	909	5059	890	4402	748	4512

4-14 主要畜禽生产情况(1949-2023年)

年 份 Year	生 猪 Live Hog 存 栏 (万头) Number of Hogs (10 000 heads)	出 栏 (万头) Slaughter Hogs (10 000 heads)	肉产量 (万吨) Output of Pork (10 000 tons)	牛 Cattle 存 栏 (万头) Number of Hogs (10 000 heads)	出 栏 (万头) Slaughter Hogs (10 000 heads)	肉产量 (万吨) Output of Pork (10 000 tons)
1949	35.78			80.64		
1950	51.90			99.59		
1951	74.58			111.79		
1952	66.00			114.00		
1953	75.41			120.69		
1954	84.69			126.65		
1955	68.95			127.18		
1956	82.35			122.27		
1957	190.77			114.48		
1958	218.41			112.79		
1959	249.72			111.77		
1960	154.04			110.61		
1961	114.76			104.74		
1962	125.31			102.06		
1963	186.52			104.84		
1964	260.06			108.85		
1965	338.69			115.89		
1966	312.21			124.43		
1967	325.31			130.72		
1968	333.86			129.17		
1969	307.11			124.65		
1970	357.20			124.86		
1971	475.92			125.94		
1972	487.85			122.95		
1973	435.40			121.34		
1974	473.54			119.18		
1975	564.00			115.46		
1976	681.14			110.42		
1977	682.47			108.44		
1978	578.50	274.10	11.65	108.19	1.51	0.09
1979	558.57	261.47	12.95	108.21	2.04	0.15
1980	531.16	277.31	16.19	109.35	2.08	0.16
1981	453.12	302.86	19.05	106.49	2.40	0.20
1982	403.05	262.19	17.05	110.99	1.98	0.20
1983	368.21	250.21	15.95	120.47	2.66	0.29
1984	337.59	283.70	17.62	128.96	5.30	0.61
1985	372.12	270.56	17.67	140.94	8.23	1.00
1986	366.50	272.01	17.99	153.07	8.42	1.08

Basic Statistics of Major Livestock and Poultry (1949-2023)

羊 Sheep			家禽 Poultry		
存栏 (万头) Number of Hogs (10 000 heads)	出栏 (万头) Slaughter Hogs (10 000 heads)	肉产量 (万吨) Output of Pork (10 000 tons)	存栏 (万头) Number of Hogs (10 000 heads)	出栏 (万头) Slaughter Hogs (10 000 heads)	肉产量 (万吨) Output of Pork (10 000 tons)
258.67			491.00		
310.39					
367.35					
458.00					
548.09					
615.05					
557.60					
564.82					
626.87					
725.32					
793.56					
829.01					
809.16					
781.11					
829.89					
835.88					
846.12					
936.20					
1028.62					
968.97					
911.86					
921.21					
923.24					
898.59					
976.28					
994.97					
993.00					
915.90					
909.44					
872.04	93.10	0.93			
920.81	91.25	0.81			
909.87	100.40	0.99			
823.98	129.91	1.28			
799.87	135.01	1.41			
698.23	189.34	1.91	2496.60		
507.33	301.62	3.13	3018.01		
414.28	193.83	2.18	3481.32		
441.78	134.86	1.73	3553.64		

4-14 续表

年 份 Year	生 猪 Live Hog			牛 Cattle		
	存 栏 (万头) Number of Hogs (10 000 heads)	出 栏 (万头) Slaughter Hogs (10 000 heads)	肉 产 量 (万吨) Output of Pork (10 000 tons)	存 栏 (万头) Number of Hogs (10 000 heads)	出 栏 (万头) Slaughter Hogs (10 000 heads)	肉 产 量 (万吨) Output of Pork (10 000 tons)
1987	291.26	252.73	16.87	157.00	14.53	1.86
1988	302.98	234.96	16.71	164.24	16.31	2.07
1989	342.92	258.08	18.19	172.37	15.15	1.95
1990	363.14	308.59	22.45	179.29	20.63	2.79
1991	368.24	340.76	25.52	181.49	25.72	3.40
1992	391.87	364.71	27.30	184.70	25.84	3.48
1993	423.55	401.91	30.44	192.23	33.66	4.55
1994	482.19	461.63	35.64	209.28	40.82	5.68
1995	560.99	569.36	43.44	251.65	51.21	7.04
1996	429.79	651.86	35.34	201.02	66.29	5.49
1997	476.09	500.39	39.68	215.14	45.83	6.25
1998	510.56	545.51	42.80	226.96	50.03	6.87
1999	502.22	570.21	43.82	224.92	52.00	6.98
2000	519.52	589.92	44.90	225.01	53.74	7.32
2001	518.27	608.94	46.00	220.75	55.72	7.58
2002	538.76	637.20	47.91	226.18	59.83	8.19
2003	552.91	680.93	51.45	238.62	63.20	8.66
2004	600.72	736.60	55.57	249.54	68.95	9.59
2005	626.07	805.23	60.97	245.22	73.45	10.07
2006	377.32	530.51	41.22	113.89	26.65	3.73
2007	433.72	577.46	44.91	109.56	27.30	3.87
2008	477.22	603.91	46.99	91.55	30.20	4.20
2009	540.74	696.36	53.33	87.36	34.60	4.84
2010	528.83	729.65	56.86	85.79	34.98	4.92
2011	510.39	728.68	56.88	81.03	31.40	4.50
2012	556.82	797.63	62.43	85.49	33.90	4.89
2013	606.34	880.34	68.98	87.08	36.07	5.20
2014	638.46	952.84	73.61	91.56	39.80	5.80
2015	619.16	906.39	70.32	90.60	40.23	5.88
2016	588.62	880.24	68.30	94.36	40.27	5.92
2017	544.11	822.80	62.67	100.73	40.13	5.91
2018	549.48	814.58	62.46	101.97	43.98	6.50
2019	451.41	739.90	56.78	103.83	44.75	6.61
2020	569.41	797.61	62.80	117.43	47.90	7.37
2021	740.23	1130.54	88.42	137.50	56.57	8.96
2022	815.96	1185.94	92.40	145.34	57.20	9.10
2023	814.13	1276.11	99.55	155.52	64.43	10.23

continued

羊 Sheep			家 禽 Poultry		
存 栏 (万头) Number of Hogs (10 000 heads)	出 栏 (万头) Slaughter Hogs (10 000 heads)	肉 产 量 (万吨) Output of Pork (10 000 tons)	存 栏 (万头) Number of Hogs (10 000 heads)	出 栏 (万头) Slaughter Hogs (10 000 heads)	肉 产 量 (万吨) Output of Pork (10 000 tons)
510.08	144.28	1.89	3348.04		
642.40	174.34	2.41	3810.16		
742.59	213.17	2.99	3905.13		
709.58	286.33	4.03	4095.89		
679.19	300.58	4.39	4593.28		
679.02	289.28	4.28	4814.22		
731.67	303.02	4.52	5275.79		
804.53	315.97	4.72	6136.34		
915.01	379.72	5.60	6720.06		
905.28	430.31	5.06	7504.00		
970.44	381.85	5.68	5568.08		
1019.08	419.42	6.18	5934.89		
1016.02	446.79	6.43	6273.24		
1058.42	478.80	7.03	6462.09		
1116.10	505.63	7.44	6615.50		
1147.82	599.25	8.75	7094.26		
1188.15	618.61	9.11	7273.60		
1186.92	644.84	9.46	7633.58		
1196.35	673.52	9.96	8338.60		
733.94	359.88	4.98	5487.24	3292.34	4.04
755.14	377.97	5.22	6740.60	3038.42	3.72
761.53	374.93	5.22	8088.21	6140.30	7.46
774.28	418.77	5.78	6693.07	6098.13	7.45
769.72	424.94	5.87	6283.54	6425.01	7.85
825.37	425.78	5.88	7104.35	6841.07	8.37
894.33	457.90	6.36	8456.19	8112.35	10.08
952.51	484.11	6.73	11041.08	8688.54	10.80
1012.81	515.77	7.35	11519.76	9243.32	11.47
1112.09	537.86	7.67	11052.91	10957.03	14.10
1022.81	581.70	8.35	11992.92	12328.16	15.93
943.18	590.54	8.56	10502.78	12330.33	15.33
875.63	558.75	8.13	10202.49	11968.54	15.14
868.90	554.60	8.03	12128.95	14055.64	18.74
970.13	573.14	8.58	13347.66	16355.87	22.89
1068.11	704.96	10.39	16009.84	19005.52	26.67
1110.84	747.96	11.17	15529.54	21096.13	29.81
1172.32	800.18	11.95	15619.74	23031.59	32.58

4-15 畜牧业生产情况(2013-2023年)

指　标	Item	2013	2014	2015
一、大牲畜年末存栏(万头)	**Larger Animals at Year-end (10 000 heads)**	**113.93**	**112.50**	**109.53**
1.牛(万头)	Cattle(10 000 heads)	87.08	91.56	90.60
2.马(万匹)	Horses(10 000 heads)	1.46	1.11	1.06
3.驴(万头)	Donkeys(10 000 heads)	14.38	12.39	11.67
4.骡(万头)	Mules(10 000 heads)	11.00	7.45	6.21
二、猪年末存栏(万头)	**Hogs at Year-end(10 000 heads)**	**606.34**	**638.46**	**619.16**
#能繁殖的母猪	Reproducible Hogs	65.47	68.80	60.36
三、羊年末存栏(万只)	**Sheep and Goats at Year-end(10 000 heads)**	**952.51**	**1012.81**	**1112.09**
1.山羊	Goats	420.35	436.56	484.40
2.绵羊	Sheep	532.17	576.25	627.68
四、家禽年末存栏(万只)	**Poultry at Year-end(10 000 heads)**	**11041.08**	**11519.76**	**11052.91**
五、家兔年末存栏(万只)	**Rabbits at Year-end(10 000 heads)**	**191.98**	**134.81**	**116.36**
六、猪、牛、羊出栏	**Slaughtered Hogs, Cattle and Sheep**			
猪全年出栏(万头)	Slaughtered Hog in the Year(10 000 heads)	880.34	952.84	906.39
牛全年出栏(万头)	Slaughtered Cattle in the Year(10 000 heads)	36.07	39.80	40.23
羊全年出栏(万只)	Slaughtered Sheep in the Year(10 000 heads)	484.11	515.77	537.86
七、畜禽产品产量	**Output of Animal and Poulty Products**			
1.肉类总产量(万吨)	Total Output of Meat(10 000 tons)	93.03	99.48	99.01
#猪肉	Pork	68.98	73.61	70.32
牛肉	Beef	5.20	5.80	5.88
羊肉	Mutton	6.73	7.35	7.67
禽肉	Poultry	10.80	11.47	14.10
兔肉	Rabbit	0.62	0.60	0.42
2.禽蛋产量(吨)	Poultry Eggs(ton)	948132.51	1018736.86	1089921.63
3.奶类产量(吨)	Milk(ton)	722963.70	805463.14	768441.53
#牛奶	Cow Milk	712933.77	795558.06	759772.41
4.山羊毛产量(吨)	Output of Wool(ton)	2125.78	2539.08	2720.70
#山羊绒	Cashmere	803.51	1097.31	1196.80
5.绵羊毛产量(吨)	Sheep Wool(ton)	7958.29	8667.38	9172.02
6.蜂蜜产量(吨)	Honey(ton)	4662.53	4621.71	5042.23
7.蚕茧产量(吨)	Silkworm Cocoons(ton)	6226.50	5959.94	5497.60

Number of Livestock and Livestock Products (2013-2023)

2016	2017	2018	2019	2020	2021	2022	2023
109.61	**116.79**	**118.46**	**118.88**	**129.62**	**147.30**	**154.13**	**163.18**
94.36	100.73	101.97	103.83	117.43	137.50	145.34	155.52
0.90	0.98	0.97	0.90	0.82	0.90	1.05	1.07
9.93	10.95	11.96	11.37	8.87	7.13	6.14	5.20
4.42	4.13	3.55	2.77	2.49	1.76	1.60	1.37
588.62	**544.11**	**549.48**	**451.41**	**569.41**	**740.23**	**815.96**	**814.13**
58.89	55.74	56.41	48.67	64.05	71.42	76.85	74.08
1022.81	**943.18**	**875.63**	**868.90**	**970.13**	**1068.11**	**1110.84**	**1172.32**
408.45	382.10	344.11	343.00	381.93	381.03	393.77	431.72
614.37	561.08	531.52	525.90	588.20	687.08	717.07	740.59
11992.92	**10502.78**	**10202.49**	**12128.95**	**13347.66**	**16009.84**	**15529.54**	**15619.74**
90.54	**66.95**	**73.99**	**77.07**	**72.53**	**91.37**	**40.51**	**46.52**
880.24	822.80	814.58	739.90	797.61	1130.54	1185.94	1276.11
40.27	40.13	43.98	44.75	47.90	56.57	57.20	64.43
581.70	590.54	558.75	554.60	573.14	704.96	747.96	800.18
99.35	93.32	93.09	91.02	102.65	135.38	143.20	154.99
68.30	62.67	62.46	56.78	62.80	88.42	92.40	99.55
5.92	5.91	6.50	6.61	7.37	8.96	9.10	10.23
8.35	8.56	8.13	8.03	8.58	10.39	11.17	11.95
15.93	15.33	15.14	18.74	22.89	26.67	29.81	32.58
0.34	0.31	0.26	0.26	0.28	0.30	0.21	0.24
1140434.33	1020339.39	1027841.88	1118151.31	1092774.19	1128567.61	1185071.45	1275655.39
794263.48	780713.62	816896.35	922887.58	1173598.14	1357333.21	1431413.33	1474582.49
786364.44	773916.09	810562.55	918139.58	1170121.82	1351490.70	1427952.15	1471342.48
2724.79	2769.06	2643.70	2503.50	3860.23	3245.77	3581.93	3685.39
1149.44	1226.71	1215.10	1148.60	1423.99	1336.00	1535.17	1526.81
8518.32	8072.01	7957.90	7792.20	8012.80	10617.44	12034.48	11883.63
4899.40	5766.93	6133.80	6921.50	8865.91	8432.83	7791.77	8201.54
2947.13	2382.60	2308.80	2245.90	2194.06	2253.09	1930.92	1922.79

4-16 各市畜牧业生产情况(2023年)

市 名 City		大牲畜年末存栏(头) Large Animals (head)	#牛 Cattle	猪年末存栏(头) Hogs (head)	羊年末存栏(只) Sheep and Goats (head)	家禽年末存栏(只) Poultry (head)
全 省	**Total**	**1631752**	**1555244**	**8141251**	**11723151**	**156197387**
太原市	Taiyuan	53448	52628	171431	329841	3011840
大同市	Datong	281850	254912	758119	2012447	6413421
阳泉市	Yangquan	10291	9674	141810	85948	2939048
长治市	Changzhi	57673	52412	619547	712953	20618815
晋城市	Jincheng	13526	12809	1071243	382233	12770688
朔州市	Shuozhou	242995	236786	351541	1905347	3462705
晋中市	Jinzhong	165590	163675	956291	1219390	24388881
运城市	Yuncheng	70590	69209	1582722	855236	38342953
忻州市	Xinzhou	272237	245264	687569	2436578	7154502
临汾市	Linfen	108982	107327	1023619	944259	16556939
吕梁市	Lvliang	354570	350548	777359	838919	20537595

Production Situation of Animal Husbandry (2023)

肉类总产量(吨) Output of Meat (ton)	#猪 肉 Pork	#牛 肉 Beef	#羊 肉 Mutton	#禽 肉 Poultry	禽蛋产量(吨) Poultry Eggs (ton)	奶类产量(吨) Milk (ton)	#牛 奶 Milk	山羊毛产量(吨) Output of Wool (ton)	#山羊绒 Cashmere
1549906	**995468**	**102297**	**119546**	**325771**	**1275655**	**1474582**	**1471342**	**3685**	**1527**
35355	22516	2823	3719	6279	30457	69115	68670	29	9
154837	106114	17043	20607	9330	69564	393178	393046	632	289
24266	19086	657	814	3675	37658	5329	5329	14	1
145581	81778	5615	5176	52443	136529	16738	16360	118	38
181347	140158	1011	3963	35900	111724	128	128	139	38
75991	30834	9363	30097	5328	36285	628371	628371	87	33
214557	126530	17485	10785	59312	158584	155178	154244	180	45
233435	173452	4729	7307	47561	343211	41244	41175	81	10
129578	82720	12621	23564	9127	88483	85848	85848	1345	636
171448	120885	7834	6610	34997	130935	51930	50651	219	63
183514	91396	23115	6904	61819	132226	27523	27520	841	366

4-17 各县畜牧业生产情况(2023年)

县(市、区)	Region	大牲畜年末存栏(头) Large Animals at Year-end (head)	#牛 Cattle and Buffaloes	猪年末存栏(头) Hogs at Year-end (head)	羊年末存栏(只) Sheep and Goats at Year-end (head)	家禽年末存栏(只) Poultry at Year-end (head)
太原市	**Taiyuan**	**53448**	**52628**	**171431**	**329841**	**3011840**
小店区	Xiaodian	9965	9956	7985	14751	441563
迎泽区	Yingze	185	125	341	4474	55350
杏花岭区	Xinghualing	162	122	4469	4800	229666
尖草坪区	Jiancaoping	3759	3747	3230	19100	45169
万柏林区	Wanbailin	255	243	177	2244	7482
晋源区	Jinyuan	1780	1726	3878	12713	223565
清徐县	Qingxu	7093	7021	59346	95304	957902
阳曲县	Yangqu	11459	11250	50122	86889	877194
娄烦县	Loufan	11148	10917	21764	49533	78701
古交市	Gujiao	7642	7521	20119	40033	95248
大同市	**Datong**	**281850**	**254912**	**758119**	**2012447**	**6413421**
新荣区	Xinrong	28924	25074	27176	99021	324557
平城区	Pingcheng	8496	8454	15098	16512	228639
云冈区	Yungang	32186	32133	44392	51394	776889
云州区	Yunzhou	24734	24126	79678	163856	3096717
阳高县	Yanggao	36552	30703	293244	351803	505614
天镇县	Tianzhen	30334	22256	98997	296606	356135
广灵县	Guangling	40254	37806	43248	243553	529642
灵丘县	Lingqiu	35731	32340	54540	300010	219966
浑源县	Hunyuan	33473	31239	76103	349468	353162
左云县	Zuoyun	10871	10486	25020	139249	19110
开发区	Development Zone	295	295	623	975	2990
阳泉市	**Yangquan**	**10291**	**9674**	**141810**	**85948**	**2939048**
城　区	Chengqu	279	277	238	1173	133619
矿　区	Kuangqu	91	86	242	1202	57214
郊　区	Jiaoqu	735	644	34566	6997	671090
平定县	Pingding	1926	1558	45951	23030	1650025
盂　县	Yuxian	7260	7109	60813	53546	427100
长治市	**Changzhi**	**57673**	**52412**	**619547**	**712953**	**20618815**
潞州区	Luzhou	2085	2055	13261	13785	449202
上党区	Shangdang	1713	1635	100390	23471	2856418
屯留区	Tunliu	8882	8143	53227	77161	815413

Production Situation of Animal Husbandry in the Country (2023)

肉类总产量 (吨) Output of Meat (ton)	#猪 肉 Pork	#牛 肉 Beef	#羊 肉 Mutton	禽蛋产量 (吨) Poultry Eggs (ton)	奶类产量 (吨) Milk (ton)	#牛 奶 Milk
35355	**22516**	**2823**	**3719**	**30457**	**69115**	**68670**
3546	2001	180	125	4704	37801	37801
158	51	27	75	637		
739	517	8	45	2353		
729	335	79	189	764	14668	14668
23	7	2	11	70	74	74
813	321	32	106	2878	5888	5888
15606	9631	1103	1584	5538	7114	6674
7147	5059	509	752	10656	3246	3241
2780	2141	309	227	1662		
3814	2452	575	605	1195	326	326
154837	**106114**	**17043**	**20607**	**69564**	**393178**	**393046**
8137	3924	2265	1187	3520	39447	39447
2400	1696	451	113	3243	26595	26483
7571	4897	1373	591	9125	84915	84915
16645	8409	1521	1506	33558	27625	27625
55794	47977	2549	3857	3635	74288	74288
16285	11238	1703	2506	4054	83530	83530
10129	6027	1085	2488	6032	42077	42057
14256	8932	1997	2707	1854	2008	2008
17455	10315	2862	3463	4203	9923	9923
6106	2664	1231	2183	304	2533	2533
57	36	8	6	37	237	237
24266	**19086**	**657**	**814**	**37658**	**5329**	**5329**
97	29	21	8	1726	776	776
416	368	1	12	693	329	329
6333	5013	115	118	8095	603	603
9923	7426	81	244	21857	3621	3621
7496	6251	438	433	5287		
145581	**81778**	**5615**	**5176**	**136529**	**16738**	**16360**
2299	1546	120	75	4820	5734	5358
18642	16136	142	167	34893	2131	2131
9834	7646	570	709	12844	382	382

4-17 续表 1

县(市、区)	Region	大牲畜年末存栏(头) Large Animals at Year-end (head)	#牛 Cattle and Buffaloes	猪年末存栏(头) Hogs at Year-end (head)	羊年末存栏(只) Sheep and Goats at Year-end (head)	家禽年末存栏(只) Poultry at Year-end (head)
潞城区	Lucheng	3402	2645	69259	31700	997701
襄垣县	Xiangyuan	4207	3311	56605	59965	1839336
平顺县	Pingshun	2787	1987	39061	26299	102222
黎城县	Licheng	3088	2755	44455	39867	230983
壶关县	Huguan	759	741	92411	31035	2351571
长子县	Zhangzi	4112	4013	81405	107001	4120836
武乡县	Wuxiang	9135	8313	32884	107536	2992896
沁　县	Qinxian	10769	10224	26710	71485	3780362
沁源县	Qinyuan	6734	6590	9879	123648	81875
晋城市	**Jincheng**	**13526**	**12809**	**1071243**	**382233**	**12770688**
城　区	Chengqu	911	911	852	7485	192635
沁水县	Qinshui	4429	4148	94559	148683	2916457
阳城县	Yangcheng	1967	1960	173735	44021	3432155
陵川县	Lingchuan	1323	1315	102216	47437	1712221
泽州县	Zezhou	3875	3755	347066	88430	2683438
高平市	Gaoping	1021	720	352815	46177	1833782
朔州市	**Shuozhou**	**242995**	**236786**	**351541**	**1905347**	**3462705**
朔城区	Shuocheng	30713	28805	68176	184999	992110
平鲁区	Pinglu	17839	16161	30673	190272	75576
山阴县	Shanyin	85877	85160	44451	183585	335956
应　县	Yingxian	66306	65620	81247	304432	400165
右玉县	Youyu	15891	14948	25347	285108	132163
开发区	Development Zone	2573	2573	589	3218	41024
怀仁市	Huairen	23796	23519	101058	753733	1485711
晋中市	**Jinzhong**	**165590**	**163675**	**956291**	**1219390**	**24388881**
榆次区	Yuci	13082	12861	142796	169753	1612279
太谷区	Taigu	10621	10378	288953	160455	4268034
榆社县	Yushe	11540	11524	49829	106735	526556
左权县	Zuoquan	7539	7453	27509	127229	470459
和顺县	Heshun	29789	29639	20292	71994	938231
昔阳县	Xiyang	6286	6048	69536	52174	242080
寿阳县	Shouyang	2062	2008	59677	51751	481853
祁　县	Qixian	59156	59146	63868	165165	3066161

continued

肉类总产量(吨) Output of Meat (ton)	#猪 肉 Pork	#牛 肉 Beef	#羊 肉 Mutton	禽蛋产量(吨) Poultry Eggs (ton)	奶类产量(吨) Milk (ton)	#牛 奶 Milk
10682	9199	224	342	6080	3438	3438
11060	6179	476	556	5912	149	149
5502	4863	183	194	2617	66	66
6001	4599	190	251	12585	622	620
24108	13061	33	235	12131	483	483
13480	10217	368	725	31171	378	378
20372	4046	566	683	2088	186	186
21643	3500	2473	711	8886	46	46
1958	785	269	529	2501	3122	3122
181347	**140158**	**1011**	**3963**	**111724**	**128**	**128**
331	84	89	51	2222		
31995	8152	260	1517	5445		
22923	17863	166	488	36561	21	21
16124	13045	108	414	18446		
54637	49728	344	985	30197	8	8
55336	51285	44	508	18852	99	99
75991	**30834**	**9363**	**30097**	**36285**	**628371**	**628371**
8124	4929	742	1140	12128	74076	74076
5254	2954	1021	1078	740	5114	5114
6718	3518	1472	1116	4588	284435	284435
15303	7653	3047	3614	3961	210769	210769
9184	2780	2170	3864	1656	785	785
112	68	16	7	700	7123	7123
31295	8930	895	19279	12511	46069	46069
214557	**126530**	**17485**	**10785**	**158584**	**155178**	**154244**
22448	17753	731	1473	16962	40626	40626
59209	45181	1212	1982	32491	11432	11432
7690	4644	849	772	5899	74	74
5285	2771	609	1013	5856		
9010	2198	3546	497	9476		
12139	9317	448	509	1586	127	127
8927	6481	256	665	6308	764	764
24670	9881	7943	1441	24460	73505	73505

4-17 续表 2

县(市、区)	Region	大牲畜年末存栏(头) Large Animals at Year-end (head)	#牛 Cattle and Buffaloes	猪年末存栏(头) Hogs at Year-end (head)	羊年末存栏(只) Sheep and Goats at Year-end (head)	家禽年末存栏(只) Poultry at Year-end (head)
平遥县	Pingyao	15140	14674	86613	153660	9614063
灵石县	Lingshi	6924	6566	64801	75820	476613
介休市	Jiexiu	3451	3378	82417	84654	2692552
运城市	**Yuncheng**	**70590**	**69209**	**1582722**	**855236**	**38342953**
盐湖区	Yanhu	4858	4747	60159	132811	1316137
临猗县	Linyi	2594	2570	175657	81973	3478425
万荣县	Wanrong	4420	4262	191883	64308	2375984
闻喜县	Wenxi	4427	4377	148597	53534	4279383
稷山县	Jishan	7148	6995	71465	63705	13266137
新绛县	Xinjiang	12403	12357	188521	50659	3825220
绛　县	Jiangxian	6356	5814	74973	77970	1116591
垣曲县	Yuanqu	3300	3300	59745	74187	437972
夏　县	Xiaxian	3701	3602	118465	51972	3380774
平陆县	Pinglu	5722	5722	65481	66696	279266
芮城县	Ruicheng	3580	3565	162965	56012	1059350
永济市	Yongji	7387	7379	189632	49852	2042354
河津市	Hejin	4694	4519	75179	31557	1485360
忻州市	**Xinzhou**	**272237**	**245264**	**687569**	**2436578**	**7154502**
忻府区	Xinfu	23480	23442	46437	141664	1271013
定襄县	Dingxiang	14375	11941	106006	88885	156100
五台县	Wutai	32968	32603	37945	106236	519074
代　县	Daixian	36344	35321	18873	100663	81679
繁峙县	Fanshi	53383	50672	145804	193396	601045
宁武县	Ningwu	22003	19447	61616	108627	125243
静乐县	Jingle	14849	11665	14883	129220	592764
神池县	Shenchi	16573	10909	24770	490672	137408
五寨县	Wuzhai	10400	8947	14283	172922	227063
岢岚县	Kelan	10022	8923	18950	196411	68442
河曲县	Hequ	6661	4472	29312	97749	588969
保德县	Baode	2328	1810	24722	96105	516179
偏关县	Pianguan	5218	4352	10401	264395	185116
五台山风景名胜区	Mount Wutai Scenic Area	7785	7147	653	5073	1034
原平市	Yuanping	15848	13613	132914	244560	2083373

continued

肉类总产量 (吨) Output of Meat (ton)	#猪 肉 Pork	#牛 肉 Beef	#羊 肉 Mutton	禽蛋产量 (吨) Poultry Eggs (ton)	奶类产量 (吨) Milk (ton)	#牛 奶 Milk
36094	9953	1535	1192	33401	15136	14203
8992	7155	76	474	4159	6243	6243
20093	11196	279	768	17986	7272	7272
233435	**173452**	**4729**	**7307**	**343211**	**41244**	**41175**
10945	6874	195	1074	3224	4950	4939
22228	17950	140	800	24102	1349	1349
20894	18073	230	500	23526	2568	2568
34740	17947	620	615	17814	646	588
15976	9001	400	379	155355	1863	1863
22507	18317	883	339	44683	7358	7358
13408	9913	519	704	7276	284	284
9747	8106	238	660	3111		
18511	11555	311	427	9163	138	138
9192	7657	441	735	2813	2502	2502
22709	20453	266	487	10482	399	399
24428	20704	278	388	15611	13434	13434
8149	6902	209	199	16053	5753	5753
129578	**82720**	**12621**	**23564**	**88483**	**85848**	**85848**
9033	6715	828	709	14449	52147	52147
8124	6272	950	690	2043	6720	6720
8780	5480	1752	1196	6913		
5001	2806	1204	848	1034	272	272
24548	20671	1713	1299	9127	11009	11009
8322	6645	892	666	1601	146	146
4466	1975	725	1306	7026	590	590
11484	3149	1147	6523	1615	224	224
3515	1501	517	1152	2985	189	189
5045	2249	667	1934	841	215	215
4474	3115	362	583	6925	10354	10354
4177	2543	169	1002	4777	243	243
4684	1475	452	2516	1962		
232	37	164	26	33		
27694	18087	1079	3113	27151	3741	3741

4-17 续表 3

县(市、区)	Region	大牲畜年末存栏(头) Large Animals at Year-end (head)	#牛 Cattle and Buffaloes	猪年末存栏(头) Hogs at Year-end (head)	羊年末存栏(只) Sheep and Goats at Year-end (head)	家禽年末存栏(只) Poultry at Year-end (head)
临汾市	**Linfen**	**108982**	**107327**	**1023619**	**944259**	**16556939**
尧都区	Yaodu	8697	8651	90561	72465	1287600
曲沃县	Quwo	5771	5081	101631	87796	2000297
翼城县	Yicheng	14453	14423	115989	53197	505749
襄汾县	Xiangfen	8247	8216	163010	83824	4010645
洪洞县	Hongtong	19648	19538	160093	103491	2950729
古　县	Guxian	1551	1551	18410	21617	152783
安泽县	Anze	1205	1205	16381	30526	176741
浮山县	Fushan	4550	4538	36997	44125	310950
吉　县	Jixian	1963	1913	37515	26374	152966
乡宁县	Xiangning	7638	7557	65057	54206	795517
大宁县	Daning	1743	1391	23409	15378	39366
隰　县	Xixian	4031	4028	35191	24471	235954
永和县	Yonghe	2376	2217	7030	217603	178641
蒲　县	Puxian	12563	12563	44722	12020	78852
汾西县	Fenxi	8662	8654	34385	43233	2402247
侯马市	Houma	2464	2464	20580	18037	739800
霍州市	Huozhou	3420	3337	52658	35896	538102
吕梁市	**Lvliang**	**354570**	**350548**	**777359**	**838919**	**20537595**
离石区	Lishi	13702	13702	34287	35919	399673
文水县	Wenshui	193236	193219	69940	69944	4837763
交城县	Jiaocheng	31760	31034	29599	37151	933307
兴　县	Xingxian	9683	9608	55635	107660	467402
临　县	Linxian	7991	7914	130305	198222	2186732
柳林县	Liulin	3480	3146	68165	84867	528968
石楼县	Shilou	5507	5497	31792	56885	824392
岚　县	Lanxian	15089	13708	26756	39810	1093619
方山县	Fangshan	36015	35878	27286	36835	1183535
中阳县	Zhongyang	10853	10683	77593	36268	472432
交口县	Jiaokou	10337	9741	70679	38713	390733
孝义市	Xiaoyi	4438	4030	59386	33493	4112472
汾阳市	Fenyang	12479	12388	95936	63152	3106567

continued

肉类总产量 (吨) Output of Meat (ton)	#猪 肉 Pork	#牛 肉 Beef	#羊 肉 Mutton	禽蛋产量 (吨) Poultry Eggs (ton)	奶类产量 (吨) Milk (ton)	#牛 奶 Milk
171448	**120885**	**7834**	**6610**	**130935**	**51930**	**50651**
12969	10886	399	510	14000	9094	9093
13889	8506	296	592	10109	4578	4559
25110	22979	780	519	7726	20413	20413
27423	19852	568	848	30069	1613	1613
18466	14827	924	742	32388	7834	7363
3236	2890	114	155	1445	109	
1359	796	278	153	1928		
4667	3410	594	427	3408	101	80
3952	3600	129	173	1912	134	134
7544	5836	544	457	10739	795	795
2484	2141	171	102	608	49	49
6090	5286	333	271	3221	377	376
2231	921	135	696	967	51	51
6739	4409	1705	80	521	13	13
21625	3196	494	393	3736	398	395
3652	3036	136	202	3392	2236	2236
10012	8315	233	290	4265	4133	3478
183514	**91396**	**23115**	**6904**	**132226**	**27523**	**27520**
3653	2781	346	222	3904	899	899
39614	11516	15292	681	30236	4119	4119
8461	4836	1509	333	6138	1903	1903
6109	4688	447	729	6055	221	221
19058	14515	460	1872	24577	6894	6894
9049	7515	338	750	3258	1172	1172
4790	3619	327	528	9521	566	566
8048	2882	594	228	2634	68	68
5923	2669	1519	311	13019	416	416
10235	8339	474	236	4316	218	218
11943	9509	610	246	1195	19	19
34528	7331	248	217	11989	3345	3342
22103	11196	951	550	15384	7683	7683

主要指标解释

粮食作物 指一般用作人类主食，种植在耕地或非耕地上的农作物。根据我国产品目录分类标准，粮食包括谷物、豆类、薯类。

粮食作物播种面积 指本年度内收获的粮食作物在全部土地（耕地或非耕地）上的播种或移植面积。凡是本年内收获的粮食作物，无论是本年还是上年播种，都算为当年播种面积，但不包括本年播种、下年收获的粮食作物面积。移植的粮食作物面积按移植后的面积计算，不计算移植前的秧田面积。如果因灾害等原因，应该收获却未能收获，也要按原播种面积计算，新补或改种，并在本年收获的，也要按复种作物计算面积。间种、混种的作物面积按比例折算各个作物的面积，如果完全混合、同步生长、收获的作物，按混合面积平均分配。复种、套种的作物，按次数计算面积，每种一次计算一次。再生稻、再生高粱等，因其没有经过播种或移植，不计入播种面积。

粮食作物产量 指本年度内生产的全部粮食作物数量。其中，谷物产量按脱粒后的原粮计算，豆类按去豆荚后的干豆计算，薯类按鲜薯重量统计上报，统一按 5∶1 折算粮食产量。

谷物 指禾本科和蓼科作物，具体统计品种包括稻谷、小麦、玉米和其他谷物；其他谷物包括谷子、高粱、大麦、燕麦、荞麦等。其中西藏、青海、甘肃等地种植的青稞是大麦中的裸麦，按大麦统计。除按品种统计外，根据收获时间，主要按夏收谷物、秋收谷物分别做统计。夏收谷物指上年秋冬播和本年春季播种、夏季收获的全部谷物；秋收谷物指本年春、夏季播种，秋季收获的谷物；在夏收谷物收割后的耕地上播种、秋季收获的谷物也应计算在内。

稻谷 根据其播种期、生长期和成熟期的不同，按早稻、中稻和一季晚稻、双季晚稻三类分别做统计。其中，早稻指栽培时间较早且成熟早的南方籼稻，收获时间在三季度中旬之前，主产区包括湖南、江西、广东、广西等地。中稻及一季晚稻，指一年只种一季的一熟单季稻，包括籼稻、粳稻、糯稻等，主要分布在中国秦岭—淮河以北，长江流域北部，四川盆地和云贵高原，主产区包括黑龙江、江苏、安徽、湖北、四川等地。双季晚稻指，在同一块稻田里，早稻收割后，通过连作、间作和混作等方式种植和收获的其他季稻谷，分布与早稻相近。

小麦 根据其品种、播种时间、收获时间不同，分为春小麦和冬小麦。春小麦指春节过后播种，7、8 月份收获的小麦，主要分布在长城以北，该区气温普遍较低，生产季节短，故以一年一熟为主；冬小麦，一般在 9 月中下旬至 10 月上旬播种，幼苗过冬，春季返青，翌年 5 月底至 6 月中下旬成熟，主要分布在长城以南。

玉米 包括秋玉米、春玉米，但不包括青贮饲料玉米、鲜食玉米。

豆类 是以食用种籽及其制成品为主的一类豆科植物，包括大豆、绿豆、红小豆和其他杂豆，不含豇豆、四季豆等菜用豆类。夏收豆类指 7、8 月份前收获的豆类。

薯类 包括甘薯、马铃薯等。甘薯又名番薯、红薯、地瓜等，主产区在川蜀等地；马铃薯，又名土豆、洋芋等，主产区在四川、贵州、甘肃等地。薯类产量目前只统计甘薯和马铃薯，夏收薯类指 7、8 月份前收获的薯类。

生猪期末存栏 指本调查期末饲养生猪的总量，包括 25 公斤以下仔猪、待育肥猪（架子猪）和种猪等数量之和。

能繁殖母猪 是指猪龄约在 9 个月（包括 9 个月）以上的、具备繁殖能力的母猪。

自宰肥猪头数 指本调查期内自行宰杀的肥猪数量。本指标不包括因疾病等原因而被迫宰杀的生猪数量。

出售肥猪头数 指本调查期内以各种形式出售给任何单位或个人的已育肥肥猪的数量。但不包括出售仔猪、待育肥猪（架子猪）、种猪的数量。

生猪出栏头数＝自宰肥猪头数＋出售肥猪头数

猪肉产量 指本调查期内出栏肥猪头数折算出的鲜、冷鲜、冷冻猪肉总量，按胴体重计算。

猪肉产量＝出栏肥猪头数×平均每头肥猪出售

重量×肥猪产肉率（%）

牛期末存栏 指本调查期末饲养各类型的牛总量，包括牛犊、待育肥牛（架子牛）、奶牛和种牛等数量之和。

自宰肉牛头数 指本调查期内由调查户（单位）自行宰杀已育肥肉牛的总量，自宰的淘汰后出栏的奶牛和役用牛数量也包括在内。但不包括因疫病等原因而捕杀的各类牛的数量。

出售肉牛头数 指本调查期内由调查户（单位）以各种形式出售给任何单位或个人的已育肥肉牛的总量，出售的淘汰后出栏的奶牛和役用牛数量也包括在内。但不包括出售牛犊、架子牛、奶牛等头数。

育肥肉牛出栏头数＝自宰育肥肉牛头数＋出售育肥肉牛头数

牛肉产量 指本调查期内出栏肉牛头数折算出的鲜、冷鲜、冷冻牛肉产量，按胴体重计算。

牛肉产量＝出栏肉牛头数×平均每头肉牛出售重量×肉牛产肉率（%）

生牛奶产量 指本调查期内奶牛所生产的牛奶总产量。

羊期末存栏 指本调查期末饲养各种羊只总量。包括羊羔、待育肥羊（架子羊）、奶羊和种羊等数量之和。

自宰肥羊头数 指本调查期内自行宰杀的肥羊数量。本指标不包括因疫病等原因而捕杀的羊数量。

出售肥羊头数 指本调查期内出售已育肥的羊只数量。但不包括出售羊羔、待育肥羊、种羊、奶羊等数量。

肥羊出栏头数＝自宰肥羊头数＋出售肥羊头数

羊肉产量 指本调查期内出栏肥羊头数折算出的鲜、冷鲜、冷冻羊肉产量，按胴体重计算。

羊肉产量＝出栏肥羊头数×平均每只羊出售重量×肥羊产肉率（%）

山羊毛产量 指本调查期内山羊所生产的羊毛总量。

山羊绒产量 指本调查期内山羊所生产的羊绒总量。

绵羊毛产量 指本调查期内绵羊所生产的羊毛总量。

家禽期末存栏 指本调查期末饲养家禽的总量，包括幼禽、肉用家禽、蛋用家禽和种家禽等。

自宰家禽只数 指本调查期内自行宰杀的家禽数量。本指标不包括因疾病等原因而被迫捕杀的家禽数量。

出售家禽只数 指本调查期内以各种形式出售给任何单位或个人的肉用家禽总数。但不包括出售幼禽、蛋禽、种禽的数量。

家禽出栏只数＝自宰家禽只数＋出售家禽只数

禽肉产量 指本调查期内出栏肉用家禽产出的禽肉总量。

禽蛋产量 指本调查期内饲养的蛋用家禽生产的禽蛋总重量。包括出售的和农民自产自用的部分。品种主要为鸡鸭鹅。

肉类总产量 指调查期内各种牲畜及家禽、兔等动物肉产量总计。猪、牛、羊、马、驴、骡、骆驼肉产量按去掉头蹄下水后带骨肉的胴体重量计算，兔禽肉产量按屠宰后去毛和内脏后的重量计算。猪牛羊禽四个品种肉产量由主要畜禽监测抽样调查获得，马、驴、骡、骆驼、兔肉产量由全面统计获得，其它特种养殖肉产量可用住户调查资料推算获得。

Explanatory Notes on Main Statistical Indicators

Grain Crop refer to crops commonly used as human staple food and grown on cultivated or non cultivated land. According to the classification standards of China's product catalog, grains include grains, beans, and potatoes.

The Sown Area of Grain Crop refers to the sown or transplanted area of grain crops harvested in this year on all land (cultivated or non cultivated). All grain crops harvested within the current year, whether sown this year or the previous year, are counted as the sown area of the current year, but do not include the area of grain crops sown this year or harvested next year. The area of transplanted grain crops is calculated based on the area after transplantation, without calculating the area of seedling fields before transplantation. If due to disasters or other reasons, the crop should have been harvested but could not have been harvested, the area should also be calculated based on the original planting area. For new or replanted crops that were harvested this year, the area should also be calculated based on the area of multiple crops. The area of intercropped and mixed crops is converted into the area of each crop proportionally. If the crops are completely mixed, grown synchronously, and harvested, they are evenly distributed according to the mixed area. Crops that are replanted or intercropped shall have their area calculated based on the number of times, with each crop being planted once. Regenerated rice, regenerated sorghum, etc., as they have not been sown or transplanted, are not included in the sown area.

Grain Crop Production refers to the total number of grain crops produced during the current year. Among them, grain yield is calculated based on the raw grains after threshing, legumes are calculated based on the dried beans after removing pods, and potatoes are reported based on the weight of fresh potatoes. The grain yield is uniformly converted to 5:1.

Cereal refer to grass and polygonum families, with specific statistical varieties including rice, wheat, corn, and other grains; Other grains include millet, sorghum, barley, oats, buckwheat, etc. Among them, the barley grown in Xizang, Qinghai, Gansu and other places is barley barley by barley statistics. In addition to statistics by variety, statistics are mainly conducted based on the harvest time,mainly by summer and autumn grains. Summer harvest grains refer to all grains sown in autumn and winter of the previous year, sown in spring of this year, and harvested in summer; Autumn harvest grain refers to the grain sown in spring and summer of this year, and harvested in autumn; Sowing on the farmland after summer harvest and harvesting in autumn should also be included.

Rice is classified into three categories: early rice, medium rice, one season late rice, and double season late rice, based on their different sowing, growth, and maturity periods. Among them, early rice refers to the southern indica rice that was cultivated earlier and matured earlier, with harvest time before the middle of the third quarter; Main production areas include Hunan, Jiangxi, Guangdong, Guangxi and other places. Medium rice and one season late rice refer to single cropping rice that only grows one season a year, including indica rice, japonica rice, glutinous rice, etc. The main distribution is north of the Qinling-Huaihe River in China, north of the Yangtze River Basin, Sichuan Basin and Yungui Plateau, the main production areas include Heilongjiang, Jiangsu, Anhui, Hubei, Sichuan and other places. Double season late rice refers to other season rice grains planted and harvested in the same paddy field through continuous cropping, intercropping, and mixed cropping after harvesting early rice, with a distribution similar to early rice.

Wheat is divided into spring wheat and winter wheat based on its variety, sowing time, and harvest time. Spring wheat refers to the wheat sown after the Spring Festival and harvested in July and August, mainly distributed north of the Great Wall. The temperature in this area is generally low and the production season is short, so it is mainly harvested once a year; Winter wheat is usually sown from mid to late September to early October. The seedlings pass the winter, turn green in spring, and mature from late May to mid to late June of the following year. It is mainly distributed south of the Great Wall.

Corn includes autumn corn and spring corn, but does not include silage corn and fresh corn.

Beans are a type of leguminous plants that primarily consume edible seeds and their processed products, including soybeans, mung beans, red beans, and other miscellaneous beans, excluding vegetable beans such as cowpeas and kidney beans. Summer harvested beans refer to beans harvested before July and August.

Potatoes include sweet potatoes, potatoes, etc. Sweet potatoes, also known as sweet potatoes, sweet potatoes, sweet potatoes, etc., are mainly produced in Sichuan and other regions; Potatoes, also known as potatoes, yams, etc., are mainly produced in Sichuan, Guizhou, Gansu, and other regions. Currently, only sweet potatoes and potatoes are counted for potato production, while summer harvested potatoes refer to potatoes harvested before July and August.

The final inventory of live pigs refers to the total number of pigs raised at the end of this survey, including the sum of piglets under 25 kilograms, pigs to be fattened (frame pigs), and breeding pigs.

Reproductive sows refers to sows that are approximately 9 months old (including 9 months old) and possess reproductive ability.

The number of self slaughtered fat pigs refers to the number of self slaughtered fat pigs during this survey period. This indicator does not include the number of pigs forced to be slaughtered due to diseases or other reasons.

The number of fattened pigs sold refers to the number of fattened pigs sold in various forms to any unit or individual during this survey period. But it does not include the number of piglets sold, pigs to be fattened (frame pigs), and breeding pigs.

The number of live pigs sold=The number of self slaughtered fat pigs+The number of fattened pigs sold

Pork production refers to the total amount of fresh, chilled, and frozen pork converted from the number of fattened pigs sold during this survey period, calculated based on carcass weight.

Pork yield=number of fattened pigs sold×Average selling weight of each fat pig×Meat production rate of fat pigs (%)

The final inventory of cattle refers to the total number of various types of cattle raised at the end of this survey, including the sum of calves, fattened cattle (rack cattle), cows, and breeding cattle.

The number of fattened beef cattle sold=the number of self slaughtered fattened beef cattle+the number of sold fattened beef cattle

The number of self slaughtered beef cattle refers to the total number of fattened beef cattle slaughtered by the surveyed households (units) during this survey period, including the number of cows and draft cattle that have been eliminated from slaughter. But it does not include the number of various types of cattle killed due to diseases and other reasons.

The number of sold beef cattle refers to the total number of fattened beef cattle sold by the surveyed households (units) to any unit or individual in various forms during the survey period, including the number of eliminated cows and draft cattle sold. But it does not include the number of calves, shelved cows, cows, etc. sold.

Beef production refers to the production of fresh, chilled, and frozen beef converted from the number of beef heads sold during this survey period, calculated based on carcass weight.

Beef yield=number of beef heads sold×Average selling weight per beef cow×Meat production rate of beef cattle (%)

Raw milk production refers to the total milk production of cows during this survey period.

The final stock of sheep refers to the total amount of various sheep raised at the end of this survey. Including the sum of lambs, fattened sheep (frame sheep), milk sheep, and breeding sheep.

The number of fat sheep sold=the number of self slaughtered fat sheep+the number of sold fat sheep

The number of self slaughtered fat sheep refers to the number of self slaughtered fat sheep during this survey period. This indicator does not include the number of sheep killed due to diseases or other reasons. The number of fat sheep sold refers to the number of fattened sheep sold during this survey period. But it does not include the quantity of lamb sold, fattened sheep to be raised, breeding sheep, milk sheep, etc.

Lamb yield refers to the yield of fresh, chilled, and frozen lamb based on the number of fat sheep sold during this survey period, calculated according to the carcass weight.

Lamb yield=number of fat sheep sold×Average

selling weight per sheep×Meat production rate of fat sheep (%)

Goat wool production refers to the total amount of wool produced by goats during this survey period.

Cashmere production refers to the total amount of cashmere produced by goats during this survey period.

Sheep wool production refers to the total amount of wool produced by sheep during this survey period.

The final inventory of poultry refers to the total amount of poultry raised at the end of this survey, including young poultry, meat poultry, egg poultry, and breeding poultry.

The number of poultry sold=the number of self slaughtered poultry+the number of poultry sold

The number of self slaughtered poultry refers to the number of self slaughtered poultry during this survey period. This indicator does not include the number of poultry forced to be killed due to diseases or other reasons.

The number of poultry sold refers to the total number of meat poultry sold in various forms to any unit or individual during this survey period. But it does not include the quantity of young birds, egg birds, and breeding birds sold.

Poultry meat production refers to the total amount of poultry meat produced during the survey period for meat production.

Egg production refers to the total weight of eggs produced by poultry raised during this survey period. Including the parts sold and those produced and used by farmers themselves. The main breed is chicken, duck, and goose.

The total meat production refers to the total meat production of various livestock, poultry, rabbits, and other animals during the survey period. The meat production of pigs, cows, sheep, horses, donkeys, mules, and camels is calculated based on the weight of the carcass with bony meat removed from the head, hooves, and offal. The meat production of rabbits and poultry is calculated based on the weight after removal of hair and viscera after slaughter. The meat production of the four breeds of pigs, cows, sheep, and poultry was obtained through sampling surveys of major livestock and poultry monitoring. The meat production of horses, donkeys, mules, camels, and rabbits was obtained through comprehensive statistics, while the meat production of other special breeding types can be calculated based on household survey data.

附录 全国及各省（直辖市、自治区）主要统计调查指标

Appendix: Main Statistical Survey Indicators by Region

附录1-1 全国及各省(直辖市、自治区)居民人均可支配收入(2014-2023年)
Per Capita Disposable Income of Households by Region (2014-2023)

单位: 元 (yuan)

地 区	Region	2014	2015	2016	2017	2018	2019	2020	2021	2022	2023
全 国	**National**	**20167**	**21966**	**23821**	**25974**	**28228**	**30733**	**32189**	**35128**	**36883**	**39218**
北 京	Beijing	44489	48458	52530	57230	62361	67756	69434	75002	77415	81752
天 津	Tianjin	28832	31291	34074	37022	39506	42404	43854	47449	48976	51271
河 北	Hebei	16647	18118	19725	21484	23446	25665	27136	29383	30867	32903
山 西	Shanxi	16538	17854	19049	20420	21990	23828	25214	27426	29178	30924
内蒙古	Inner Mongolia	20559	22310	24127	26212	28376	30555	31497	34108	35921	38130
辽 宁	Liaoning	22820	24576	26040	27835	29701	31820	32738	35112	36089	37992
吉 林	Jilin	17520	18684	19967	21368	22798	24563	25751	27770	27975	29797
黑龙江	Heilongjiang	17404	18593	19838	21206	22726	24254	24902	27159	28346	29694
上 海	Shanghai	45966	49867	54305	58988	64183	69442	72232	78027	79610	84834
江 苏	Jiangsu	27173	29539	32070	35024	38096	41400	43390	47498	49862	52674
浙 江	Zhejiang	32658	35537	38529	42046	45840	49899	52397	57541	60302	63830
安 徽	Anhui	16796	18363	19998	21863	23984	26415	28103	30904	32745	34893
福 建	Fujian	23331	25404	27608	30048	32644	35616	37202	40659	43118	45426
江 西	Jiangxi	16734	18437	20110	22031	24080	26262	28017	30610	32419	34242
山 东	Shandong	20864	22703	24685	26930	29205	31597	32886	35705	37560	39890
河 南	Henan	15695	17125	18443	20170	21964	23903	24810	26811	28222	29933
湖 北	Hubei	18283	20026	21787	23757	25815	28319	27881	30829	32914	35146
湖 南	Hunan	17622	19317	21115	23103	25241	27680	29380	31993	34036	35895
广 东	Guangdong	25685	27859	30296	33003	35810	39014	41029	44993	47065	49327
广 西	Guangxi	15557	16873	18305	19905	21485	23328	24562	26727	27981	29514
海 南	Hainan	17476	18979	20653	22553	24579	26679	27904	30457	30957	33192
重 庆	Chongqing	18352	20110	22034	24153	26386	28920	30824	33803	35666	37595
四 川	Sichuan	15749	17221	18808	20580	22461	24703	26522	29080	30679	32514
贵 州	Guizhou	12371	13697	15121	16704	18430	20397	21795	23996	25508	27098
云 南	Yunnan	13772	15223	16720	18348	20084	22082	23295	25666	26937	28421
西 藏	Tibet	10730	12254	13639	15457	17286	19501	21744	24950	26675	28983
陕 西	Shaanxi	15837	17395	18874	20635	22528	24666	26226	28568	30116	32128
甘 肃	Gansu	12185	13467	14670	16011	17488	19139	20335	22066	23273	25011
青 海	Qinghai	14374	15813	17302	19001	20757	22618	24037	25919	27000	28587
宁 夏	Ningxia	15907	17329	18832	20562	22400	24412	25735	27904	29599	31604
新 疆	Xinjiang	15097	16859	18355	19975	21500	23103	23845	26075	27063	28947

附录1-2 全国及各省(直辖市、自治区)城镇居民人均收入与支出(2014-2023年)

单位：元

地区	Region	城镇居民人均可支配收入 Per Capita Disposable Income of Urban Households									
		2014	2015	2016	2017	2018	2019	2020	2021	2022	2023
全　国	**National**	**28844**	**31195**	**33616**	**36396**	**39251**	**42359**	**43834**	**47412**	**49283**	**51821**
北　京	Beijing	48532	52859	57275	62406	67990	73849	75602	81518	84023	88650
天　津	Tianjin	31506	34101	37110	40278	42976	46119	47659	51486	53003	55355
河　北	Hebei	24141	26152	28249	30548	32977	35738	37286	39791	41278	43631
山　西	Shanxi	24069	25828	27352	29132	31035	33262	34793	37433	39532	41327
内蒙古	Inner Mongolia	28350	30594	32975	35670	38305	40782	41353	44377	46295	48676
辽　宁	Liaoning	29082	31126	32876	34993	37342	39777	40376	43051	44003	45896
吉　林	Jilin	23218	24901	26530	28319	30172	32299	33396	35646	35471	37503
黑龙江	Heilongjiang	22609	24203	25736	27446	29191	30945	31115	33646	35042	36492
上　海	Shanghai	48841	52962	57692	62596	68034	73615	76437	82429	84034	89477
江　苏	Jiangsu	34346	37173	40152	43622	47200	51056	53102	57743	60178	63211
浙　江	Zhejiang	40393	43714	47237	51261	55574	60182	62699	68487	71268	74997
安　徽	Anhui	24839	26936	29156	31640	34393	37540	39442	43009	45133	47446
福　建	Fujian	30722	33275	36014	39001	42121	45620	47160	51140	53817	56153
江　西	Jiangxi	24309	26500	28673	31198	33819	36546	38556	41684	43697	45554
山　东	Shandong	29222	31545	34012	36789	39549	42329	43726	47066	49050	51571
河　南	Henan	23672	25576	27233	29558	31874	34201	34750	37095	38484	40234
湖　北	Hubei	24852	27051	29386	31889	34455	37601	36706	40278	42626	44990
湖　南	Hunan	26570	28838	31284	33948	36698	39842	41698	44866	47301	49243
广　东	Guangdong	32148	34757	37684	40975	44341	48118	50257	54854	56905	59307
广　西	Guangxi	24669	26416	28324	30502	32436	34745	35859	38530	39703	41287
海　南	Hainan	24487	26356	28453	30817	33349	36017	37097	40213	40118	42661
重　庆	Chongqing	25147	27239	29610	32193	34889	37939	40006	43502	45509	47435
四　川	Sichuan	24234	26205	28335	30727	33216	36154	38253	41444	43233	45227
贵　州	Guizhou	22548	24580	26743	29080	31592	34404	36096	39211	41086	42772
云　南	Yunnan	24299	26373	28611	30996	33488	36238	37500	40905	42168	43563
西　藏	Tibet	22016	25457	27802	30671	33797	37410	41156	46503	48753	51900
陕　西	Shaanxi	24366	26420	28440	30810	33319	36098	37868	40713	42431	44713
甘　肃	Gansu	21804	23767	25693	27763	29957	32323	33822	36187	37572	39833
青　海	Qinghai	22307	24542	26757	29169	31515	33830	35506	37745	38736	40408
宁　夏	Ningxia	23285	25186	27153	29472	31895	34328	35720	38291	40194	42395
新　疆	Xinjiang	23214	26275	28463	30775	32764	34664	34838	37642	38410	40578

Per Capita Income and Expenditure of Urban Households by Region (2014–2023)

(yuan)

城镇居民人均消费支出 Per Capita Consumption Expenditure of Urban Households									
2014	2015	2016	2017	2018	2019	2020	2021	2022	2023
19968	**21392**	**23079**	**24445**	**26112**	**28063**	**27007**	**30307**	**30391**	**32994**
33717	36642	38256	40346	42926	46358	41726	46776	45617	50897
24290	26230	28345	30284	32655	34811	30895	36067	33824	37586
16204	17587	19106	20600	22127	23483	23167	24192	25071	27906
14637	15819	16993	18404	19790	21159	20332	21965	21923	24524
20885	21876	22744	23638	24437	25383	23888	27194	26667	32249
20520	21557	24996	25379	26448	27355	24849	28438	26652	29091
17156	17973	19166	20051	22394	23394	21623	24421	21835	26677
16467	17152	18145	19270	21035	22165	20397	24422	24011	25882
35182	36946	39857	42304	46015	48272	44839	51295	48111	54919
23476	24966	26433	27726	29462	31329	30882	36558	37796	40461
27242	28661	30068	31924	34598	37508	36197	42193	44511	47762
16107	17234	19606	20740	21523	23782	22683	26495	26832	27900
22204	23520	25006	25980	28145	30946	30487	33942	35692	37674
15142	16732	17696	19244	20760	22714	22134	24587	25976	27733
18323	19854	21495	23072	24798	26731	27291	29314	28555	30251
16184	17154	18088	19422	20989	21972	20645	23178	23539	25570
16681	18192	20040	21276	23996	26422	22885	28506	29121	31500
18335	19501	21420	23163	25064	26924	26796	28294	29580	31035
23612	25673	28613	30198	30924	34424	33511	36621	36936	39333
15045	16321	17268	18349	20159	21591	20907	22555	22438	24427
17514	18448	19015	20372	22971	25317	23560	27565	26418	28930
18279	19742	21031	22759	24154	25785	26464	29850	30574	31531
17760	19277	20660	21991	23484	25367	25133	26971	27637	29280
15255	16914	19202	20348	20788	21402	20587	25333	24230	27693
16268	17675	18622	19560	21626	23455	24569	27441	26240	28338
15669	17022	19440	21088	23029	25637	24927	28159	28265	28858
17546	18464	19369	20388	21966	23514	22866	24784	24766	27303
15942	17451	19539	20659	22606	24454	24615	25757	25207	27044
17493	19201	20853	21473	22998	23799	24315	24513	21700	25373
17216	18984	20364	20219	21977	24161	22379	25386	24213	27076
17685	19415	21229	22797	24191	25594	22952	25724	24142	26134

附录1-3　全国及各省(直辖市、自治区)农村居民人均收入与支出(2014-2023年)

单位：元

地　区	Region	农村居民人均可支配收入 Per Capita Disposable Income of Rural Households									
		2014	2015	2016	2017	2018	2019	2020	2021	2022	2023
全　国	**National**	**10489**	**11422**	**12363**	**13432**	**14617**	**16021**	**17131**	**18931**	**20133**	**21691**
北　京	Beijing	18867	20569	22310		26490	28928	30126	33303	34754	37358
天　津	Tianjin	17014	18482	20076	21754	23065	24804	25691	27955	29018	30851
河　北	Hebei	10186	11051	11919	12881	14031	15373	16467	18179	19364	20688
山　西	Shanxi	8809	9454	10082	10788	11750	12902	13878	15308	16323	17677
内蒙古	Inner Mongolia	9976	10776	11609	12584	13803	15283	16567	18337	19641	21221
辽　宁	Liaoning	11191	12057	12881	13747	14656	16108	17450	19217	19908	21483
吉　林	Jilin	10780	11326	12123	12950	13748	14936	16067	17642	18134	19472
黑龙江	Heilongjiang	10453	11095	11832	12665	13804	14982	16168	17889	18577	19756
上　海	Shanghai	21192	23205	25520	27825	30375	33195	34911	38521	39729	42988
江　苏	Jiangsu	14958	16257	17606	19158	20845	22675	24198	26791	28486	30488
浙　江	Zhejiang	19373	21125	22866	24956	27302	29876	31930	35247	37565	40311
安　徽	Anhui	9916	10821	11720	12758	13996	15416	16620	18372	19575	21144
福　建	Fujian	12650	13793	14999	16335	17821	19568	20880	23229	24987	26722
江　西	Jiangxi	10117	11139	12138	13242	14460	15796	16981	18684	19936	21358
山　东	Shandong	11882	12930	13954	15118	16297	17775	18753	20794	22110	23776
河　南	Henan	9966	10853	11697	12719	13831	15164	16108	17533	18697	20053
湖　北	Hubei	10849	11844	12725	13812	14978	16391	16306	18259	19709	21293
湖　南	Hunan	10060	10993	11930	12936	14093	15395	16585	18295	19546	20921
广　东	Guangdong	12246	13360	14512	15780	17168	18818	20143	22306	23598	25142
广　西	Guangxi	8683	9467	10359	11325	12435	13676	14815	16363	17433	18656
海　南	Hainan	9913	10858	11843	12902	13989	15113	16279	18076	19117	20708
重　庆	Chongqing	9490	10505	11549	12638	13781	15133	16361	18100	19313	20820
四　川	Sichuan	9348	10247	11203	12227	13331	14670	15929	17575	18672	19978
贵　州	Guizhou	6671	7387	8090	8869	9716	10756	11642	12856	13707	14817
云　南	Yunnan	7456	8242	9020	9862	10768	11902	12842	14197	15147	16361
西　藏	Tibet	7359	8244	9094	10330	11450	12951	14598	16932	18209	19924
陕　西	Shaanxi	7932	8689	9396	10265	11213	12326	13316	14745	15704	16992
甘　肃	Gansu	6277	6936	7457	8076	8804	9629	10344	11433	12165	13131
青　海	Qinghai	7283	7933	8664	9462	10393	11499	12342	13604	14456	15614
宁　夏	Ningxia	8410	9119	9852	10738	11708	12858	13889	15337	16430	17772
新　疆	Xinjiang	8724	9425	10183	11045	11975	13122	14056	15575	16550	17948

Per Capita Income and Expenditure of Rural Households by Region (2014-2023)

(yuan)

农村居民人均消费支出 Per Capita Consumption Expenditure of Rural Households									
2014	2015	2016	2017	2018	2019	2020	2021	2022	2023
8383	**9223**	**10130**	**10955**	**12124**	**13328**	**13713**	**15916**	**16632**	**18175**
14535	15811	17329		20195	21881	20913	23574	23745	26277
13739	14739	15912	16386	16863	17843	16844	19285	18934	21553
8248	9023	9798	10536	11383	12372	12644	15391	16271	17244
6992	7421	8029	8424	9172	9728	10290	11410	12091	13684
9972	10637	11463	12184	12661	13816	13594	15691	15444	18650
7801	8873	9953	10787	11455	12030	12311	14606	14326	16040
8140	8783	9521	10279	10826	11457	11864	13411	12729	14354
7830	8391	9424	10524	11417	12495	12360	15225	15162	16453
14820	16152	17071	18090	19965	22449	22095	27205	27430	30782
11820	12883	14428	15612	16567	17716	17022	21130	22597	25029
14498	16108	17359	18093	19707	21352	21555	25415	27483	30468
7981	8975	10287	11106	12748	14546	15024	17163	17980	18905
11056	11961	12911	14003	14943	16281	16339	19290	20467	21746
7548	8486	9128	9870	10885	12497	13579	15663	16984	18421
7962	8748	9519	10342	11270	12309	12660	14299	14687	16075
7277	7887	8587	9212	10392	11546	12201	14073	14824	16638
8681	9803	10938	11633	13946	15328	14472	17647	18991	20922
9025	9691	10630	11534	12721	13969	14974	16951	18078	19210
10043	11103	12415	13200	15411	16949	17132	20012	20800	22209
6675	7582	8351	9437	10617	12045	12431	14165	14658	15435
7029	8210	8921	9599	10956	12418	13169	15487	15145	16924
7983	8938	9954	10936	11977	13112	14140	16096	16727	17964
8301	9251	10192	11397	12723	14056	14953	16444	17199	17901
5970	6645	7533	8299	9170	10222	10818	12557	13172	14260
6030	6830	7331	8027	9123	10260	11069	12386	13309	15147
4822	5580	6070	6691	7452	8418	8917	10577	11139	12619
7252	7901	8568	9306	10071	10935	11376	13158	14094	15647
6148	6830	7487	8030	9065	9694	9923	11206	11494	12575
8235	8566	9222	9903	10352	11343	12134	13300	12516	14790
7676	8415	9138	9982	10790	11465	11724	13536	12825	14649
7365	7698	8277	8713	9421	10318	10778	12821	12169	13645

附录1-4　山西与全国平均居民消费价格主要分类指数(2023年)
Consumer Price Indices for Residents by Category in Shanxi and the Whole Country (2023)

(上年=100) (preceding year=100)

指　标	Item	全国平均 National Average	山　西 Shanxi
居民消费价格指数	**Consumer Price Index**	**100.2**	**99.9**
食品烟酒	Food, Tobacco and Alcohol	100.3	99.8
粮食	Grain	101.0	100.0
鲜菜	Fresh Vegetables	97.4	94.5
畜肉类	Livestock Meat	92.7	94.4
水产品	Aquatic Products	100.0	97.8
蛋	Eggs	100.3	99.3
鲜果	Fresh Fruits	104.9	102.3
衣着	Clothing	101.0	100.3
居住	Residence	100.0	100.0
生活用品及服务	Household Equipments,Furnishings and Services	100.1	100.3
交通通信	Transportation and Communication	97.7	98.0
教育文化服务	Education Culture Services	102.0	100.4
医疗保健	Health Care	101.1	100.9
其他用品及服务	Other Supplies and Services	103.2	102.4

附录1-5 全国及各省(直辖市、自治区)居民消费价格指数(2013-2023年)
Consumer Price Indices by Region (2013-2023)

(上年=100) (preceding year=100)

地区	Region	2013 指数 Index	2013 排位 Rank	2014 指数 Index	2014 排位 Rank	2015 指数 Index	2015 排位 Rank	2016 指数 Index	2016 排位 Rank
全 国	**National**	**102.6**		**102.0**		**101.4**		**102.0**	
北 京	Beijing	103.3	5	101.6	28	101.8	5	101.4	25
天 津	Tianjin	103.1	9	101.9	21	101.7	9	102.1	7
河 北	Hebei	103.0	12	101.7	23	100.9	29	101.5	22
山 西	Shanxi	103.1	10	101.7	25	100.6	30	101.1	31
内蒙古	Inner Mongolia	103.2	6	101.6	30	101.1	25	101.2	30
辽 宁	Liaoning	102.4	24	101.7	24	101.4	19	101.6	20
吉 林	Jilin	102.9	13	102.0	15	101.7	10	101.6	18
黑龙江	Heilongjiang	102.2	29	101.5	31	101.1	26	101.5	23
上 海	Shanghai	102.3	27	102.7	3	102.4	2	103.2	1
江 苏	Jiangsu	102.3	26	102.2	9	101.7	8	102.3	5
浙 江	Zhejiang	102.3	28	102.1	13	101.4	17	101.9	11
安 徽	Anhui	102.4	25	101.6	27	101.3	21	101.8	16
福 建	Fujian	102.5	22	102.0	14	101.7	7	101.7	17
江 西	Jiangxi	102.5	21	102.3	7	101.5	15	102.0	9
山 东	Shandong	102.2	30	101.9	17	101.2	23	102.1	8
河 南	Henan	102.9	14	101.9	18	101.3	20	101.9	10
湖 北	Hubei	102.8	15	102.0	16	101.5	13	102.2	6
湖 南	Hunan	102.5	19	101.9	19	101.4	18	101.9	13
广 东	Guangdong	102.5	23	102.3	8	101.5	12	102.3	4
广 西	Guangxi	102.2	31	102.1	12	101.5	14	101.6	19
海 南	Hainan	102.8	17	102.4	6	101.0	27	102.8	2
重 庆	Chongqing	102.7	18	101.8	22	101.3	22	101.8	15
四 川	Sichuan	102.8	16	101.6	29	101.5	16	101.9	12
贵 州	Guizhou	102.5	20	102.4	4	101.8	6	101.4	27
云 南	Yunnan	103.1	8	102.4	5	101.9	4	101.5	21
西 藏	Tibet	103.6	3	102.9	1	102.0	3	102.5	3
陕 西	Shaanxi	103.0	11	101.6	26	101.0	28	101.3	29
甘 肃	Gansu	103.2	7	102.1	10	101.6	11	101.3	28
青 海	Qinghai	103.9	1	102.8	2	102.6	1	101.8	14
宁 夏	Ningxia	103.4	4	101.9	20	101.1	24	101.5	24
新 疆	Xinjiang	103.9	2	102.1	11	100.6	31	101.4	26

附录1-5 续表 1

(上年=100) (preceding year=100)

地区	Region	2017 指数 Index	2017 排位 Rank	2018 指数 Index	2018 排位 Rank	2019 指数 Index	2019 排位 Rank	2020 指数 Index	2020 排位 Rank
全国	**National**	**101.6**		**102.1**		**102.9**		**102.5**	
北京	Beijing	101.9	6	102.5	3	102.3	29	101.7	28
天津	Tianjin	102.1	4	102.0	22	102.7	19	102.0	25
河北	Hebei	101.7	8	102.4	6	103.0	10	102.1	24
山西	Shanxi	101.1	28	101.8	25	102.7	17	102.9	3
内蒙古	Inner Mongolia	101.7	9	101.8	24	102.4	25	101.9	27
辽宁	Liaoning	101.4	24	102.5	2	102.4	26	102.4	15
吉林	Jilin	101.6	15	102.1	13	103.0	9	102.3	19
黑龙江	Heilongjiang	101.3	25	102.0	20	102.8	15	102.3	16
上海	Shanghai	101.7	10	101.6	29	102.5	22	101.7	29
江苏	Jiangsu	101.7	7	102.3	9	103.1	6	102.5	14
浙江	Zhejiang	102.1	3	102.3	10	102.9	12	102.3	21
安徽	Anhui	101.2	26	102.0	19	102.7	16	102.7	8
福建	Fujian	101.2	27	101.5	31	102.6	20	102.2	23
江西	Jiangxi	102.0	5	102.1	14	102.9	14	102.6	11
山东	Shandong	101.5	17	102.5	5	103.2	4	102.8	5
河南	Henan	101.4	23	102.3	11	103.0	8	102.8	6
湖北	Hubei	101.5	16	101.9	23	103.1	7	102.7	7
湖南	Hunan	101.4	20	102.0	21	102.9	11	102.3	20
广东	Guangdong	101.5	18	102.2	12	103.4	3	102.6	9
广西	Guangxi	101.6	13	102.3	8	103.7	1	102.8	4
海南	Hainan	102.8	1	102.5	4	103.4	2	102.3	18
重庆	Chongqing	101.0	29	102.0	16	102.7	18	102.3	17
四川	Sichuan	101.4	21	101.7	27	103.2	5	103.2	2
贵州	Guizhou	100.9	31	101.8	26	102.4	24	102.6	12
云南	Yunnan	100.9	30	101.6	30	102.5	21	103.6	1
西藏	Tibet	101.6	11	101.7	28	102.3	27	102.2	22
陕西	Shaanxi	101.6	12	102.1	15	102.9	13	102.5	13
甘肃	Gansu	101.4	22	102.0	17	102.3	28	102.0	26
青海	Qinghai	101.5	19	102.5	1	102.5	23	102.6	10
宁夏	Ningxia	101.6	14	102.3	7	102.1	30	101.5	30
新疆	Xinjiang	102.2	2	102.0	18	101.9	31	101.5	31

附录1-5　续表 2

(上年=100) (preceding year=100)

地区	Region	2021 指数 Index	2021 排位 Rank	2022 指数 Index	2022 排位 Rank	2023 指数 Index	2023 排位 Rank
全　国	**National**	**100.9**		**102.0**		**100.2**	
北　京	Beijing	101.1	10	101.8	24	100.4	10
天　津	Tianjin	101.3	5	101.9	19	100.4	9
河　北	Hebei	101.0	13	101.8	25	100.6	2
山　西	Shanxi	101.0	12	102.1	8	99.9	25
内蒙古	Inner Mongolia	100.9	20	101.8	21	100.6	3
辽　宁	Liaoning	101.1	11	102.0	15	100.1	19
吉　林	Jilin	100.6	23	102.1	9	99.9	27
黑龙江	Heilongjiang	100.6	24	101.9	17	100.6	1
上　海	Shanghai	101.2	9	102.5	1	100.3	11
江　苏	Jiangsu	101.6	1	102.2	5	100.4	6
浙　江	Zhejiang	101.5	2	102.2	6	100.3	14
安　徽	Anhui	100.9	14	102.0	12	100.2	16
福　建	Fujian	100.7	22	101.9	20	100.0	22
江　西	Jiangxi	100.9	19	102.0	14	100.3	12
山　东	Shandong	101.2	8	101.7	26	100.1	20
河　南	Henan	100.9	15	101.5	31	99.8	28
湖　北	Hubei	100.3	26	102.1	11	100.1	21
湖　南	Hunan	100.5	25	101.8	22	100.2	17
广　东	Guangdong	100.8	21	102.2	4	100.4	7
广　西	Guangxi	100.9	18	101.9	16	99.8	29
海　南	Hainan	100.3	29	101.6	27	100.3	13
重　庆	Chongqing	100.3	28	102.1	7	99.7	30
四　川	Sichuan	100.3	27	102.0	13	100.0	23
贵　州	Guizhou	100.1	31	101.6	29	99.7	31
云　南	Yunnan	100.2	30	101.6	28	100.3	15
西　藏	Tibet	100.9	16	101.5	30	99.9	26
陕　西	Shaanxi	101.5	3	102.1	10	100.1	18
甘　肃	Gansu	100.9	17	101.9	18	100.5	4
青　海	Qinghai	101.3	6	102.4	2	100.5	5
宁　夏	Ningxia	101.4	4	102.3	3	100.4	8
新　疆	Xinjiang	101.2	7	101.8	23	100.0	24

附录1-6 全国和36个大中城市居民消费价格指数(2013-2023年)
Price Indices of Consumer in China and 36 Large and Medium-sized Cities (2013-2023)

(上年=100) (preceding year=100)

地区 Region	2013		2014		2015		2016	
	指数 Index	排位 Rank	指数 Index	排位 Rank	指数 Index	排位 Rank	指数 Index	排位 Rank
平均指数	**102.7**		**102.1**		**101.7**		**102.2**	
北京 Beijing	103.3	8	101.6	33	101.8	10	101.4	31
天津 Tianjin	103.1	12	101.9	29	101.7	16	102.1	17
石家庄 Shijiazhuang	102.9	14	102.0	25	101.0	33	101.6	27
太原 Taiyuan	103.1	10	102.2	15	100.4	36	101.2	33
呼和浩特 Hohhot	103.8	3	101.2	36	101.8	11	101.4	30
沈阳 Shenyang	102.5	28	102.2	14	101.2	29	101.7	25
大连 Dalian	102.5	27	102.0	26	101.6	17	101.9	19
长春 Changchun	103.0	13	102.2	17	101.3	25	101.4	32
哈尔滨 Harbin	102.1	35	102.0	22	101.4	22	101.8	22
上海 Shanghai	102.3	31	102.7	7	102.4	3	103.2	1
南京 Nanjing	102.7	20	102.6	9	102.0	7	102.7	5
杭州 Hangzhou	102.5	26	102.0	24	101.8	12	102.6	8
宁波 Ningbo	102.2	34	101.9	28	101.8	13	102.1	18
合肥 Hefei	102.7	22	102.0	20	101.6	20	102.6	6
福州 Fuzhou	102.6	24	101.7	31	101.4	21	102.5	9
厦门 Xiamen	102.3	33	102.2	12	101.7	14	101.7	23
南昌 Nanchang	102.3	32	102.5	10	101.6	19	102.1	15
济南 Jinan	102.8	18	102.2	13	101.9	9	102.7	4
青岛 Qingdao	102.5	29	102.6	8	101.2	27	102.5	10
郑州 Zhengzhou	102.8	17	102.0	21	101.1	31	102.3	13
武汉 Wuhan	102.4	30	101.9	27	101.4	23	102.4	12
长沙 Changsha	102.8	16	102.7	6	101.1	32	101.9	20
广州 Guangzhou	102.6	25	102.3	11	101.7	15	102.7	3
深圳 Shenzhen	102.7	19	102.0	23	102.2	5	102.4	11
南宁 Nanning	102.1	36	101.6	32	101.9	8	101.4	29
海口 Haikou	102.9	15	102.2	16	101.2	28	103.0	2
重庆 Chongqing	102.7	23	101.8	30	101.3	26	101.8	21
成都 Chengdu	103.1	11	101.3	35	101.1	30	102.2	14
贵阳 Guiyang	103.2	9	102.7	5	102.3	4	101.1	34
昆明 Kunming	103.9	1	103.1	1	102.4	2	101.7	24
拉萨 Lasa	103.4	7	103.0	2	102.2	6	102.6	7
西安 Xi'an	102.7	21	101.4	34	100.7	34	100.9	35
兰州 Lanzhou	103.5	5	102.2	18	101.3	24	100.8	36
西宁 Xining	103.8	2	102.8	3	102.5	1	102.1	16
银川 Yinchuan	103.5	6	102.1	19	101.6	18	101.7	26
乌鲁木齐 Urumqi	103.5	4	102.8	4	100.7	35	101.5	28

附录1-6 续表 1 continued

(上年=100) (preceding year=100)

地区	Region	2017 指数 Index	2017 排位 Rank	2018 指数 Index	2018 排位 Rank	2019 指数 Index	2019 排位 Rank	2020 指数 Index	2020 排位 Rank
平均指数		**101.8**		**102.2**		**102.8**		**102.1**	
北京	Beijing	101.9	14	102.5	8	102.3	32	101.7	32
天津	Tianjin	102.1	7	102.0	25	102.7	23	102.0	24
石家庄	Shijiazhuang	101.4	30	102.3	13	102.7	19	102.3	17
太原	Taiyuan	101.8	19	101.8	29	102.7	22	102.6	4
呼和浩特	Hohhot	101.4	29	102.1	20	102.6	24	102.0	26
沈阳	Shenyang	101.4	27	103.0	2	102.4	30	102.3	20
大连	Dalian	102.1	8	103.0	1	102.4	29	102.1	22
长春	Changchun	101.3	33	102.0	22	102.9	13	101.9	29
哈尔滨	Harbin	101.6	23	102.5	7	102.6	25	101.4	35
上海	Shanghai	101.7	22	101.6	33	102.5	28	101.7	33
南京	Nanjing	101.9	15	102.4	10	103.1	8	102.4	13
杭州	Hangzhou	102.5	3	102.3	15	103.1	7	102.1	21
宁波	Ningbo	101.8	17	102.2	17	103.0	12	101.9	28
合肥	Hefei	101.4	26	102.0	24	102.9	14	102.3	14
福州	Fuzhou	101.4	31	101.5	34	102.5	26	102.4	9
厦门	Xiamen	102.0	10	101.8	28	103.0	11	102.5	6
南昌	Nanchang	102.1	6	102.3	14	102.8	17	102.5	7
济南	Jinan	102.0	12	102.6	5	103.3	5	102.4	11
青岛	Qingdao	102.0	13	102.1	19	103.3	3	102.4	10
郑州	Zhengzhou	101.8	20	102.4	11	103.1	9	102.3	15
武汉	Wuhan	101.9	16	101.9	27	103.2	6	102.4	8
长沙	Changsha	101.3	32	102.0	23	102.9	15	101.8	30
广州	Guangzhou	102.3	4	102.4	12	103.0	10	102.6	3
深圳	Shenzhen	101.4	28	102.8	3	103.4	2	102.3	18
南宁	Nanning	102.3	5	102.5	6	103.4	1	102.3	19
海口	Haikou	103.3	1	102.4	9	103.3	4	101.6	34
重庆	Chongqing	101.0	34	102.0	21	102.7	20	102.3	16
成都	Chengdu	102.0	9	101.4	35	102.8	16	102.5	5
贵阳	Guiyang	101.0	35	101.7	32	102.7	18	102.4	12
昆明	Kunming	100.5	36	101.7	31	102.3	31	103.1	1
拉萨	Lasa	101.4	25	101.1	36	102.2	33	102.0	25
西安	Xi'an	102.0	11	101.9	26	102.7	21	102.1	23
兰州	Lanzhou	101.5	24	101.7	30	102.2	34	102.0	27
西宁	Xining	101.8	18	102.7	4	102.5	27	102.7	2
银川	Yinchuan	101.7	21	102.2	18	102.2	35	101.8	31
乌鲁木齐	Urumqi	102.8	2	102.2	16	102.0	36	100.9	36

附录1-6 续表 2 continued

(上年=100) (preceding year=100)

地区 Region	2021 指数 Index	2021 排位 Rank	2022 指数 Index	2022 排位 Rank	2023 指数 Index	2023 排位 Rank
平均指数	**101.1**		**102.1**		**100.4**	
北京 Beijing	101.1	20	101.8	27	100.4	17
天津 Tianjin	101.3	10	101.9	23	100.4	15
石家庄 Shijiazhuang	100.9	26	101.2	35	100.7	4
太原 Taiyuan	101.0	23	102.1	16	99.7	35
呼和浩特 Hohhot	100.9	25	102.1	17	100.5	12
沈阳 Shenyang	101.3	11	101.7	28	100.3	21
大连 Dalian	101.4	7	102.2	14	100.4	14
长春 Changchun	100.5	31	101.9	21	99.8	32
哈尔滨 Harbin	100.6	27	101.9	22	100.7	5
上海 Shanghai	101.2	17	102.5	1	100.3	20
南京 Nanjing	101.5	6	102.2	12	100.6	9
杭州 Hangzhou	101.3	13	102.4	3	100.2	26
宁波 Ningbo	102.1	1	102.3	9	100.4	18
合肥 Hefei	101.7	2	102.4	7	100.0	31
福州 Fuzhou	100.6	28	102.4	6	100.2	27
厦门 Xiamen	101.2	16	101.8	26	100.2	28
南昌 Nanchang	101.0	22	101.8	24	100.6	8
济南 Jinan	101.5	5	101.4	33	100.6	10
青岛 Qingdao	101.5	4	102.0	18	100.5	11
郑州 Zhengzhou	101.1	21	101.2	34	99.4	36
武汉 Wuhan	100.6	29	102.3	10	100.4	16
长沙 Changsha	101.1	19	101.7	31	100.4	13
广州 Guangzhou	101.1	18	102.4	4	101.0	1
深圳 Shenzhen	100.9	24	102.3	11	100.8	3
南宁 Nanning	101.4	9	101.7	30	99.7	34
海口 Haikou	100.5	30	101.1	36	100.3	23
重庆 Chongqing	100.3	35	102.1	15	99.7	33
成都 Chengdu	100.5	33	102.4	5	100.2	25
贵阳 Guiyang	100.5	34	101.9	20	100.1	29
昆明 Kunming	100.2	36	101.7	29	100.8	2
拉萨 Lasa	100.5	32	101.8	25	100.3	22
西安 Xi'an	101.7	3	102.2	13	100.0	30
兰州 Lanzhou	101.3	14	102.3	8	100.6	7
西宁 Xining	101.3	12	102.5	2	100.3	19
银川 Yinchuan	101.4	8	102.0	19	100.6	6
乌鲁木齐 Urumqi	101.3	15	101.6	32	100.2	24

附录1-7　全国及各省(直辖市、自治区)农产品生产者价格指数(2013–2023年)
Farm Products Producer Price Indices by Region (2013-2023)

(上年=100)　　(preceding year=100)

地　区	Region	2013	2014	2015	2016	2017	2018
全　国	**National**	**103.22**	**99.8**	**101.7**	**103.4**	**96.5**	**99.1**
北　京	Beijing	104.72	99.7	99.8	99.7	96.2	103.6
天　津	Tianjin	105.36	102.9	100.7	103.0	95.5	104.2
河　北	Hebei	105.07	100.2	97.5	96.8	96.2	104.7
山　西	Shanxi	106.13	101.48	95.8	95.2	95.9	104.7
内蒙古	Inner Mongolia	103.26	102.7	98.0	95.1	95.6	102.0
辽　宁	Liaoning	101.1	101.7	99.5	100.7	93.6	103.7
吉　林	Jilin	100.36	102.9	100.6	93.1	89.5	106.1
黑龙江	Heilongjiang	100.99	101	98.7	93.6	95.1	100.8
上　海	Shanghai	104.13	99.5	102.4	106.6	98.4	100.5
江　苏	Jiangsu	103.36	101.3	102.3	104.0	97.9	100.9
浙　江	Zhejiang	103.03	99.5	102.0	104.5	99.1	100.8
安　徽	Anhui	103.71	100.2	99.8	101.0	98.4	99.0
福　建	Fujian	103.02	100.3	101.2	108.3	98.9	102.6
江　西	Jiangxi	102.25	100.3	103.7	104.1	97.3	97.4
山　东	Shandong	105.909625	100.5	100.1	102.8	98.6	100.5
河　南	Henan	102.57	97.5	100.7	103.2	94.9	97.9
湖　北	Hubei	101.82	100	99.5	106.2	99.3	96.6
湖　南	Hunan	102.05	98.6	104.1	104.7	98.0	95.4
广　东	Guangdong	103.54	102.2	102.3	106.5	99.4	101.3
广　西	Guangxi	102.54	98.1	102.0	106.1	98.2	97.3
海　南	Hainan	99.96	105.6	99.1	106.7	101.9	97.3
重　庆	Chongqing	102.96	100.2	102.4	109.8	96.8	99.7
四　川	Sichuan	102.61	99.9	103.3	105.6	97.8	100.2
贵　州	Guizhou	102.42	99.5	104.6	108.7	96.7	92.6
云　南	Yunnan	104.9	100.6	101.3	103.9	98.7	96.9
西　藏	Tibet						
陕　西	Shaanxi	107.36	102.1	96.3	98.0	98.4	100.9
甘　肃	Gansu	105.86	102.1	99.8	99.2	99.1	101.7
青　海	Qinghai	110.38	100	96.1	104.5	101.0	100.3
宁　夏	Ningxia	106.69	98.3	98.4	98.7	99.3	105.0
新　疆	Xinjiang	108.48	97.8	90.4	107.6	100.7	106.3

附录1-7 续表 continued

(上年=100) (preceding year=100)

地区	Region	2019	2020	2021	2022	2023
全国	**National**	**114.5**	**115.0**	**97.8**	**100.4**	**97.7**
北京	Beijing	109.9	110.9	98.2	102.7	99.7
天津	Tianjin	108.8	114.9	109.8	98.4	98.1
河北	Hebei	107.1	111.5	108.1	103.5	95.5
山西	Shanxi	115.2	109.4	104.8	104.0	101.6
内蒙古	Inner Mongolia	105.6	111.0	107.6	100.8	97.8
辽宁	Liaoning	107.6	108.1	105.1	103.6	98.8
吉林	Jilin	108.7	117.1	109.3	100.7	95.8
黑龙江	Heilongjiang	106.2	118.5	111.1	102.5	100.6
上海	Shanghai	105.6	106.7	104.4	102.6	98.4
江苏	Jiangsu	109.3	107.5	100.3	100.1	98.3
浙江	Zhejiang	109.9	107.3	99.3	101.5	101.2
安徽	Anhui	109.3	115.6	101.3	102.8	96.7
福建	Fujian	106.9	102.3	104.5	100.8	99.8
江西	Jiangxi	113.2	111.0	96.1	97.5	95.3
山东	Shandong	112.2	108.7	104.2	100.6	101.0
河南	Henan	119.9	116.8	98.0	97.2	91.4
湖北	Hubei	110.1	118.1	101.0	100.6	97.1
湖南	Hunan	118.0	123.3	90.1	103.6	97.6
广东	Guangdong	107.3	104.7	98.8	100.1	98.0
广西	Guangxi	115.5	115.5	94.9	100.8	97.1
海南	Hainan	109.2	112.8	106.3	106.8	98.2
重庆	Chongqing	112.1	113.6	98.4	98.7	97.5
四川	Sichuan	115.6	116.1	94.3	99.1	95.6
贵州	Guizhou	116.2	122.6	86.4	95.9	95.1
云南	Yunnan	109.6	120.2	96.8	96.7	98.8
西藏	Tibet					
陕西	Shaanxi	107.7	112.3	99.3	104.4	101.3
甘肃	Gansu	109.9	106.6	101.9	100.2	103.3
青海	Qinghai	109.6	122.6	104.1	98.4	97.4
宁夏	Ningxia	106.4	113.1	106.5	98.3	96.6
新疆	Xinjiang	99.6	111.0	114.2	99.6	102.4

附录1-8 全国及各省(直辖市、自治区)工业生产者出厂价格指数(2013-2023年)

Producer Price Indices for Industrial Products by Region (2013-2023)

(上年=100) (preceding year=100)

地 区	Region	2013	2014	2015	2016	2017	2018
全 国	**National**	**98.1**	**98.1**	**94.8**	**98.6**	**106.3**	**103.5**
北 京	Beijing	97.4	99.1	96.9	98.1	100.7	100.0
天 津	Tianjin	97	96.3	90.3	97.9	108.4	105.4
河 北	Hebei	96.6	95.2	89.1	99.9	115.0	106.2
山 西	Shanxi	90.7	91.4	87.7	96.8	119.4	106.7
内蒙古	Inner Mongolia	97	97.3	94.0	98.9	110.6	103.2
辽 宁	Liaoning	99	98.2	93.9	98.8	108.1	104.8
吉 林	Jilin	98.7	99.1	95.3	98.4	103.1	102.8
黑龙江	Heilongjiang	98	97.1	86.0	95.1	109.3	109.0
上 海	Shanghai	98.2	98.9	96.1	98.8	103.5	101.7
江 苏	Jiangsu	98	98.3	95.3	98.1	104.8	102.8
浙 江	Zhejiang	98.2	98.8	96.4	98.3	104.8	103.4
安 徽	Anhui	98.2	97.4	93.9	98.5	108.0	103.0
福 建	Fujian	98.4	98.6	97.0	99.1	104.1	102.8
江 西	Jiangxi	98.5	97.8	93.7	98.6	107.9	104.2
山 东	Shandong	98.4	98.4	95.2	98.5	105.5	103.7
河 南	Henan	98.5	98.1	95.4	99.0	106.8	103.6
湖 北	Hubei	99.2	98.4	96.7	99.0	105.6	104.2
湖 南	Hunan	98.5	98.4	96.3	98.9	105.8	103.2
广 东	Guangdong	98.8	98.9	96.8	99.4	103.3	101.8
广 西	Guangxi	98.2	98.4	97.0	99.1	107.6	103.2
海 南	Hainan	99.5	97.6	89.8	96.0	108.8	108.2
重 庆	Chongqing	98	98.3	97.2	98.6	104.1	102.1
四 川	Sichuan	98.7	98.7	96.4	98.9	106.5	103.6
贵 州	Guizhou	97.4	98.3	96.1	97.9	107.2	101.8
云 南	Yunnan	97.5	97.8	94.9	97.6	105.2	102.4
西 藏	Tibet	99.8	99	93.2	102.9	110.0	100.1
陕 西	Shaanxi	97.3	97.1	90.8	97.6	110.8	105.4
甘 肃	Gansu	96.9	96.7	87.0	94.9	114.5	109.5
青 海	Qinghai	97	96.1	93.1	98.5	116.7	104.8
宁 夏	Ningxia	96	96.3	93.7	99.1	112.1	107.3
新 疆	Xinjiang	96.5	96.2	82.4	94.5	113.7	111.2

附录1-8 续表 continued

(上年=100) (preceding year=100)

地 区	Region	2019	2020	2021	2022	2023
全 国	**National**	**99.7**	**98.2**	**108.1**	**104.1**	**97.0**
北 京	Beijing	99.6	99.1	101.1	102.3	99.2
天 津	Tianjin	99.3	97.1	110.9	105.8	96.4
河 北	Hebei	100.2	98.5	116.4	100.5	94.7
山 西	Shanxi	99.7	96.7	130.2	111.4	91.3
内蒙古	Inner Mongolia	102.1	99.7	128.5	108.6	92.1
辽 宁	Liaoning	99.5	97.0	113.6	107.9	96.6
吉 林	Jilin	98.9	98.6	105.1	101.9	98.1
黑龙江	Heilongjiang	98.2	93.4	112.3	110.9	95.7
上 海	Shanghai	98.8	98.3	102.1	102.6	99.7
江 苏	Jiangsu	98.9	97.8	106.3	103.2	96.7
浙 江	Zhejiang	98.9	96.9	106.3	104.0	97.3
安 徽	Anhui	100.3	99.1	107.7	103.2	96.6
福 建	Fujian	100.6	98.4	104.9	102.9	98.2
江 西	Jiangxi	98.9	98.3	110.5	103.5	96.6
山 东	Shandong	99.7	98.1	110.3	105.1	96.5
河 南	Henan	100.2	99.2	107.8	105.0	97.4
湖 北	Hubei	100.2	99.1	104.1	103.4	97.4
湖 南	Hunan	99.6	99.0	105.9	102.0	98.5
广 东	Guangdong	100.2	99.0	103.4	103.0	98.5
广 西	Guangxi	99.3	99.4	108.9	102.5	97.0
海 南	Hainan	97.4	93.8	113.5	115.0	97.3
重 庆	Chongqing	99.8	99.1	103.2	102.3	97.8
四 川	Sichuan	100.4	98.8	105.9	102.8	97.6
贵 州	Guizhou	99.8	98.3	106.5	105.7	98.1
云 南	Yunnan	100.0	98.6	110.0	105.4	96.7
西 藏	Tibet	98.9	99.4	101.5	104.1	101.1
陕 西	Shaanxi	100.8	95.1	116.9	107.3	94.9
甘 肃	Gansu	98.3	93.9	116.4	110.9	95.9
青 海	Qinghai	98.5	96.6	114.5	112.2	96.3
宁 夏	Ningxia	99.4	96.9	119.9	111.1	92.7
新 疆	Xinjiang	98.5	91.6	119.4	112.3	93.5

附录1-9 全国及各省(直辖市、自治区)工业生产者购进价格指数(2013-2023年)

Purchasing Price Indices for Industrial Producers by Region (2013-2023)

(上年=100) (preceding year=100)

地 区	Region	2013	2014	2015	2016	2017	2018
全 国	**National**	**98**	**97.8**	**93.9**	**98.0**	**108.1**	**104.1**
北 京	Beijing	97.8	98.8	93.7	98.5	104.4	100.8
天 津	Tianjin	97.4	97.1	92.4	98.3	111.1	106.2
河 北	Hebei	97.6	95.6	90.3	98.3	114.5	104.0
山 西	Shanxi	95.5	96.2	93.1	98.1	115.2	105.5
内蒙古	Inner Mongolia	99.3	98.4	95.9	97.4	106.3	102.4
辽 宁	Liaoning	98.5	98	93.5	97.9	108.0	104.5
吉 林	Jilin	99.4	99.2	96.6	97.8	103.4	103.5
黑龙江	Heilongjiang	98.7	97.6	88.2	96.0	110.2	109.0
上 海	Shanghai	96.5	95.9	90.6	97.7	108.9	105.2
江 苏	Jiangsu	97.1	97	92.1	98.0	109.7	104.6
浙 江	Zhejiang	97.7	98.2	94.5	97.8	109.6	105.1
安 徽	Anhui	96.9	97.2	93.5	98.4	109.2	105.3
福 建	Fujian	98.4	98.3	96.1	98.0	105.3	102.8
江 西	Jiangxi	98.4	98.4	93.6	97.7	107.2	103.2
山 东	Shandong	98.4	98.2	95.0	98.0	107.3	103.6
河 南	Henan	99.3	98.4	95.4	99.2	107.3	104.0
湖 北	Hubei	98.2	97.8	92.8	98.3	108.3	104.8
湖 南	Hunan	98.4	97.9	94.5	98.0	107.2	103.5
广 东	Guangdong	98.2	98.8	95.3	98.0	105.3	102.5
广 西	Guangxi	98.9	98.2	95.7	98.3	106.5	103.4
海 南	Hainan	97	99	88.5	94.8	112.4	110.8
重 庆	Chongqing	97.6	98.1	97.1	98.4	104.4	102.5
四 川	Sichuan	99.2	98.7	96.7	98.8	108.3	105.3
贵 州	Guizhou	96.4	98.6	97.5	98.5	109.7	103.4
云 南	Yunnan	98.8	99	96.9	95.9	106.2	104.4
西 藏	Tibet						
陕 西	Shaanxi	99.3	98.5	95.2	95.9	106.4	104.2
甘 肃	Gansu	97.8	97.6	87.0	94.6	115.5	109.8
青 海	Qinghai	98.8	97.6	97.7	96.2	108.0	104.5
宁 夏	Ningxia	97	97	92.1	96.9	112.9	106.5
新 疆	Xinjiang	97.8	97.5	84.3	95.5	112.8	109.2

附录1-9 续表 continued

(上年=100) (preceding year=100)

地 区	Region	2019	2020	2021	2022	2023
全 国	**National**	**99.3**	**97.7**	**111.0**	**106.1**	**96.4**
北 京	Beijing	99.6	99.5	103.7	106.2	98.7
天 津	Tianjin	98.8	96.9	114.7	104.4	96.0
河 北	Hebei	102.1	98.4	119.8	104.7	93.8
山 西	Shanxi	101.1	97.2	116.3	109.7	94.7
内蒙古	Inner Mongolia	101.1	99.5	128.0	111.2	93.0
辽 宁	Liaoning	100.8	98.2	115.0	110.1	95.8
吉 林	Jilin	99.2	98.7	106.2	104.6	98.9
黑龙江	Heilongjiang	100.3	95.1	110.5	110.0	97.5
上 海	Shanghai	98.7	96.9	107.3	104.9	98.9
江 苏	Jiangsu	97.2	96.5	113.8	105.8	96.4
浙 江	Zhejiang	97.1	95.9	114.5	106.1	94.8
安 徽	Anhui	99.9	98.5	111.5	104.0	95.1
福 建	Fujian	99.0	98.6	109.2	105.2	96.2
江 西	Jiangxi	98.2	97.0	112.3	109.4	95.8
山 东	Shandong	99.2	97.5	109.5	105.8	97.0
河 南	Henan	101.2	99.4	109.5	105.7	95.3
湖 北	Hubei	99.3	98.4	108.5	107.8	95.9
湖 南	Hunan	100.2	98.9	108.1	104.8	97.5
广 东	Guangdong	99.2	97.4	108.0	104.1	97.6
广 西	Guangxi	99.5	98.5	110.7	107.3	95.7
海 南	Hainan	103.1	92.0	116.5	119.8	100.5
重 庆	Chongqing	100.1	99.9	107.2	104.4	97.0
四 川	Sichuan	100.6	98.1	107.5	105.8	97.1
贵 州	Guizhou	99.4	98.6	112.0	111.2	95.7
云 南	Yunnan	99.0	97.3	108.9	107.9	96.8
西 藏	Tibet					
陕 西	Shaanxi	100.3	97.6	116.3	106.2	94.3
甘 肃	Gansu	99.0	94.1	118.1	113.5	92.5
青 海	Qinghai	98.2	96.1	111.5	114.0	97.7
宁 夏	Ningxia	97.5	94.7	120.8	117.6	94.1
新 疆	Xinjiang	100.0	93.4	115.0	114.6	93.6

附录1-10 全国粮食作物播种面积(1978-2023年)
Sown Area of Grain Crops by Nationwide (1978-2023)

单位：千公顷 (1 000 ha)

年 份 Year	粮食作物播种面积 Sown Area of Grain Crops	稻 谷 Rice	小 麦 Wheat	玉 米 Corn	大 豆 Soybean	薯 类 Tubers
1978	120587	34421	29183	19961	7144	11796
1980	117234	33878	28844	20087	7226	10153
1981	114958	33295	28307	19425	8024	9620
1982	113462	33071	27955	18543	8419	9370
1983	114047	33136	29050	18824	7567	9402
1984	112884	33178	29576	18537	7286	8988
1985	108845	32070	29218	17694	7718	8572
1986	110933	32266	29616	19124	8295	8685
1987	111268	32193	28798	20212	8445	8868
1988	110123	31987	28785	19692	8120	9054
1989	112205	32700	29841	20353	8057	9097
1990	113466	33064	30753	21401	7560	9121
1991	112314	32590	30948	21574	7041	9078
1992	110560	32090	30496	21044	7221	9057
1993	110509	30355	30235	20694	9454	9220
1994	109544	30171	28981	21152	9222	9270
1995	110060	30744	28860	22776	8127	9519
1996	112548	31406	29611	24498	7471	9797
1997	112912	31765	30057	23775	8346	9785
1998	113787	31214	29774	25239	8500	10000
1999	113161	31283	28855	25904	7962	10355
2000	108463	29962	26653	23056	9307	10538
2001	106080	28812	24664	24282	9482	10217
2002	103891	28202	23908	24634	8720	9881
2003	99410	26508	21997	24068	9313	9702
2004	101606	28379	21626	25446	9589	9457
2005	104278	28847	22793	26358	9591	9503
2006	104958	28938	23613	28463	9304	7877
2007	105999	28973	23770	30024	8801	7902
2008	107545	29350	23715	30921	9225	8057
2009	110255	29793	24442	32948	9339	8088
2010	111695	30097	24459	34977	8700	8021
2011	112980	30338	24523	36767	8103	7998
2012	114368	30476	24576	39109	7405	7821
2013	115908	30710	24470	41299	7050	7727
2014	117455	30765	24472	42997	7098	7544
2015	118963	30784	24596	44968	6827	7305
2016	119230	30746	24694	44178	7599	7241
2017	117989	30747	24508	42399	8245	7173
2018	117038	30189	24266	42130	8413	7180
2019	116064	29694	23727	41284	9332	7142
2020	116768	30080	23380	41260	9883	7210
2021	117632	29921	23568	43324	8415	7333
2022	118332	29450	23519	43070	10240	7185
2023	118969	28949	23627	44219		7048

附录1-11 全国粮食作物总产量(1978-2023年)
Total Output of Grain Crops by Nationwide (1978-2023)

单位: 万吨 (10 000 tons)

年份 Year	粮食作物总产量 Total Output of Grain Crops	稻谷 Rice	小麦 Wheat	玉米 Corn	大豆 Soybean	薯类 Tubers
1978	30477	13693	5384	5595	757	3174
1980	32056	13991	5521	6260	794	2873
1981	32502	14396	5964	5921	933	2597
1982	35450	16160	6847	6056	903	2705
1983	38728	16887	8139	6821	976	2925
1984	40731	17826	8782	7341	970	2848
1985	37911	16857	8581	6383	1050	2604
1986	39151	17222	9004	7086	1161	2534
1987	40298	17426	8590	7924	1247	2821
1988	39408	16911	8543	7735	1165	2697
1989	40755	18013	9081	7893	1023	2730
1990	44624	18933	9823	9682	1100	2743
1991	43529	18381	9595	9877	971	2716
1992	44266	18622	10159	9538	1030	2844
1993	45649	17751	10639	10270	1531	3181
1994	44510	17593	9930	9928	1600	3025
1995	46662	18523	10221	11199	1350	3263
1996	50454	19510	11057	12747	1322	3536
1997	49417	20073	12329	10431	1473	3192
1998	51230	19871	10973	13295	1515	3604
1999	50839	19849	11388	12809	1425	3641
2000	46218	18791	9964	10600	1541	3685
2001	45264	17758	9387	11409	1541	3563
2002	45706	17454	9029	12131	1651	3666
2003	43070	16066	8649	11583	1539	3513
2004	46947	17909	9195	13029	1740	3558
2005	48402	18059	9745	13937	1635	3469
2006	49804	18172	10847	15160	1508	2701
2007	50414	18638	10953	15512	1279	2742
2008	53434	19261	11293	17212	1571	2843
2009	53941	19620	11589	17326	1522	2793
2010	55911	19723	11614	19075	1541	2843
2011	58849	20288	11863	21132	1488	2924
2012	61223	20653	12254	22956	1344	2883
2013	63048	20629	12371	24845	1241	2855
2014	63965	20961	12832	24976	1269	2799
2015	66060	21214	13264	26499	1237	2729
2016	66044	21109	13327	26361	1360	2726
2017	66161	21268	13433	25907	1528	2799
2018	65789	21213	13144	25717	1597	2865
2019	66384	20961	13359	26077	1809	2883
2020	66949	21186	13425	26067	1960	2987
2021	68285	21284	13695	27255	1640	3044
2022	68653	20849	13772	27720	2028	2977
2023	69541	20660	13659	28884	2084	3014

附录1-12 全国及各省(直辖市、自治区)粮食作物播种面积(2016-2023年)

Sown Area of Grain Crops by Region (2016-2023)

单位：千公顷 (1 000 hs)

地 区	Region	2016	2017	2018	2019	2020	2021	2022	2023
全 国	**National**	**119230.1**	**117989.1**	**117038.2**	**116063.6**	**116768.2**	**117631.5**	**118332.1**	**118968.5**
北 京	Beijing	85.5	66.8	55.6	46.5	48.9	60.9	76.7	89.5
天 津	Tianjin	362.0	351.4	350.2	339.3	350.2	373.5	376.7	390.0
河 北	Hebei	6791.4	6658.5	6538.7	6469.2	6388.8	6428.6	6443.8	6455.2
山 西	Shanxi	3227.3	3180.9	3137.1	3126.2	3130.0	3138.1	3150.3	3161.0
内蒙古	Inner Mongolia	6803.4	6780.9	6789.9	6827.5	6833.2	6884.3	6951.8	6984.7
辽 宁	Liaoning	3515.0	3467.5	3484.0	3488.7	3527.2	3543.6	3561.5	3578.4
吉 林	Jilin	5542.4	5544.0	5599.7	5644.9	5681.8	5721.3	5785.1	5825.6
黑龙江	Heilongjiang	14201.8	14154.3	14214.5	14338.1	14438.4	14551.3	14683.2	14743.1
上 海	Shanghai	158.5	133.1	129.9	117.4	114.3	117.4	122.8	127.2
江 苏	Jiangsu	5583.3	5527.3	5475.9	5381.5	5405.6	5427.5	5444.4	5458.9
浙 江	Zhejiang	951.4	977.2	975.7	977.4	993.4	1006.7	1020.4	1024.7
安 徽	Anhui	7359.0	7321.8	7316.3	7287.0	7289.5	7309.6	7314.2	7334.5
福 建	Fujian	832.8	833.2	833.5	822.4	834.4	835.1	837.6	841.1
江 西	Jiangxi	3807.2	3786.3	3721.3	3665.1	3772.4	3772.8	3776.4	3774.3
山 东	Shandong	8517.3	8455.6	8404.8	8312.8	8281.5	8355.1	8372.2	8387.9
河 南	Henan	11219.6	10915.1	10906.1	10734.5	10738.8	10772.3	10778.4	10785.3
湖 北	Hubei	4816.1	4853.0	4847.0	4608.6	4645.3	4686.0	4689.0	4707.0
湖 南	Hunan	5010.7	4978.9	4747.9	4616.4	4754.8	4758.4	4765.5	4763.5
广 东	Guangdong	2177.8	2169.7	2151.0	2160.6	2204.7	2213.0	2230.3	2229.5
广 西	Guangxi	2897.1	2853.1	2802.1	2747.0	2806.1	2822.9	2829.3	2834.7
海 南	Hainan	292.0	282.5	286.1	272.6	270.7	271.4	273.0	273.6
重 庆	Chongqing	2039.1	2030.7	2017.8	1999.3	2003.1	2013.2	2046.7	2025.9
四 川	Sichuan	6291.3	6292.0	6265.6	6279.3	6312.6	6357.7	6463.5	6404.0
贵 州	Guizhou	3122.2	3052.8	2740.2	2709.4	2754.1	2787.7	2788.7	2773.8
云 南	Yunnan	4201.3	4169.2	4174.6	4165.8	4167.4	4191.4	4211.0	4243.2
西 藏	Tibet	188.5	185.6	184.7	184.3	182.3	187.2	192.6	194.6
陕 西	Shaanxi	3144.0	3019.4	3006.0	2998.9	3001.0	3004.3	3017.5	3023.0
甘 肃	Gansu	2684.2	2647.2	2645.3	2581.1	2638.3	2676.8	2699.8	2710.9
青 海	Qinghai	284.7	282.6	281.3	280.2	290.0	302.4	303.5	304.9
宁 夏	Ningxia	717.9	722.5	735.7	677.4	679.2	689.3	692.3	693.9
新 疆	Xinjiang	2405.3	2295.9	2219.6	2203.6	2230.2	2371.7	2433.9	2824.8
山西居全国位次	**Order of Precedence of Shanxi in the Country**	**15**	**15**	**15**	**15**	**15**	**15**	**15**	**15**

附录1-13 全国及各省(直辖市、自治区)粮食作物总产量(2016-2023年)
Total Output of Grain Crops by Region (2016-2023)

单位：万吨 (10 000 tons)

地区	Region	2016	2017	2018	2019	2020	2021	2022	2023
全国	**National**	**66043.5**	**66160.7**	**65789.2**	**66384.3**	**66949.2**	**68285.1**	**68652.8**	**69541.0**
北京	Beijing	52.8	41.1	34.1	28.8	30.5	37.8	45.4	47.8
天津	Tianjin	200.4	212.3	209.7	223.3	228.2	249.9	256.2	255.7
河北	Hebei	3783.0	3829.2	3700.9	3739.2	3795.9	3825.1	3865.1	3809.9
山西	Shanxi	1380.3	1355.1	1380.4	1361.8	1424.3	1421.2	1464.3	1478.1
内蒙古	Inner Mongolia	3263.3	3254.5	3553.3	3652.5	3664.1	3840.3	3900.6	3957.8
辽宁	Liaoning	2315.6	2330.7	2192.4	2430.0	2338.8	2538.7	2484.5	2563.4
吉林	Jilin	4150.7	4154.0	3632.7	3877.9	3803.2	4039.2	4080.8	4186.5
黑龙江	Heilongjiang	7416.1	7410.3	7506.8	7503.0	7540.8	7867.7	7763.1	7788.2
上海	Shanghai	111.8	99.8	103.7	95.9	91.4	94.0	95.6	101.9
江苏	Jiangsu	3542.4	3610.8	3660.3	3706.2	3729.1	3746.1	3769.1	3797.7
浙江	Zhejiang	564.8	580.1	599.1	592.2	605.7	620.9	621.0	638.8
安徽	Anhui	3961.8	4019.7	4007.3	4054.0	4019.2	4087.6	4100.1	4150.8
福建	Fujian	477.3	487.2	498.6	493.9	502.3	506.4	508.7	511.0
江西	Jiangxi	2234.4	2221.7	2190.7	2157.5	2163.9	2192.3	2151.9	2198.3
山东	Shandong	5332.3	5374.3	5319.5	5357.0	5446.8	5500.7	5543.8	5655.3
河南	Henan	6498.0	6524.2	6648.9	6695.4	6825.8	6544.2	6789.4	6624.3
湖北	Hubei	2796.4	2846.1	2839.5	2725.0	2727.4	2764.3	2741.1	2777.0
湖南	Hunan	3052.3	3073.6	3022.9	2974.8	3015.1	3074.4	3018.0	3068.0
广东	Guangdong	1204.2	1208.6	1193.5	1240.8	1267.6	1279.9	1291.5	1285.2
广西	Guangxi	1419.0	1370.5	1372.8	1332.0	1370.0	1386.5	1393.1	1395.4
海南	Hainan	146.1	138.1	147.1	145.0	145.5	146.0	146.6	147.0
重庆	Chongqing	1078.2	1079.9	1079.3	1075.2	1081.4	1092.8	1072.8	1095.9
四川	Sichuan	3469.9	3488.9	3493.7	3498.5	3527.4	3582.1	3510.5	3593.8
贵州	Guizhou	1264.3	1242.4	1059.7	1051.2	1057.6	1094.9	1114.6	1119.7
云南	Yunnan	1815.1	1843.4	1860.5	1870.0	1895.9	1930.3	1958.0	1974.0
西藏	Tibet	103.9	106.5	104.4	103.9	102.9	106.5	107.3	108.9
陕西	Shaanxi	1264.0	1194.2	1226.0	1231.1	1274.8	1270.4	1297.9	1323.7
甘肃	Gansu	1117.5	1105.9	1151.4	1162.6	1202.2	1231.5	1265.0	1272.9
青海	Qinghai	104.8	102.5	103.1	105.5	107.4	109.1	107.3	116.2
宁夏	Ningxia	370.7	370.1	392.6	373.2	380.5	368.4	375.8	378.8
新疆	Xinjiang	1552.3	1484.7	1504.2	1527.1	1583.4	1735.8	1813.5	2119.2
山西居全国位次	**Order of Precedence of Shanxi in the Country**	**17**	**17**	**16**	**16**	**16**	**16**	**16**	**16**